9・11事件は謀略か

「21世紀の真珠湾攻撃」とブッシュ政権

デヴィッド・レイ・グリフィン 著

きくちゆみ・戸田清 訳

緑風出版

THE NEW PEARL HARBOR

Disturbing Questions about the Bush Administration and 9/11

by David Ray Griffin

Originally published in the USA by Olive Branch Press,
an imprint of Interlink Publishing Group,Inc.
Japanese translation rights arranged with Interlink
Publishing Group,Inc. through Japan UNI Agency,Inc.,Tokyo.

謝辞

私は本書を執筆するにあたって、多大な援助と支援をいただいた。最大の援助はもちろん、私が参照した文献の著者たちからいただいた。ナフェズ・アーメドおよびポール・トンプソンの仕事がなければ、本書に着手することさえなかったであろうし、ティエリ・メサンおよびミシェル・チョスドフスキーの著作がなければ、本書ははるかに不完全なものとなったであろう。そして新聞や雑誌、テレビ番組やインターネットのウェブサイトで関連した資料を公表してくれた多くのジャーナリストや研究者がいる。彼らのなかには、アーメドやトンプソンが仕事を始めるよりずっと前からかかわっている人もいる。これらのジャーナリストや研究者のうちの一部の人たちに対しては、一次資料への影響を与えられた点で間接的に恩恵を受けたが、他の人たちからは直接の恩恵を受けた。少なくともそのうち多くの仕事については、本書の注に記す形で感謝を表明した。9・11についての真実を発見して明るみに出すための試みは共同の作業であり、何百人もの献身的な、ほとんどはボランティアの調査者たちがかかわっている。

次の人々を含む他の多くの人々から援助をいただいた。タル・アヴィザー、ジョン・カブ、ヒラル・エルヴァー、リチャード・フォーク、アリソン・ジャクア、ピーターとトルゥーディ・ジョセフーレンツ、ジャンルイギ・ガグリエルメット、コリーン・ケリー、ジョン・マクマートリー、パット・パターソン、ローズマリー・ルーサー、パメラ・トンプソン、サラ・ライト。また本書への支援の手紙を書いてくれたすべての人たちにも感謝したい。

リチャード・フォークには序文の執筆を快諾いただいた以上のことをしてもらったので、恩恵を感じている。私がグローバルな政治問題について研究を始めたのは、彼の影響を通じてであった。これらの問題については、彼は私の主な討論相手であった。そして彼を通じてインターリンク出版の一部門であるオリーヴ・ブランチ・プレスに接触できた。彼の仲介には大変感謝している。オリーヴ・ブランチの二人の担当編集者——パメラ・トンプソンとマイケル・マウシャベック——はすばらしい共同作業者であっただけではない。彼らは本書に対して、著述家たちがそうあってくれればと夢想するが、たいてい現実のものとならないほどの献身ぶりを示してくれたのである。

私の勤務先であるクレアモント神学院と特にその学長フィリップ・アマーソンと学部長ジャック・フィッツマーに学問の自由への惜しみない支持と、今日の重大な公共的問題について教員が書く必要性についての認識を、感謝したい。

最後に、いつものように妻アン・ジャクアからの絶えまない支えに恩恵を感じている。

序文

デヴィッド・レイ・グリフィンは驚くべき本を書きあげた。もし三〇%でも心を開いて注意深く読むならば、米国政府の指導者たちが憲法で定められた民主主義をどう扱っているのか、われわれは確実に理解を改めることになろう。そういう意味で、本書は不安にさせる本であり、世界史上最も強力な主権国家――さらに勝利と敗北の定義も定かでない最初の国境なき戦争に乗り出した国――にとっての政治的正当性の深刻な危機を描いている。もし本書『9・11事件は謀略か』がそれに誠にふさわしい一般市民とメディアの注目を受けるようになれば、国民的論議を巻き起こし、将来に起こることに好ましい影響を及ぼすであろう。一冊の本がこのように歴史的な力となる潜在的可能性を持つのは、本当に稀なことである。

『9・11事件は謀略か』をそれほどまでに特別な本にしているのは、それが最も微妙で論争を巻き起こす領域――九月十一日の悲劇にかかわる政府高官たちの行動の広範な見取り図――をアカデミックな公平さの最良の精神で、最強の学究的美徳――どこであれ証拠と理性が導くところまで追究をすすめる意志――を示しながら探究されているということである。そしてそれがここでは強烈な最終到達地――特に海外での戦争と国内での自由の抑圧といった国家安全保障の領域で国の行動と運命に最大の力を握る政府部門の指導者たちの誠実さと世界観について厳しい疑いが投げかけられる――へと導かれるのである。グリフィンは、九月十一日がいかにして、なぜ起こったか、そしてそのような国家防衛体制の前例のない崩壊が最も緊急の国家的優先事項として直ちに十分に調査されなかったのはなぜか。そして、そのストーリー全体について、包括的で、制約のない、十分な資金が提供された、ふさわしい卓越性をもった調査が行われる必要性を圧倒的に支持する議論をあざやかに提示している。九月十一日についての公式説明には、非常に多くの大きな矛盾点があって、もっともらしい首尾一貫《しゆびいっかん》したいかなる説明もなされていないままである。そして、現在までわれわれは、あたかもこれらの忘れられないほど衝撃的な出来事についての真実が何であるかはもはや問題でないかのように、前方へよろめき歩いてきたのである。

グリフィンは、ブッシュ政権のグローバルな安全保障政策の多くの側面について、洞察と確かな把握によって、たとえ遅きに失するとしても、9・11事件に関する誤解を正すことが本当に重要だということを明らかにしている。次々に出てくる説明されない事実、独立的調査を妨害するための権力者による様々な圧力、9・11事件で委任された権限を根拠にブッシュ政権の内部関係者が今行っていることが9・11以前からすでに計画されていたという証拠――これらについてのグリフィンの評価を受け入れるためには通常の開かれた心さえ必要としない。前述したように三〇%の感受性で十分なのである。それはブッシュ政権の最も教条的で盲目的な信奉者以外のすべての人が、本書の基本的な議論に納得するはずだということを意味している。

本書は少なくともグリフィン自身が指摘するように、普通に理解されている軽蔑的な意味での「陰謀論」のジャンルに属するものではないということは、強調しておかねばならない。本書は骨身を惜しまず綿密に証拠を吟味しており、米国政府の公式見解と入手可能な最良の情報のあいだの多くの不一致点を説明している。

もちろん、もしグリフィンの証拠が示す結論が正しいとするなら、なぜこの世紀の物語がもっと前に明確に語られなかったのかと思うのは当然である。なぜメディアは眠り込んでいたのか？　なぜ連邦議会は政府の監視役としての、何よりもアメリカ国民を守るための役割を果たすことに、かくも受動的であったのか？　なぜ電撃的な暴露のあと、原則に忠実な政府高官が引責辞任することがなかったのか？　あちこちで疑問が出され、政府高官の共犯性を疑う声が特にヨーロッパで攻撃の当日から出ているのに、私の知る限り、グリフィンが忍耐と、不屈の精神と、勇気と叡智をもって多くの断片情報を一貫性のある全体的説明にまとめあげるまでは、アメリカ人が発言することはなかったのである。

国家権力の基本的正当性に対する国民の信頼を著しく揺るがすような深刻な疑問を投げかける場合、信頼を得ることが困難である一つの理由は、告発する声がたいていの場合大げさで無責任であり、提起されている疑問点が調査に値するかどうかを考慮する前に、「偏執症」だとか「常軌を逸している」として容易にレッテルを張られてしまうことである。それとは対照的に、グリフィンのアプローチは冷静であり、彼の議論は一貫してよく考え抜かれ、彼の分析を否定しがたいほど説得力のあるものにしている。

しかし九月十一日の真実にわれわれが接近することを阻止しようとする厄介な勢力がうごめいている。九月十一日以来、主流メディアは、国の政策に対するいかなる疑問の表明も背信行為とみなすという愛国的熱狂の雰囲気を、政府と密接に協力してつくりあげてきたのである。ビル・メーハーのように、たとえ何気なくであっても公式見解に疑問を呈したメディアの人間は、解雇通知を与えられ、脇に追いやられ、黙らされたのであり、異論を述べようとする者に対して身も凍るような脅迫のメッセージを送られたのである。星条旗を振ることが、批判的で独立的な思考に取って代わり、「われらは団結する」といったスローガンが、批判的な感情を窒息させるものとなった。このように現政権の政策を無条件で受け入れて、思考停止を愛国心と同一視することが、九月十一日を国民的悲劇としてではなく、攻撃二周年に際してのジム・レーラーのテレビインタビューでドナルド・ラムズフェルド国防長官が使った表現で言うならば、「禍を転じて福となす」ような大統領顧問たちにとっては思うつぼであった。

愛国の呪文が徐々に消え始めると、われわれを真実から遠ざけるもうひとつの力学が働いていることがわかる。それは精神科医が「否認」と呼ぶものである。イラク占領の不愉快な現実が、ほとんどのアメリカ人にとって、アメリカの若者の死傷を含むすべての対応が、我が国の選挙で選ばれた指導者による現実の恣意的な歪曲――すなわち、サダム・フセインが九月十一日に責任があると示唆すること――にもとづいているということを認識するのを、困難にしているのである。この不愉快さは、もし九月十一日の恐ろしい出来事が最初から、あるいはその前から、嘘の巧妙な展開によって意識的に曖昧にされてきた可能性が問題となるならば、何倍にも増幅されるであろう。否認しようとする衝動の一部は、われわれの生活を支配する政府の権力構造に埋め込まれた身の毛もよだつ現実に直面することを避けたいという絶望的な願望である。グリフィンの本は、過去数年のあいだ国民の良心と意識を麻痺させてきた集合的な否認に対する待望の解毒剤である。少なくとも、それは遅まきながら論争に火をつけるであろうし、それは何も論争が起こらないよりもずっと良いのである。ずいぶん前に、トマス・ジェファソン（訳注　米国第三代大統領。在任一八〇一～〇九）は、「自由の代価は、永遠の警戒である」と警告したのである。

　アメリカのこのような現在の進展状況を見れば、政府への信頼性を無条件に受け入れることを含めて、政治的無邪気さを弁解することはできない。結局のところ、特に戦争と平和の問題においては、［政府が］大衆の意見を操作してきた長い歴史があるのだ。歴史家たちは、次の諸事実が操作されてきたことについて、ますます意見を同じくするようになっている。①米西戦争（一八九八年）の開始を正当化したメイン号の爆発事件、②もともと不人気だった第二次大戦への参戦を正当化した日本軍の真珠湾攻撃に関すること、③ベトナム戦争を北ベトナムへと劇的に拡大するのを正当化するためにホワイトハウスが用いた一九六四年のトンキン湾事件、そしてもっとも最近では、④国際法と国連に挑戦しつつ戦争を正当化するために、イラクが大量破壊兵器を隠し持っていて脅威だとして描き出したことである。広島と長崎への原爆投下やケネディ大統領の暗殺のような歴史的事件の公式説明も、客観的な学者たちの精査に耐えることはできない。これらの観点からみると、米国における政府と市民のあいだの信頼関係の破綻は、深い歴史的根源をもっており、共和党右派と結びついた現在の指導者に対する単なる党派的告発ではない。そうではなく、それはわれわれすべてに対して基本的な、絶えずつきまとう疑問を投げかけている。なぜ九月十一日についての公式説明が神聖なものとされ、額面通り受け入れられるべきなのだろうか、特に世界史上最も危険ないくつかの対応の口実とされているのに。

グリフィンが示しているように、九月十一日の公式説明はまったく説得力がないと結論するために、あらゆる疑わしい推測を吟味する必要はない。彼のアプローチは公式に起こったとされていることに関する多くの弱点を示すことに基礎をおいている。それは事前の情報と、攻撃の可能性をむしろ促進するような措置を支持したことにかかわる弱点であり、メディアと政府による攻撃の説明と、実際に起こったことについての独立の証拠との奇妙なズレに関する弱点であり、またささやかな調査に対してさえ政府が非協力的だったことにかかわる弱点である。この物語のどの部分をとってみても、我が国と世界は、運命的な日がいかにして、なぜ生じたかについての包括的で信頼のおける、迅速な説明を受けるに値するというグリフィンの基本的な主張を正当化するに十分である。そのような一歩が、ベンジャミン・フランクリンがフィラデルフィアの憲法制定会議で何が達成されたものかと聞かれたときに「共和国ですよ。もし守るならばね」という有名な答えにある不朽の見識を今、提起することになろう。

リチャード・フォーク

訳注　リチャード・フォークは一九三〇年生まれ。プリンストン大学教授。専門は国際法、国際政治学、平和学。邦訳に『「ニューヨークタイムズ」神話　アメリカをミスリードした〈記録の新聞〉の50年』立木勝訳（共著、三交社、二〇〇五年）がある。

目次　9・11事件は謀略か

「21世紀の真珠湾攻撃」とブッシュ政権

序章

　九月十一日の攻撃は、真珠湾攻撃と比較されてきた。たとえば、調査報道ジャーナリストのジェームズ・バンフォードは、「現代の真珠湾のさなかにおける」ブッシュ大統領の行動について書いた(原注1)。CBSニュースは、大統領自身が九月十一日に就寝する前に、日記に「今日二一世紀の真珠湾が起こった」と書いたと報道した(原注2)。

　この比較はしばしば、九月十一日に対するアメリカの反応が、真珠湾攻撃に対するアメリカの反応と似たものであるべきだと主張するためになされてきた。二〇〇一年九月十一日についての国民に向けた大統領の演説の直後に、ヘンリー・キッシンジャーはインターネット上に論説を掲示したが、そのなかで次のように書いた。「政府は真珠湾攻撃の帰結と同じ終わり方、すなわち望むらくは攻撃をしてきたシステムそのものを破壊するような体系的な対応をする使命を課せられている(原注3)」。攻撃の直後に掲載された『タイム』誌の社説は、次のように促している。「今回だけは、癒しについての浅はかな表現はやめよう。……怒りをぶつけずに屈辱のなかで生きることはできない。激怒しよう。必要なのは、統一された、団結させる力のある、真珠湾のときのような栄光あるアメリカの憤激だ（原注4）」

この比較のうちのあるものは、九月十一日の攻撃が、米国の軍事力の使用を求め、真珠湾攻撃によって生みだされたのと似た反応を実際に呼び起こしたと指摘した。まもなくブッシュ政権の上層部になる人々が二〇〇〇年に発表した、彼らが望む変化は「新しい真珠湾攻撃」でも起こらない限り困難であろうという予測（原注5）を引用して、オーストラリアのジャーナリスト、ジョン・ピルジャーはこう書いている。「二〇〇一年九月十一日の攻撃は、その新しい真珠湾なるものを提供した（原注6）」。米国陸軍戦略研究所のある研究員は、九月十一日の後、「軍事行動への大衆の支持が、真珠湾攻撃後の大衆の反応と類似したレベルにある」と報告した（原注7）。

訳注　ピルジャーの邦訳に『世界の新しい支配者たち　欺瞞と暴力の現場から』井上礼子訳（岩波書店、二〇〇四年）がある。

これらの九月十一日と真珠湾攻撃の比較は、正当化されるように思える。事実上誰もが同意しているように、九月十一日の出来事は、アメリカと残りの世界の双方にとって、最近の最も重要な出来事であった。その日の攻撃は、米国における市民的自由の著しい規制の理由を提供した（ちょうど真珠湾攻撃が日系アメリカ人の市民の自由を制約したように（原注8））。これらの攻撃はまた、米国が率いる世界規模の「対テロ戦争」の理由ともなった。アフガニスタン戦争とイラク戦争がいままでのところその二つの主要な事例である。

ブッシュ政権の「対テロ戦争」はさらに、より攻撃的な帝国主義の口実として広く認識されている。

たとえばフィリス・ベニスは、九月十一日は「誰も抵抗できない帝国の法によって世界に押しつけられた外交政策」をもたらしたと言っている(原注9)。もちろん、幾人かの歴史家は、しばらく前から、アメリカの指導者は世界全体を制覇する帝国を長らく望んできたと指摘している(原注10)。しかし米国の外交政策の批判者はほとんど、ブッシュ二世政権の帝国主義は、特に九月十一日以降はるかにあからさまで、大規模で、傲慢なものであると信じている(原注11)。実際、リチャード・フォークは、「地球支配計画」と呼んでいる(原注12)。九月十一日以後はアメリカに対してあふれるような好意があり、攻撃によって世界規模の対テロ戦争を行う権能が与えられたという主張に広範な同意がみられたが、この好意は急速に消えていった。アメリカの外交政策はいまや世界中で以前より広範に厳しく批判されており、ベトナム戦争当時と比べてさえ、風当たりはきつい。しかしながら、あらゆる批判に対するアメリカの回答は、9・11である。たとえばヨーロッパ人がブッシュ政権のイラク戦争にすすむ意図を批判したときには、米国の戦争を支持する何人かのオピニオンリーダーは、「ヨーロッパ人は9・11の攻撃を受けていないのだ」と言って認識の違いを指摘した。

報道機関の怠慢

このあからさまで攻撃的な帝国主義をもたらした九月十一日の役割を考慮して、将来の歴史家は九月十一日を二一世紀の真の始まりとみなすようになるだろうと言う人もいる(原注13)。しかし九月十一日がそのような並外れた重要性をもつことについては事実上、一般的な合意があるのにもかかわらず、この出来事自体についての公的な詳しい調査はほとんど行われていない。九月十一日の攻撃の一周年に、『ニューヨーク・タイムズ』は書いている。「一年たってみて、国民は一九一二年の人々がタイタニック号沈没の数週間後に犠牲者について知っていたよりもわずかのことしか、マンハッタンの足下で白昼起こった二八〇一人の死の状況について知らないのである(原注14)」。そうなった原因の一部は、ブッシュ政権が、調査は必要な「対テロ戦争」から目をそらすことになると主張して、特別調査委員会設置の要請に抵抗したからである。しかし九月十一日に関する国民の情報の欠落は、そのほとんどが『ニューヨーク・タイムズ』およびその他の主流メディアが、調査報道を許可しなかった事実によるものである。調査報道があれば、国民の知識の欠如は克服されていただろう。さらにその一年後も、状況はほとんど変わらなかった。二〇〇三年九月十一日、『フィラデルフィア・デイリー・ニューズ』のある論説委員が書いている。「なぜ事件から二年もたつのに、当日実際起こったことについて、われわれはこんなにわずかなことしか知らないのだろうか？(原注15)」

　アメリカのメディアは、特に、何が起こったかについての公式説明が、得られた証拠と整合性があるか、そのほかの点でもっともらしく思われるかについて、詳細な調査は行ってこなかった(原注16)。多くの新聞とテレビ番組は確かに、公式説明はつじつまがあわないとか、事実と矛盾するように思われる要素があることを示して、いくつかの気がかりな疑問点を提起した。しかし、メディアはこれらの明らかに信じ難い点や、矛盾した点について、政府と対決して問いただしてこなかった。さらに、マスメディアは、彼ら自身が気づいている厄介な疑問のすべてをきちんと並べて、包括的な意見を市民に提示していない。国際的に知られた受賞ジャーナリストであるグレッグ・パラストや、カナダの受賞ジャーナリストであるバリー・ズウィッカー（原注16と18を見よ）も含めて、多くのジャーナリストによって重要な報告記事が提示されてきた。しかしそのような記事は、たとえ市民の目に触れても、集合的な意識のなかでは大部分は忘れられてきた。それらは卓越した勇気ある報道の個別の産物にとどまり、これまでのところ意味のある重要なことにつながるようにはなっていないからである。最後に、公式説明に対する強い反論が、多くの信頼度が高い個人によって提示されてきたが、マスメディアはこれらの意見を国民に伝えることはしなかった。

公式説明への反論は、確かに挑戦的なものではある。というのは、公式説明を拒否することは、大統領も含む米国の指導者たちが、巨大な嘘を構築してきたということを含意しているからである。そしてもしそれらが虚偽の説明であるならば、ほとんどの人が想定するように、彼ら自身の共犯性を隠蔽するために、彼らはそうしたのであろう。そして実際にそれが、公式説明に反論するほとんどの人が到達した結論なのである。それは確かに挑戦的な告発であろう。しかしあまりに挑戦的であるという理由で現職大統領に対する深刻な告発の調査ができないというのなら、われわれは出版報道の自由――言論界――を持っているとどうして主張できるというのか？　ウォーターゲート・スキャンダルにおけるニクソン大統領に対する告発は挑戦的であった。イラン・コントラ事件でのレーガン大統領に対する告発も挑戦的であった。クリントン大統領に対してなされた様々な告発も挑戦的であった。しかしこれらすべての場合において、報道機関はその問題を報道した（最初の二つについては遅きに失した報道ではあったが）。まさにこのような状況においてこそ、われわれは独立した報道機関を最も必要とするのである。

しかし報道機関は、九月十一日に関してはやるべき仕事をしなかった。もし九月十一日についての公式説明が虚偽であるとわかったなら、その結果は甚大な――先にあげた先行するスキャンダルのいずれよりもはるかに甚大な――ものであるはずなのに、である。九月十一日についての公式説明は、アフガニスタンとイラクにおける戦争の正当化のために用いられてきたが、これらの戦争は何千人もの戦闘員だけでなく、九月十一日に殺されたよりもはるかに多くの罪なき民間人の死をもたらしたのである。この説明は世界中での他の何十もの作戦の正当化のために用いられてきたが、そのほとんどはアメリカ国民にはあまり知られていない。それは米国愛国者法の正当化のために用いられてきたが、それによってアメリカ人の市民的自由が抑えられてきた。そしてそれはグアンタナモやその他の場所において数えきれぬ人々の無期限の拘束を正当化するために用いられてきた。しかし報道機関はモニカ・ルインスキーとの関係――九月十一日に比べれば遙かに些細な問題である――についてクリントン大統領を問いただしたときの攻撃性に比べると、九月十一日についてブッシュ大統領を問いただしたときはずっとおとなしいのである。

この点におけるアメリカのメディアの怠慢は、一部の内部関係者によって認められてきた。たとえば、CNNインターナショナルの副理事長であり、統括マネジャーであるレナ・ゴールデンは二〇〇二年八月、アメリカの報道機関は九月十一日とアフガニスタン戦争の両方について自己検閲してきたと述べたという。「米国のメディアは自己検閲しなかったと主張する人は、あなたをからかっているのです」とゴールデンは付け加える。「そしてそれはCNNだけの問題ではありません。九月十一日の報道に関与したすべてのジャーナリストに、部分的な責任があるのです(原注17)」。なぜそうなったかについては、CBSニューズキャスターのダン・ラザーはこう言っている。

南アフリカでは、異議を唱える人は首のまわりに燃えるタイヤをかぶせられた時代がありました。ある意味で、ここでも首に何かかけられると恐れているのです。愛国心の欠如という名の燃えるタイヤをかぶせられるだろうと。いまジャーナリズムに手厳しい中でも最も手厳しい質問を投げることを躊躇させているのは、この恐怖なのです。(原注18)

ラザーの告白は、報道機関が公式説明を問いただすことを遠慮する理由の少なくとも一部は、非愛国的とみなされたジャーナリストは解雇される危険があるからだということを説明している。

公式説明の中心的な反論者のひとりであるティエリ・メサンは、アメリカ人は公式説明に対する何らかの批判を非愛国的であるだけでなく、神聖を汚すものだとみてきたのだと示唆する。メサンがわれわれに思い出させてくれたのだが、ブッシュ大統領が九月十二日に「悪に対する善の記念碑的な闘争」に取り組む意志を表明した。(原注19)九月十三日に、彼は翌日がテロ攻撃の犠牲者のための祈りと追悼の国民記念日になるだろうと宣言した。そして九月十四日に、大統領自身が、ビリー・グラハム、枢機卿一名、ラビ一名、イスラム指導者一名、そして四人の元大統領と多くの連邦議会議員に囲まれて、説教を行った。説教のなかで、彼はこう言った。

歴史に対するわれわれの責任は、すでに明らかである。これらの攻撃に応答し、世界から悪を取り除くことだ。陰謀と欺瞞と殺人によってわれわれに対する戦争が仕掛けられてきた。我が国は平和な国であるが、怒りをかきたてられたときには、荒々しくなるであろう。……あらゆる世代において、世界は人間の自由の敵を生みだしてきた。彼らはアメリカを攻撃した。なぜならわれわれは自由の故郷であり擁護者だからである。建国の父たちの決意がいまの時代の使命である。……われわれは全能の神に我が国を見守り、われわれに忍耐を与え、来るべきすべてのことを乗り切れるようにして下さることを求める……神が常に我が国を導かれんことを。神よ、アメリカに祝福あれ。(原注20)

米国大統領が［カトリックの］大聖堂から戦争を宣言するという前例のないイベントを通じて、「アメリカ政府は事件についての自らの解釈を神聖なものとした。そのとき以来、公式の真実とされるものに何らかの疑問を投げかけることは神聖を汚すものだとみなされるようになった」とメサンは見ている。(原注21)

9・11事件と左翼

もし公式説明について厄介な疑問を提起することが非愛国的で神聖を汚すものだとみなされるならば、レナ・ゴールデンとダン・ラザーが認めているように、アメリカの主な報道機関がそうした疑問を提起しなかったのは驚くべきことではない。また政治問題についての右翼はもちろん、中道のコメンテーターさえ公式説明について深刻な疑問を提起しなかったのは驚くべきことではない。彼らの一部——社会倫理と政治倫理の教授ジーン・ベスク・エルシュタインを含む——が政府の共犯性の告発は理性的討論の限界を超えており、そのためのいかなる議論も単純に無視できると宣言していることも、驚くべきことでさえない。エルシュタインは大統領を含むアメリカの高官が攻撃に共犯関係をもつと示唆することは「ばかげている」と言い、こう付け加える。「この種の挑発的な狂気は政治的な討論の範囲外に存在する」、したがって「耳を傾けるに値しない」(原注22)と。この観点から見れば、たとえその反論者の一部が近隣の大学で教えている知識人仲間——二人の尊敬されるカナダ人教授、経済学者のミシェル・チョスドフスキーや、社会哲学者のジョン・マクマートリーのように(原注23)——であるとしても、公式説明の反論者によって提示された証拠を吟味する必要はない。エルシュタインは「もしわれわれの事件［の事実関係］についての記述が間違っているのなら、われわれの分析と倫理も間違っていることになるだろう」(原注24)と指摘するのだが、彼女は明らかに、9・11事件についての公式説明が間違っている可能性を考慮する必要はないと考えている。こういう態度は、とくに知識人の世界で表明されるときには不幸なことであるのだが、驚くべきことではない。

しかしながら、米国の政策に対するアメリカ左翼の批判者たち——彼らは非愛国的とか神聖を冒瀆していると言われるのを心配することは滅多にない——が、少なくとも公開の議論のなかで、政府の共犯の可能性を探究することがほとんどなかったということは、驚くべきことなのである(原注25)。

確かに左翼の批判者たちは、ブッシュ政権の9・11事件に対する対応については、きわめて批判的であり続けてきた(訳注)。彼らは特に、ブッシュ政権が攻撃の実行者の処罰や、将来のさらなる攻撃の防止とほとんど関係ない政策を実施し、作戦を遂行する口実として、9・11を利用したことを指摘した。彼らはこれらの政策や作戦のほとんどが、攻撃以前にブッシュ政権の行動計画に入っていたこと、したがって9・11は原因ではなく単なる実行の口実にすぎなかったことを指摘さえした。これらの批判者達は、過去において米国が何回も、戦争——最も悪名高いのはメキシコ、キューバ、ベトナムに対する戦争であった(原注26)——に突き進む口実として「事件」を捏造してきたことも知っている。しかし、これらの批判者のほとんどは、少なくとも公の場で、このこと［捏造］は9・11にもあてはまるのではないか、ということを真剣に討論することをしてこなかった。たとえ、そうした事実を示すことが、もし真実なら、彼らが強く反対しているブッシュ政権の政策に打撃を与えるための最も効果的な方法に確実になるであろうとしても、である。「陰謀論」を捨てて、彼らは少なくとも暗黙のうちに、「偶然の一致［同時発生］の理論」を採用したが、それによると、9・11事件は、政府の観点から見ると、単に「天の恵み」であり、彼らの行動計画の遂行を可能にするように、ちょうどうまい具合に起こったのである。

訳注　たとえば、ノーム・チョムスキー（山崎淳訳）『9・11　アメリカに報復する資格はない！』（文春文庫、二〇〇二年）などを参照。

その例はラフール・マハジャンで、彼は米帝国主義の明断で率直な批判者である。彼は九月十一日以降の米帝国主義を、「新しい真珠湾」の必要性に言及した先ほど触れた文書——「新しいアメリカの世紀のためのプロジェクト（PNAC）」が作成した『アメリカ国防の再建』——に照らして分析している。マハジャンが強調するように、この文書の主要なテーマのうちの三つは、そこから軍事力を展開できる軍事基地を世界中にもっとたくさん設置する必要性、アメリカの利権に対して敵対的な諸国に「政権転覆（レジーム・チェンジ）」をもたらす必要性、特にミサイル防衛のための軍事費の大幅な増加の必要性――抑止力としてではなく、他の諸国がわれわれを抑止するのを防止することによって「アメリカの優位性を維持するための必要条件」として明白に理解されている――である。マハジャンはそれから、「九月十一日の攻撃は軍事費をつり上げるための自然な好機であった」こと、この文書の他の構想が、ブッシュとチェイニーの石油へのよく知られた確執と結びついて、九月十一日以後の帝国の戦略の主要なテーマを提供したと指摘する。マハジャンはまた、この文書は米軍の望ましい再編が「新しい真珠湾のような何らかの破局的で触媒的な出来事なしには」おそらく政治的に不可能であると述べていることにも注目している。そしてマハジャンは、「一年以内に彼ら［この文書の著者たち］は彼らの真珠湾と、彼らの帝国的ファンタジーを現実にするチャンスを獲得した」と付け加えてさえいる。

しかしながらこれらすべてを指摘したあと、マハジャンは陰謀説よりも偶然説を選択して、次のように述べるのである。「陰謀論者たちは疑いなく大喜びするであろう。しかしこれは、米国外交政策の歴史における他の多くの出来事と同様に、幸運はよく準備している者に味方するというパストゥールの格言の単にもうひとつの例にすぎないのである(原注27)」。

もちろんマハジャンは正しいかもしれない。しかし彼はそのように考える理由を示していない。彼は特に、攻撃は米国政府の共犯を通じてのみ成功しえたであろうと主張する人々が提示した証拠を吟味した形跡を示していない。

本書執筆の経緯

マハジャンが吟味することなく証拠を退けたという推定が真実であろうとなかろうと、それは私については確かに真実であった。二〇〇三年の春まで、私は証拠のどれにも目を向けることはなかった。私は少なくともインターネット上に、九月十一日の公式説明に反対する証拠を提示し、米国政府が共犯関係にあるという修正主義的説明（訳注）を提示している人々がいることを、漠然と気づいてはいた。しかし私は時間をかけて彼らのウェブサイトを探求しようとしなかった。私は九月十一日以降、アメリカの拡張主義と帝国主義の歴史を非常に精力的に勉強していたので、米国政府がこれまで数回、戦争に乗り出す口実として「出来事」を捏造してきたことは知っていた。にもかかわらず、九月十一日もまた同様に演出されたものかもしれないという考えは心をよぎったけれども、その可能性を真剣にとりあげようとはしなかった。ブッシュ政権が——ブッシュ政権でさえ——そのような憎むべきことをするだろうとは、どうしても信じがたいように思えたのである。そうではないと主張する人々は、言葉が通常使われる軽蔑的な意味——おおまかに言うと「気が狂っている」という意味——での「陰謀論者」に違いないと想定したのである。もし彼らが正しかったら、これは非常に大変なことになるとわかっていた。しかし私は彼らが間違っているに違いないと——彼らの書いたものは疑わしい証拠からの乱暴な推論にもとづいたばかげた理論から成り立っているにすぎないと——思っていたので、それらの著作を検討するために時間とエネルギーを割こうとは思わなかったのである。したがって私は、ほとんどの人がその証拠を調べてみることはしていないという事実には、まったく納得がいく。人生は短いし、陰謀論のリストは長いのだから、われわれはみな、時間を費やす価値のあるものはどれかについて、判断しなければならない。私は九月十一日についての陰謀論は実証可能な信頼性のレベル以下だと想定していたのである。

訳注　ここでは「修正主義」と直訳したが、「定説」の「修正」を求める異論、異説という中立的な意味で用いている。歴史認識論争で言う歴史修正主義（歴史を改ざんして戦争犯罪などを否定したり矮小化したりする）と混同しないでほしい。

しかしそのとき、同僚の教授のひとりが、これに関連したウェブサイトのいくつかを紹介する電子メールを送ってきた。彼女が聡明な人であることを知っていたので、そのいくつかを、特にポール・トンプソンという名前の独立した研究者による「九月十一日は起こることを許されたのか？」と題した膨大な時系列のデータ(原注28)をインターネットで閲覧してみた。トンプソンが検討対象をまったく主流メディアの資料だけに限定していたのにもかかわらず(原注29)、ブッシュ政権が九月十一日の攻撃が起こることを意図的に許したのだという結論を指し示すたくさんの証拠を彼が見つけていたことを知って、私は驚いた、というよりも仰天した。ほぼ同じころ、私はゴア・ヴィダルの『戦争を夢見る：石油のための流血とチェイニー・ブッシュ軍事政権』(原注30)をたまたま読んだ。それは九月十一日についての最も内容が豊富な本である英国の独立的研究者ナフェズ・アーメドの『自由に対する戦争：いかにしてなぜアメリカは二〇〇一年九月十一日に攻撃されたか』を読むようにすすめていた。

アーメドの本は、九月十一日はわれわれの情報機関の内部および相互間の「機能停止」から起こったという定説に直接異議申し立てする、よくまとまった広範囲に及ぶ事例にもとづく議論を提供している[原注31]。アーメドはトンプソンと同様に、攻撃は単なる下部の無能力ではなく、上部の共犯によって起こったに違いないと示唆している。アーメドとトンプソンとの資料をあわせると、この主張を支持する自明で強力な論拠を提示していることがわかった。それはアメリカの報道機関、米国連邦議会[原注32]、9・11独立調査委員会[原注33]——いずれもこれまでのところ、9・11事件は情報機関と情報伝達機能の失敗から起こったとの想定で動いている——による広範な再調査を促すに十分なほど強力であることは確かである。

しかしながら私は、トンプソンとアーメドが書いたものがアメリカ人の多くへ届くことはなさそうだということもわかった。トンプソンの時系列データは、それを追いかける時間と忍耐をもった研究者にとってはきわめて有益であるが、ふつうの市民が容易に読みこなせるようなものではない。その理由はひとつにはインターネット上でのみ利用できることであり、ひとつには「タイムライン（時系列）」という名称が示すように、証拠が項目別というよりも時系列で配列されているからである[原注34]。そしてアーメドの証拠は、本の形になっていて、項目別で配列されているけれども、その本はとても厚くて、基本的な論点を議論するのに必要以上の、はるかにたくさんの情報をとりあげているからである。それに加えて、この追加的な情報の多くは本の前半に置かれており、公式発表に直接矛盾する証拠に到達する前に読者はいくつもの章を読まなければならないのである。アーメドとトンプソンが提示する重要な情報を忙しい連邦議会議員や報道機関も含め、多くの人のもとに届けるためには、何か別のものが必要であろう。

したがって私は、主要な証拠を要約し、関心のある読者にトンプソンとアーメドの仕事や、9・11事件についての修正主義的説明を提示するその他の資料を紹介するために、雑誌記事を書こうと決めた。しかしその記事は一冊の本の分量に増えてしまった。なぜなら、私はすぐに、たとえ最も重要な証拠に記述を限定しようとしても、これらの研究者によって提供されてきた証拠を正当に取り扱ってわかりやすい説明をするには、雑誌記事の分量では不可能だとわかったからである。

さらに、私は書き始めたあと、先に言及したフランスの研究者ティエリ・メサンの仕事、特にペンタゴンに激突した飛行物体はボーイング七五七型機すなわち七七便ではありえず、誘導ミサイルに違いないという仮説について知った。私が初めてこの修正主義的仮説について知ったときには、私は――たぶんいま私の著書を読んでいるほとんどの人と同様に――それは完全にばかげていると思った。確かに巨大なボーイング七五七型機と比較的小さな誘導ミサイルの違いは非常に大きいので、もしペンタゴンがミサイルに激突されたにすぎないのなら、ペンタゴンの高官はそれが誰かに七五七型機だったと納得させることはできなかったはずである！　私たちはマスコミ報道からペンタゴンの側面にあいた穴は幅二〇〇フィート、高さが五階分であると教えられなかっただろうか？　私たちは七七便の乗客のひとり――テレビ・コメンテーターのバーバラ・オルソン――から、それはワシントンに向かっていると教えられていなかっただろうか？　そして目撃者が激突を確認したのではなかったのか？　9・11事件の公式説明の反論者のほとんどを含めて、ほとんど誰もが、ペンタゴンに激突したのは七七便だという考えを受け入れた。彼らがみんな間違っているということはありうるだろうか？　にもかかわらず、メサンの著書［の英訳］を入手して自分で読んだあと、私は彼の論拠が、最初に見たところではばかげたものに見えても、非常に強力であることがわかった。私は結局のところ、ペンタゴンへの激突に関しては――証拠についてのメサンの記述が正確であると想定して――公式説明は明らかに虚偽であると確信するようになった。あるいは少なくとも公式説明がメサンの説明に勝てるとはいえないと思った。したがって、ペンタゴンへの激突についての公式説明がまだ広く受け入れられているという事実は、ほとんどの市民が重要な証拠を知らされていないという事実の特に好例である。本書は重要な証拠の主要なものを、すべてひとつにまとめたものである。

これまで出版されたどの本も、そのような全体的な構図は提示していない。アーメドの本は明らかに最も包括的なものではあるが、トンプソンの時系列やメサンの著書に含まれている証拠の多くが入っていない。そしてメサンの著書は、他では見ることのできない重要な証拠を含んでいるが、アーメドとトンプソンが提供した情報のほとんどが含まれていない。同じことは、このテーマについて英語で書かれた最も重要な本のひとつであるミシェル・チョスドフスキーの『戦争とグローバリゼーション：九月十一日の背景にある真実』についてもあてはまる。(訳注) その副題が示すように、それは九月十一日の背景に焦点をあてたものであり、(原注35) 九月十一日そのものについては簡単にしか扱っていない。本書では、これらの資料およびその他の資料に(原注36)見られる最も重要な証拠と私に思われるものを一緒にまとめている。

訳注　その邦訳は、チョスドフスキー（三木敦雄訳）『アメリカの謀略戦争：9・11の真相とイラク戦争』本の友社、二〇〇三年）

本書の内容

私が見たところ、公式説明への反論として、五つの主要なタイプの証拠が提示されてきた。最初のタイプは、九月十一日に起こったことについての公式発表のつじつまが合わないところや信じ難いところにかかわるもので、本書の第一部の四つの章で議論している。他の四つのタイプの証拠は、第二部で議論している。これらすべての証拠は多くの「気がかりな疑問」の視点からまとめられており、(原注37)それらが気がかりなのはまさに、そのテーマについてのメサンの最初の本の英訳の題が言うように、公式説明が「大きな嘘」(原注38)だと示唆しているからである。それらが深刻なのはさらに、ブッシュ大統領が正しくも「悪」と呼んだ九月十一日の攻撃が、ブッシュ政権の一部の共犯関係を伴って実行されたと示唆するからである。

第三部の結論において、私はそれまでの章で提示された証拠をもっともうまく説明できるのは、修正主義者が示唆するように、本当に九月十一日の政府は攻撃の共犯者だという仮説ではないだろうかと問いかけている。私はそれから、いま必要な再調査の意味を論じている。

「政府の共犯性」の意味するもの

本書が援用している修正主義者たちの書いたものは九月十一日の攻撃における政府の共犯を告発

しているが、彼らの議論に欠けているのは、「政府の共犯性」という言葉によって何を意味しているのかということについての注意深い考察である。九月十一日の攻撃における「政府の共犯」が何を意味するかについては、少なくとも八つの可能性がありうる。読者が証拠を吟味しながら、どの種類の「政府の共犯性」を証拠が支持しているのかを判定できるように、ここに八つの選択肢を、深刻さの度合いが低いものから順に並べた。ここでいう深刻さとは、その観点が含意するブッシュ政権に対する告発の深刻さを意味する。

一、虚偽説明の捏造　ひとつのありうる見解は、米国政府は攻撃の促進に何らの役割も演じておらず、攻撃を予期してさえいなかったが、彼らが虚偽の説明を捏造した――国家安全保障のためであれ、潜在的に困惑させる事実を隠蔽するためであれ、自分たちの行動計画(訳注)を実現するために攻撃を利用するためであれ、その他の理由のためであれ――というものである。これは最も深刻さの少ない告発であろうが、弾劾の根拠にできる程度には十分に深刻であろう。特にもし大統領が個人的な利害のために、あるいはアフガニスタン攻撃やイラク攻撃のような「九月十一日よりも」事前に設定された何かの行動計画を推進するために、九月十一日について嘘をついたとするなら。

訳注　「自分たちの行動計画」には、アフガニスタン攻撃やイラク攻撃の他に、軍事費の増大、軍事基地の増設、宇宙の軍事化、使える小型核兵器の開発などがあろう。

二、情報機関が何かを予期　第二のありうる見解としては、情報機関は事前に攻撃について何か明確な情報を得てはいなかったが、米国のいくつかの情報機関――ＦＢＩ、ＣＩＡ、米軍のいくつかの情報機関のような――がある種の攻撃を予期していたというものである。彼らは攻撃計画に何らかの役割を演じることはなかったが、攻撃を防止するための措置を意図的にとらなかったという意味で、たぶん攻撃を助ける役割を演じた［貢献した］ことになる。それから、ホワイトハウスに知らせることなくこれを行ったので、情報機関は九月十一日のあと、虚偽の説明を捏造することによって彼らの罪を隠蔽しただけでなく、攻撃によって正当化される自分たちの行動計画を実行するように、ホワイトハウスを説得したことになる。

三、情報機関が特定の出来事を予期　第三のありうる見解としては、情報機関（しかしホワイトハウスではない）が攻撃のタイミングと標的について明確な情報を得ていたというものである。

四、情報機関が計画に関与　第四のありうる見解としては、情報機関（しかしホワイトハウスではない）が攻撃の計画に積極的に参加したというものである。

五、ペンタゴンが計画に関与　第五のありうる見解としては、ペンタゴン（しかしホワイトハウスではない）が攻撃の計画に積極的に参加したというものである。

六、ホワイトハウスが何かを予期　第六のありうる見解としては、ホワイトハウスが事前に攻撃についての明確な知識を持ってはいなかったが、何らかの種類の攻撃が起こることを予期し、少なくともそれを阻止するための命令を出さなかったという意味で攻撃の支援を行ったというものである。(原注39)この見解は、実際に行われた攻撃によって引き起こされた死と破壊の量によってホワイトハウスが衝撃を受けたであろう可能性も考慮する。

七、ホワイトハウスの詳細な事前知識　第七のありうる見解としては、ホワイトハウスが攻撃のタイミングと標的について明確な情報を得ていたというものである。

八、ホワイトハウスが計画に関与　第八のありうる見解としては、ホワイトハウスが攻撃の計画に参加したというものである。

これらの見解が示すように、九月十一日に米国政府の一部が「共犯関係」にあるとか「陰謀」にかかわっているという告発は、多くの見解に見い出せるが、そのいくつかは計画への積極的な関与は想定していないし、ほとんどの見解はこの計画への大統領の関与は想定していない。こうした区別が重要であるひとつの理由は、政府の共犯性という考えについての考察に――そうした共犯を告発するのであろうと、否定するのであろうと――よくみられるものよりも、微妙な区別をする必要があることだ。たとえば、ジーン・ベスク・エルシュタインが「ばかげている」と言って否定する告発は、「米国大統領をも含むアメリカの高官が人気を上げるために攻撃をたくらんだという告発」なのである。(原注40)そのように表現することで、彼女は政府の共犯の告発を上記のありうる見解のリストの八番目――最も強い告発である――と同一視しただけでなく、この告発を、関与を疑われているアメリカ政府高官の特定の動機――自分の人気を上げること――に対する非難とみなしたのである。非常に特定の種類の告発をばかげているとして退けることで、彼女は明らかに政府の共犯という考え全体が葬り去られたと考えたのである。しかし他にも多くの可能性が存在する。(訳注)

訳注　もし九三便が撃墜だとわかっていたのに墜落だと説明したとすれば一にあたる。前述の三と七でいう「特定の出来事」とはたとえば飛行機のハイジャックによる世界貿易センターやペンタゴンへのテロ。四と八でいう「計画」とはたとえば世界貿易センタービルの計画的解体（自由落下より早い解体は、ビル内部の爆薬を示唆する）も含む。フランクリン・ローズヴェルト大統領がもし日本軍暗号の解読で真珠湾の事前知識をもっていたのに放置していたとすれば、七に相当する。『ルビコンを渡る』の著者ルパートはビルの計画的解体などのテロ支援の主犯をチェイニーと見ており、これは八にあたるが、グリフィンも本書のあとのほうで八の可能性を示唆している。

たとえば、何らかの形の政府の共犯を示唆している、数少ない有名な左翼思想家のひとりであるマイケル・パレンティは、マハジャンのように、攻撃はあまりにも好都合なものだったので、疑いを引き起こしたのだと指摘する。「九月のテロリストの攻撃は国内での反動主義と海外での帝国主義のために非常に役に立つ口実を作り出したので、多くの人が、米国政府自身が出来事に関与したのではないかと疑うようになった」。パレンティは、最初はマハジャンのようにこの疑いを完全に否定していたようで、こう述べている。「ホワイトハウスあるいはＣＩＡが世界貿易センターやペンタゴンの一部を破壊するための陰謀に積極的に参加したとは信じ難い。アフガニスタンに対する開戦理由をつくるためにこんなにたくさんのアメリカ人を殺したなんてことは（原注41）」。

しかしながら、パレンティはそこで立ち止まることはしない。政府の共犯を示唆するいくつかの事実に言及したパトリック・マーティンの記事を引用して、パレンティはマーティンの結論を支持する。米国政府は攻撃の詳細を計画するとか、何千人もの人々が殺されることを予期することはなかったけれども、「何かが起こることを期待して、見て見ぬふりをした（原注42）」という結論を、である。パレンティはそれによって第二の、もっとありそうな推定としては第六のありうる見解を明らかにしている。

いずれにせよ、私が言ったように、修正主義者たちは政府の関与の告発の少なくともいくつかのバージョンについて、強力で明白な論拠を示したのである。彼らが説得力のある論拠を提示したと言うためには、彼らが言及する証拠が信頼できるものであるという判断が必要である。そして、私には信頼できるように見える証拠だけを繰り返し参照したが、私がその証拠の正確さを私自身で確認したわけではない。読者のみなさんもお分かりになると思うが、この証拠は非常に広範であり、個人が――特に時間と資金が非常に限られている個人が――その正確さをチェックできるようなものではない。この理由から、私は、修正主義者たちは政府の関与についての強力で明白な論拠――報道機関や米国連邦議会のような調査をするのに必要な資金を有する人たちによる再調査に値するほどの強力な論拠――を提示したのだということだけを、主張するのである。もし本書で要約した証拠の相当部分が真実であることがわかったならば、九月十一日の攻撃は政府の共犯ゆえに成功したのだという結論は、ほとんど避けられないであろう。

私はたぶん、議論の性質からみて、証拠のすべてについてその真実性を確認する必要はないということを強調すべきである。ある種の議論はわれわれがよく言うように、「最も弱い部分によってその強さが決まる」のである。それは演繹的な議論であり、議論の各段階が前の段階の真実性に依存する。もしひとつの前提が虚偽であることが見つかったなら、その議論は破綻する。しかしながら、九月十一日における政府の共犯を示唆する議論は、累積的な議論である。この種の議論は、互いに独立ないくつかの特定の議論から成る一般的な議論である。そのようなものとして、それぞれの特定の議論は他のすべての議論の根拠を提供する。鎖のようなものとは違って、累積的な議論は多くの糸からなる網のようなものである。それぞれの糸が網を強める。しかしもし多くの糸があるならば、たとえそのうちのいくつかがほどけたとしても、網はなお多くの重さを支えられるのである。読者のみなさんがこれから見ていくように、本書で要約した九月十一日における政府の共犯を示唆する議論には、多くの糸がある。これらのいくつかについて関連した証拠が信頼できないものだとわかったとしても、それは必ずしも全体の議論を切り崩すことにはならない。この累積的な議論はそのときは、単に以前より少ない糸によって支えられるだけであろう。そして糸のいくつかは、それの根拠になる証拠が確認されるならば、一本か二本だけでも全体の議論を支えることができるほどの強力なものなのである。(原注43)

「陰謀論」をめぐって

しかし、証拠の検討に入る前に、それとなく言及されている事実――どんな主張も「陰謀論」だと指摘されることによって排除されうるように思われているという事実――について少し考えてみよう。実際、公の討論に参加を認められるためのひとつの条件は、陰謀論を拒否すると表明することであるように思われる。こうした思考の背景にある論理は何であろうか？　陰謀が起こるという考え自体を文字通り拒否することではありえない。われわれはみんなあらゆる種類の陰謀論を受け入れている。われわれは何らかの目的――銀行強盗であろうと、顧客を騙すことであろうと、価格を調整することであろうと――を達成するために二人以上の人間が秘密裏に共謀したと信じるときには、いつでも陰謀論を受け入れているのである。したがって、マイケル・ムーアが次のように言った前例に従うならば、もっと正直だということになろう。「さて、私は陰謀論を支持しません。陰謀が真実である場合を除いて」。(原注44)

この点をもう少しはっきり言い直すと、われわれは真実と思われるすべての陰謀論を受け入れるのに対して、偽りだと信じるすべての陰謀論を退けるのであると言うことができる。したがってわれわれは、陰謀論を受け入れる人と陰謀論を退ける人に人々を分類することはできない。この問題に関する分類は、単に彼らがどの陰謀論を受け入れて、どの陰謀論を退けるかということである。(原注45)

この分析を九月十一日の攻撃に適用してみよう。攻撃が政府の共犯ゆえに起こったと主張する人々が「陰謀論者」であるのに対して、公式説明を受け入れる人々は陰謀論者でないと示唆することは偽りである。この問題をめぐって人々の意見が異なるのは、どの陰謀論を真実だと、少なくとも最もありそうだと見るかということをめぐるものにすぎないのである。公式説明によると、九月十一日の攻撃はイスラム教徒のあいだの陰謀ゆえに起こったのであり、オサマ・ビン・ラディンが陰謀の首謀者である。修正主義者はこの理論を、少なくとも起こったことを十分に説明できるものとしては拒否して、攻撃は米国政府の役人による陰謀を仮定せずには、少なくとも攻撃の成功を許したことを仮定せずには、十分に説明できないと主張する。したがって、選択は単に、公式に受け入れられている陰謀論（のあるバージョン）と修正主義者の陰謀論（のあるバージョン）とのあいだのものなのである。(訳注)

訳注　言い換えると、公式見解はアルカイダ陰謀説、批判的（修正主義的）見解は外部テロリストと米国政府の共犯（共同陰謀）説である。米国政府単独陰謀説の人は、もしいるとしてもきわめて少ないであろう。

これらの競合する理論のどちらを受け入れるかは、どちらのほうが関連する事実によってより強く支持されているとわれわれが信じるかに依存する。あるいは少なくとも依存すべきである。修正主義者の理論を支持する人々は、公式に受け入れられている陰謀理論――それをわれわれは「公式説明」と呼んでいる――の虚偽性を示唆するだけでなく、修正主義者の理論の真実性を指し示すかなりの証拠が存在すると確信するようになったのである。それではその証拠の検討に移ることにしよう。

第二版への注記

この増補改訂版は、次の点で初版と違っている。①些細な誤記誤植を訂正し、本文について微修正を行った。特に6、9、29、31、38、39、133頁と、第1章の原注4と原注9、第2章の原注28である。②第二版後書きを付け加え、本文の数カ所に第二版後書きの関連した議論への参照の指示をつけた。

第１部　９月11日の出来事

第１章

第一一便と第一七五便　どうやってハイジャック犯たちは使命を達成できたのか？

あらゆる点から見て、九月十一日（二〇〇一年）に起きたことそのものが、９・11事件の公式説明を批判する人たちの最も有力な証拠である。ハイジャックされた飛行機のうちの一機が、午前八時四十六分に世界貿易センター（ＷＴＣ）の北棟に激突した。午前九時三分にもう一機が南棟に激突した。さらに九時三十八分には、ペンタゴンに激突。

しかし、通常、ハイジャックされた飛行機への標準的な対処処置がとられていれば、三機すべてはもちろんのこと、ただの一機でさえ標的に到達できたはずがないのだ。また、ニューヨークで行われた攻撃で、どうして世界貿易センタービルが崩壊することになったのかもまったくわからない。

さらに、第三の旅客機（本当にペンタゴンに激突したのは飛行機だったのか？）についても、第四の飛行機（この飛行機は撃墜されたのでは？）についても深刻な疑問がある。

最後に、これらすべての問題についての疑問を検討したあと、私は当日のブッシュ大統領の行動について提起された疑問を見てみようと思う。しかし、この第一章では、第一一便と第一七五便そして世界貿易センターのビルの崩壊についてだけ検討する。

アメリカン航空一一便

ハイジャックされた最初の飛行機はアメリカン航空（AA）の第一一便で、午前七時五十九分にボストン空港を出発したものである。八時十四分に、連邦航空局（FAA）の地上管制からの「高度を上げるように」という命令に応答しなかったことに加えて、ラジオとトランスポンダー（訳注：航空交通管制用自動応答装置のこと）のスイッチが切られ、[原注1]ハイジャックされたかもしれないことを示唆している。八時二十分、レーダーで航跡を監視していた連邦航空局の地上管制は、その飛行機が大幅に予定航路をはずれたので、おそらくハイジャックされたと結論した。八時二十一分、客室乗務員は、この飛行機がハイジャック犯――すでに何人かを殺害していた――に間違いなく乗っ取られたと報告した。八時二十八分、この飛行機はニューヨークに進路を向けた。八時四十四分にドナルド・ラムズフェルド国防長官はペンタゴンで、クリストファー・コックス下院議員とテロリズムについて話し合っていた。AP通信はラムズフェルドが次のように言ったと伝えている。「言っておくが、私はあの区域の近くに何度か行ったことがあるんだ。何かが起こるぞ、何か事件が」[原注2]と。そして彼が実際にそう言ったとしたら、彼は正しかった。二分後の八時四十六分、第一一便は世界貿易センターのノースタワーに激突した。これは、ハイジャックされたかもしれないという証拠が得られてから三十二分後であり、間違いなく乗っ取られたとわかってから二十五分後のことである。

公式説明に懐疑的な人々は、旅客機を世界貿易センターに激突させる試みは、通常な状況下では成功しなかったであろうと信じている。彼らの主張は、基本的な問題は、こうした状況での標準的な対応手段が存在するということ、そしてその対応手段が守られたなら、第一一便はハイジャックされたかもしれないという兆候が得られてから十分以内にジェット戦闘機によって迎撃されたであろうということである。もし飛行機がジェット戦闘機にしたがって空港に着陸せよという信号に従わなかったならば、撃墜されたであろう。ニューヨーク市の心臓部の上空に来てしまってから旅客機を撃墜するかどうかという問題が起こらないようにするには、撃墜の是非の検討は遅くとも八時二十四分あるいは八時三十分までになされていたはずである。

証拠として、懐疑論者は連邦航空局の規則を引用するが、それは航空管制官に次のように指示している。

……ときには……航空機の緊急事態が存在すると考えよ。何らかの飛行機とのレーダー接触および無線通信の予期しない喪失があるとき……もし状況が緊急事態あるいは潜在的緊急事態になっていると疑われるときには、あたかも緊急事態であるかのように対処せよ。(原注3)

したがって、八時十四分に、無線通信接触の喪失があっただけで、航空管制官は緊急事態の手順に入っていたはずである。トランスポンダー信号の喪失は状況をさらに疑わしくしたであろう。管制官は、無線通信が回復できないとわかったあと、ただちにペンタゴンの国家軍事指揮センター（NMCC）とその北米航空宇宙防衛司令部（訳注）（NORAD）に連絡をとり、連絡を受けたNORADは最寄りの軍事空港からジェット機を送り出したはずである（つまりスクランブル、緊急発進のこと）。

NORADの報道官によれば、連邦航空局が何かがおかしいと感じたときから、NORADに接触するまで「約一分かかり」、それからNORADは「米国のどこへでも数分以内に」分単位でスクランブル発進できる（原注4）。ナフェズ・アーメドが報告するところでは、「米国空軍自身のウェブサイトによると」F一五戦闘機はいつも決まって「スクランブル発進の命令を受けてからわずか二分半で高度二万五〇〇〇フィートに達する」ものであり、それから毎時一八五〇海里（訳注）で飛行できる（原注5）。

したがって、もし通常の手順に従っていたならば、第一一便は八時二十四分までに、あるいは遅くとも八時三十分までに――つまり実際に世界貿易センターに激突した時刻よりも十六分早く――迎撃（訳注）されていたはずである。

訳注　北米航空宇宙防衛司令部（NORAD）は、コロラド州コロラドスプリングス市のシャイアン山の地下の核シェルターに設置されている

訳注　海里＝国際海里＝一・八五二キロメートル＝一・一五一マイル

訳注　『広辞苑』（岩波書店）や『大辞林』（三省堂）には「迎撃」の語義説明として「攻めて来る敵を迎えうつこと」とあるが、これは狭すぎる。迎撃とは異常な飛行物体が発見されたときに軍用機が緊急発進して接近し、様子を確認することである。異常な飛行物体は、敵や他国の飛行機のこともあるし、予定航路逸脱などの異常な振る舞いをする自国飛行機のこともあるし、まったく未確認のこともある。合図をして相手の対応を見

ユーを受けた時、この問題に関して混乱を引き起こしたという。そのときチェイニーは、「旅客機を迎撃するかどうかの問題」は、それを撃墜するかどうかの問題と同様に、「大統領レベルの決定事項」だと示唆したのだ。

この発言は迎撃と撃墜という二つのことを混同している、と批判者は言う。迎撃はルーチン（日常的手順）のことであり、年に一〇〇回以上起こっている。(原注9)

この二つのことの混同は、当時統合参謀本部(原注10)(訳注)の議長代理であったリチャード・マイヤーズ将軍が九月十三日に上院軍事委員会で証言したときも、さらに酷くなった。

証言で彼はこう述べたのである。「二番目のタワーが激突されたあと、私はＮＯＲＡＤの司令官であるエバーハート将軍に話しました。その時点で、そのときの決断事項は飛行機の発進を開始することだと考えました(原注11)」。彼はチェイニーと同様に、最高レベルの司令官による命令があったときにのみ、戦闘機は旅客機を迎撃するために発進されるとほのめかしている。

しかし、たとえ飛行機の撃墜はチェイニーが示唆するように「大統領レベルの決定事項」だとしても、迎撃は標準的手順として、長年ルーチンとして行われてきたのである。

訳注　『ミーツ・ザ・プレス』はＮＢＣのテレビ番組。「記者会見」の意味。

訳注　統合参謀本部（ＪＣＳ）は米国防総省内にある組織で、一九四七年創立、大統領、国家安全保障会議、国防長官に軍事諮問を行う。

さらに、一部の研究者は、ハイジャックされた飛行機は大統領の認可があるときにのみ撃墜できるという考えを受け入れているが、ティエリ・メサンは、軍の規則によれば違うようだ、と指摘する。

その規則によると、

> ハイジャックが起こった場合、NMCC（国家軍事指揮センター）は連邦航空局から最も迅速な手段で通知を受ける。NMCCは、即時対応の要請の場合を例外として、……国防総省の支援を求める要望を認可するよう国防長官に伝える。[原注13]

したがって、規則はハイジャックされた飛行機の撃墜についての判断責任を「国防長官に」与えているとティエリ・メサンは結論している。さらに、「例外として」で始まるフレーズが示しているように、もし国防長官に間に合うように連絡がつかなければ、命令系統にいる他の人々が権限をもつであろう。メサンが引用している国防総省の文書によれば、

> 「即時対応の要請」を指揮系統の中の、どのような部署にも対応させることが可能である。これは、国防総省の職員または軍司令官によってとられる即時の行動のみが人命の損失を防ぎうる、あるいは人間の苦しみと多大な財産の損失を緩和しうるという差し迫った深刻な状態から生じる。[原注14]

これを読む限りでは、指揮系統の中にいる多くの人々が、アメリカン航空第一一便が世界貿易センターのノースタワーに激突したときに起こったような「人命の損失」と「財産の損失」を防ぐ権限

をもっていたことになる。

　確かに、その時点では飛行機がそういう結果になるとは誰にもわからなかったと言う人がいるかもしれない。しかし、公式説明への反論者たちは、そういう議論は――なぜ第一一便が少なくとも迎撃されなかったのかを説明できないだけでなく――世界貿易センターに激突した二機目の飛行機にはあてはまらないと答えるであろう。

ユナイテッド航空一七五便

　ユナイテッド航空一七五便は午前八時十四分にボストン空港を出発したが、ちょうどその時、ＦＡＡが一一便はハイジャックされたかもしれないということを知りつつあった。八時四十二分にその無線とトランスポンダーが切られ、飛行機は予定航路から逸れた。そのときまでに最初の飛行機が間違いなくハイジャックされており、ニューヨーク市上空を飛んでいることがわかっていたので、ＦＡＡの高官はすぐに軍に連絡をとる準備ができていたはずである。彼らは実際、八時四十三分にＮＯＲＡＤに通知したと報道されている。(原注15) ＮＯＲＡＤは八時五十三分までにジェット戦闘機でこの飛行機を迎撃させていたはずである。そしてハイジャックされた最初の飛行機が世界貿易センターに激突してから七分経過したこの時点までに、戦闘機は、もしハイジャックされた第二の飛行機がすぐに命令に従わなかった場合、それを撃墜する準備ができていたはずである。しかしその代わりに、一七五便を迎撃した飛行機はなく、それは九時三分にサウスタワーに激突した。

この激突のもうひとつの気になる——特に犠牲者の遺族にとって——ことは、八時五十五分に、ビルは安全だから各人はオフィスに戻れるという公的アナウンスがサウスタワーの内部で放送されたと報道されていることである。そうしたアナウンスはビルが激突される数分前まで続いたと報道されており、「それによる逃げ遅れによって」「数百人の死亡」につながったかもしれないのだ。(原注16)

ポール・トンプソンは問いかける。「八時四十三分にＮＯＲＡＤが、第一七五便がハイジャックされ、ニューヨーク市に向かっているという連絡を受けていたのなら、なぜビルのなかの人々は警告を受けなかったのか?」トンプソンがほのめかしているのは、ハイジャック犯以外の誰かが、相当人数の人命が失われるように手配したのではないか、というものであると思われる。これは気がかりな疑問である。

いずれにせよ、この飛行機が最初の激突から十七分後に世界貿易センターに激突した事実を考慮すると、最初の飛行機に関して通常の対応措置がとられなかった理由を説明するために想像できるどんな理由も——航空管制官の不注意とか、軍事基地のパイロットが完全警戒体制についていなかったとか、あるいは飛行機の異常な行動がハイジャックされたことを意味しないと想定されたとか——一七五便が撃墜どころか、迎撃さえされなかった理由として説明できないであろう。

一例をあげると、そのときまでにＮＯＲＡＤの北東防空部門のすべての技術者は「マイク付きヘッドホンをボストンの連邦航空局に接続して、第一一便について聞いて」おり、だからＮＯＲＡＤは状況の深刻さに十分気づいていたはずである。(原注17)

さらに困ったことに、なぜその後三十五分もたってから、九時三十八分にペンタゴンが激突されたのかということだが、この三機目についての検討は次章まで待つことにしよう。現在の仕事は、最初の二便についての公式説明と、それに対する反論者たちの応答について考えることである。

一一便と一七五便に対してなぜ迎撃＝緊急発進しなかったか？

反論者たちの言うところでは、公式説明の奇妙な点のひとつは、公式説明そのものに複数のバージョンがあることである。前述した九月十三日の上院軍事委員会での証言で、マイヤーズ将軍は、こう言っている。「脅威が何であるか明らかになったとき、われわれは戦闘機をスクランブル発進させた」。その命令が出されたのは「ペンタゴンが激突される前だったのか、あとだったのか」を聞かれたとき、マイヤーズ――統合参謀本部の議長代理であった――は「その命令は、私の知っている限りでは、ペンタゴンが激突されたあとでした」と答えている。(原注18)

この発言の問題点のひとつは、反論者が指摘するように、ＮＭＣＣの職員が、ペンタゴン自体が激突される九時三十八分よりずっと前に、「脅威は何であるか」をはっきり知っていたはずだということである。少なくとも世界貿易センターが激突され、別のハイジャックされた飛行機がその方向へ向かっていた八時四十六分には、わかっていたはずである。

もちろん別の問題は、一一便、一七五便、および無許可でワシントンに向かう飛行機を迎撃するためにジェット機をスクランブル発進させるためには、「脅威は何であるか」を完全にわかっている必要はないということである。通常の対応措置で、それらすべてが解決していたはずである。

公式説明のこのバージョンは、他に少なくとも二人のNMCCとNORADの担当官によっても語られている。九月十五日に『ボストン・グローブ』に掲載された話によると、NORADの広報官であるマイク・スナイダー少佐は、ペンタゴン自体が激突されるまで戦闘機がスクランブル発進することはなかったと述べた。そして九月十六日に、ティム・ラサートは、前述の『ミーツ・ザ・プレス』でのチェイニー副大統領に対するインタビューで、八時二十分までに最初のハイジャックのことがわかっていたのに「ペンタゴンを守るのに間に合うようにジェット戦闘機がスクランブル発進できなかったように思われる」ことに驚きを表明したが、チェイニーはその意見に反駁しなかった[原注19]。

この公式説明の最初のバージョンの主な問題点はもちろん、軍の行動が通常の対応措置——ハイジャックの疑いが報告されたらすぐにジェット機のスクランブル発進を行うことを求めている——と完全に食い違うことだ。マイヤーズとチェイニーが違うことを言っているように見えるが、そうではなく、そもそもジェット戦闘機をスクランブル発進させるのに上からの命令は必要ないのである。

むしろ、反論者が指摘していることは、スクランブル発進しないという命令を出すためには上からの指示が必要なのだということである。たとえば、イラリオン・バイコフとジャレッド・イスラエルは、九月十一日に緊急時の通常対応措置が作動されなかった事実にコメントして、次のように言う。「上層部の人間たちが協調して動く場合にのみ、そうした対応措置不能は起こりうるだろう[原注20]」

数日すると、とにかくNORADは飛行機をスクランブル発進させたのだが、現場到着が間に合わなかったのだ、と言い始めた[原注21]。しかし、反論者にとっては、この第二のバージョンは最初のバージョンと同じくらい奇妙に見える。

このバージョンによると、NORADは八時四十分まで第一一便のハイジャックのことをFAAから通知されなかったことになる。この時刻は飛行機の無線とトランスポンダーが切れてから二十六分後であり、予定航空路を逸れてから二十分後である。アラン・ウッドとポール・トンプソンは書いている。

NORADの主張は信じられるか？　もしそうなら、航空管制官は……解雇され、怠慢の罪で刑事訴追されることもありうる。しかし現在まで、誰も懲罰を受けたとは聞いていない。……もしNORADの主張が虚偽なら、そして実際には連邦航空局が規定する時間枠のなかで通知を受けていたのである。……それは、ハイジャックされた旅客機が世界で最も混雑した空域のなかで予定航空路から逸れて飛んでいたおよそ三十分ものあいだ、NORADは全く何もしなかったこと意味するであろう。そうであれば、おそらく重大な告発を招くであろう。しかしまた、NORADあるいは連邦航空局の関係者で処罰された者は皆無だった。(原注22)

懲戒がなかったことは、この話が虚偽であるか、あるいは連邦航空局とNORADの関係者たちが、［上から］指示されたことを実行したことになる。

この説明にはさらに奇妙なところがある。それによれば、NORADがハイジャックの通知を受けたあと、通知から六分が経過した八時四十六分まで、スクランブル発進の命令を出さなかったことになる。さらに、不可解なことであるが、NORADはこの命令をニュージャージーにあるマクガイア空軍基地――ニューヨークからわずか七〇マイルの距離にある――に出したのではなく、ケープコッドのオティス空軍基地――一八〇マイル以上離れている――に出したことである。もちろんそれは一一便にとっては関係なかった。なぜなら一一便が世界貿易センターに激突したのは八時四十六分だったからである。

しかし一方で、NORADは八時四十三分に連邦航空局から一七五便のハイジャックについて通知を受けた、それで八時四十六分にスクランブル発進の命令を受けた二機のF一五戦闘機は代わりにこの飛行機を追ったという。しかし不可解なことに、F一五は六分後の八時五十二分分まで離陸しなかったのである。

しかしおそらく、反論者たちから見てこの説明の最もおかしいところは、すべての遅れを考慮しても、戦闘機が世界貿易センターへの第二の攻撃を阻止するのに間に合うように到着しなかった理由を説明していないことである。八時五十二分に、一七五便がサウスタワー（第二タワー）に激突する九時三分までには、あと十一分あった。

ティモシー・ダフィー中佐――F一五の一機を操縦したパイロット――は、「ずっと全速力でとばした」と述べたと伝えられているが、それは時速一八七五海里以上で飛んだことを意味する。(原注23)この速度では、F一五は毎分三〇マイル以上進んだであろう。したがって、離陸して加速するまでに要する標準的な時間が二分半だとして、約八分でマンハッタンに到着できたはずであり、予定航空路からはずれた旅客機を撃墜するのにまるまる三分間あったはずである。しかしこの公式説明の第二バージョンによると、一七五便がサウスタワーに激突したとき、F一五はまだ七〇マイルも手前にいたという。(原注24)

　実際、NORADの時間記録によると、ニューヨーク市に到着するのに十九分もかかっている。すると、オティス空軍基地からのジェット機についての説明が真実だとしても、「全速力」よりはるかに遅い速度——実際、NORADの時間記録を受け入れるならば、時速七〇〇海里くらい——で飛んだことになる。[原注25]

　さらに、たとえこの説明で、飛行機が遅れて到着した事実にあうように時間の記録が操作されたとしても、なぜマクガイア空軍基地に命令が出されなかったのかという疑問が残る。アーメドが言うように、時速一八七五海里で飛ぶF一五は「ニュージャージーの空軍基地からニューヨークまで三分以内に行けるので、第一七五便を容易に迎撃できたはずである。[原注26]」だから、たとえこの第二の説明が受け入れられたとしても、世界貿易センターの第二（サウス）タワーは激突されずにすんだはずだと反論者は結論する。

　最後に、このハイジャックされた二機目の飛行機を止めようとしてジェット機がスクランブル発進されたという主張は、最初の飛行機に対して通常の対応措置がとられなかった理由については説明してくれない。さらに、この公式説明の第二のバージョンを受け入れると、マイヤーズ、チェイニー副大統領、NORADのスポークスマンが最初に、ペンタゴンが激突されるまでスクランブル発進された飛行機はなかったと思った理由がわからず、困惑させられることになる。

　したがって、軍務経験を持つ人も含む一部の反論者は、第二のバージョンは捏造であると考えている。たとえばウエストポイント陸軍士官学校で軍事科学を教えていた退役曹長のスタン・ゴフは、ペンタゴンが激突されるまで空軍はジェット機をスクランブル発進させなかったと結論する。[原注27]

アンドレアス・フォン・ビュロウはドイツの元国防副大臣であるが、こう言った。「決定的な六十分のあいだ、軍と情報機関は戦闘機を地上に待機させたままでいた」(原注28)。

いずれにせよ、公式説明のどちらのバージョンのもとでも、世界貿易センターへの攻撃成功は不可能だったはずである。この意見はロシア空軍の最高司令官アナトリー・コルヌコフによっても支持されている。彼は九月十一日の翌日にこう言ったと報道されている。「一般に、米国で昨日使われたようなシナリオでのテロ行為を実行することは不可能である。……ここでそれに似たことが起こったらすぐに、私は直ちに報告を受け、一分以内に全員が配置についているだろう」(原注29)。コルヌコフの言明を引用したあと、アーメドはこのようにコメントした。「もちろん米国空軍がロシアの空軍よりずっと優秀であることはよく知られている」。そして、これらの事実（特に世界貿易センターへの攻撃は通常の対応措置が停止されたときにのみ起こりえたこと）から何か合理的な推論が引き出せるだろうと付け加えた。

通常の対応措置（ＳＯＰ）が九月十一日には不可解にも完全に停止された――何か前例のないことが起こったのである。したがって、通常の緊急対応規則を遵守しなかったことについて誰に責任があるのかという疑問が残る(原注30)。

バイコフとイスラエルはそれが誰であるかについてほとんど疑いを持っておらず、次のように言っている。

厳格な階級制でコントロールされている日常の防衛システムをサボタージュするなど、米軍最高司令部の関与なしに試みることは、もちろん想像することさえできないだろう。これには少なくとも米国大統領ジョージ・ブッシュ、米国国防長官ドナルド・ラムズフェルド、統合参謀本部の議長代理であった空軍のリチャード・B・マイヤーズ将軍が含まれる。(原注31)

これは実際、率直に問わなければならない質問だ。飛行機をハイジャックして世界貿易センターに激突させる計画は、ブッシュ、ラムズフェルド、マイヤーズによって承認された「警戒態勢解除」命令なしに成功できただろうか？

一一便と一七五便についての公式説明の反論者によって引き出された結論が示しているように、この説明は重大な疑問を呼び起こした。(原注32) 世界貿易センタービルの崩壊は、より一層気がかりな疑問を提起している。(原注33)

世界貿易センタービルの崩壊

公式説明によると、ノースタワーとサウスタワー（ツインタワー）は旅客機の衝撃とそれによる火災がもたらした高温によって崩壊したことになっている。これを「公式説明」と呼ぶことは、それが何らかの公的機関によって裏付けられたことを意味しないと、付け加えておくべきだろう。

連邦緊急事態管理庁（ＦＥＭＡ）は崩壊を調査する仕事を与えられたが、同庁が二〇〇二年五月の報告書を出したときには、「各タワーの崩壊に至る一連の出来事については、確定できなかった」と言明した。[原注34] にもかかわらず、ＦＥＭＡの報告書は、公式説明を支持する推測に満ちている。

この説明はこれらの事実に詳しい人々によって広範囲にわたって否定されている。それはすでに二〇〇二年一月に、ビル・マニングの「調査を売り渡す」という論文によって否定されており、その論文はニューヨーク市消防局とつながりのある業界誌『火災工学』に掲載された。マニングは、ますます多くの消防技術者たちが「飛行機からの構造的ダメージとジェット燃料の爆発的燃焼は、それだけではタワーを崩壊させるには十分でない」と示唆していると報告している。[原注35]

一方では、さらに多くの公式説明への反論が提起された。そうした反論のいくつかは、第七ビルとして知られる世界貿易センタービル群のなかの三つ目のビル崩壊についての特異な問題にかかわるものである。

これらの反論を評価するために、いくつかの事実を再検討する必要がある。ノースタワーは八時四十六分に激突された。それは一時間四十二分後の十時二十八分に崩壊した。サウスタワーは九時三分に激突された。それは五十六分後の九時五九分に崩壊した。第七ビルは二ブロックも離れており、飛行機には激突されていないのに、午後五時二十分に崩壊した。これらの事実から直ちに二つの疑問がわく。なぜノースタワーより十七分あとで激突されたサウスタワーが、ノースタワーより二十九分も早く崩壊したのか？　そして、そもそもなぜ激突されなかった第七ビルは崩壊したのか？

これら三つのビルの崩壊について詳しく調べると、さらに多くの疑問点が提起される。まずノースタワーとサウスタワーについて提起された疑問点を検討し、次に第七ビルの問題に移ろう。

ツインタワー

9・11事件後間もなく、NOVA（訳注：米国で信頼されているTVの科学番組）の番組で取り上げられて広く流布された説では、ノースタワーとサウスタワーはジェット燃料によって大きくなった火災の熱がビルの鉄骨柱を溶解させたために崩壊した、というものである。(原注36) しかし、その火災が十分な高温をもたらすことはなかったであろうということが、いまでは広く認められている。鋼鉄を溶かすためには、華氏二七七〇度（摂氏一五〇〇度）程度の温度が必要で、それは酸素アセチレントーチのような特殊な装置によってのみ発生させることができる。精製した灯油（ジェット燃料がそれである）をベースにした炭化水素の火災は、それほどの高温に到達することはない。MIT［マサチューセッツ工科大学］の材料工学と工学システムの教授であるトーマス・イーガーが説明するように、炭化水素を燃料とする直火《じかび》が到達できる最高温度は華氏一六〇〇～一七〇〇度（摂氏八七一～九二七度）である。さらに、世界貿易センターの火災は多くの黒い煙を出した事実からわかるように、燃料の過剰な火災だったので、炭化水素火災が到達できる上限温度でさえなく、「おそらく華氏一二〇〇～一三〇〇度（摂氏六四九～七〇四度）にすぎなかった(原注37)」。

融解理論が示すように、タワーの崩壊について広く受け入れられている説明のいくつかは、科学的に根拠がうすい。他の多くの理論は、ビルと崩壊の性質についての特異な事実を考慮していないので、不的確である。したがって、さらに多くの理論を検討する前に、いくつかの事実を見ておくべきであろう。
各タワーの高さは約一三〇〇フィート（約四〇〇メートル）であった。このような極端な高層ビルを支えるために、各タワーの中央コアに四十七本の鉄骨柱があり、外周には二四〇本の鉄骨柱があって、各柱は基底部が上端よりも太くなっていた。外周の鉄骨柱はコンクリート床にある鋼鉄製バージョイストトラスによって中央コアの柱と結合されていた。
「もろいトラス」についてはかなりの話が流れているが、(原注38)『サイエンティフィック・アメリカン』は、ロバート・マクナマラという技術者の「今日では、世界貿易センターのように頑丈に作ることはなくなった」という言葉を引用している。特にバージョイストトラスについては、FEMAの報告書はこう述べる。「ツインタワーの床組みは、典型的なバージョイストを用いた床システムよりも複雑で、実質的に重複構造のものだった」。(原注39)さらに、回収された鋼鉄の断片からわかったのは、欠陥があるどころか、標準的な条件を満たすか凌駕してさえいたことだった。(原注40)
ツインタワーについてのこれらの事実を考慮すれば、広く流されている二つめの考え方、すなわち飛行機の衝撃がタワーを実質的に脆弱にしたという仮説は、捨てることができる。トーマス・イーガーは「飛行機の衝撃はわずかなものであった、なぜなら最初の衝撃で失われた柱の数は多くはなく、荷重はこの高度の重複構造に残っている柱に移されたからである」という。(原注41)また、エリック・ハフシュミットは「飛行機の衝突から数十秒のあいだ、ノースタワーは静かで、安定していて、動かなかった」と指摘する。(原注42)
イーガー自身のように公式説明を支持する人々は、一般に崩壊は火災による熱の条件によって説

もちろんわれわれはみな、サウスタワーの外側の巨大な火球の写真を見ている。(原注48)ノースタワーが激突されたあとにも、その外側に火球が見えた。(原注49)これらの火球はこぼれたジェット燃料の燃焼によって作り出された。サウスタワーのほうが火球は大きかった。なぜならビルの角の近くに激突したので、より多くの燃料が外にこぼれたからである。これらの火球は大量の熱を発生させた。しかし、それは一時的なものだった。なぜなら燃料はすぐに燃え尽きたからである。(原注50)さらに、サウスタワーの火球のほうが大きかったという事実は、サウスタワーの火災のほうが大きかったことを意味しない。その反対である。そのように大量のジェット燃料が最初の数分で燃え尽きてしまったので、ビル内部の火災に供給する燃料は少なかったのである。

ハフシュミットが報告するように、「写真は、鮮烈な炎が急速に消えたので、火災はタワーの一区画に限定されたものになり、ゆっくりと勢いを弱めたことを示している」。(原注51)

したがって、火災についてのこれらの事実は、公式説明のいずれのバージョンをも——それによると、各タワーは高熱で、広範で、長時間の火災に見舞われたことになる——排除するように思われる。熱い火災があった場合でも、それは限定されており、短時間であった。そのような火災は、たとえ華氏一三〇〇度であったとしても、鋼鉄をそれだけの高温になるまで加熱することはできなかっただろう。(原注52)

火災理論に疑問を投げるもうひとつの論点は、たとえツインタワーが荒れ狂う火災に包まれたとしても、崩壊しなかったであろうという可能性である。(公式説明は)九月十一日は例外だと主張しているのであるが、それ以前に鋼鉄の骨組みを持ったビルが火災だけで崩壊した事例はなかった。

一九九一年のフィラデルフィアのビル火災についてFEMAによる報告書が述べているように、火災はエネルギーが大きいので「梁や大梁《おおばり》が曲がったりねじれたりしたが、この異常な加熱にもかかわらず、柱は明らかな損傷を受けることなく、荷重を支え続けた(原注53)」。

しかし火災理論の擁護者たちは、ツインタワーの特別な特徴を引き合いに出す。そうした特別な特徴を考慮すれば、火災はあらゆる階に広がってすべての鋼鉄を加熱する必要はなかった、と彼らは主張する。トーマス・イーガーによると、高熱の火災はひとつの階に広がるだけで十分だった。彼の言うところでは、犯人は、外周の壁と中央コアの柱を結ぶ床の梁を保持する「止め金具（アングル・クリップ）」で、通常荷重の五倍を支えるようには設計されていないという(原注54)。反論者がトラス理論の「ジッパー」バージョンと呼ぶものを主張して、イーガーは次のように言う。「いったんある地点でアングル・クリップが破綻し始めると、他の止め金具に過剰な荷重がかかり、それが次々とその階でジッパーが開くように秒単位で起きたのだ(原注55)」そして、

最もひどく焼けたひとつかふたつの階の梁が弱くなって外部のボックス柱が外側へたわみ始めると、その上の階も落ちてきた。下の階（一三〇〇トンに耐えるように設計されている）はその上の一〇階分（あるいはそれ以上）の約四万五〇〇〇トンを支えることができず、アングル・クリップのところで崩れた。これがドミノ効果を開始させ、十秒以内にビルの崩壊が起こった(原注56)。

この理論と同様のものがFEMAの報告書に書かれており、「階が次々とパンケーキのように崩壊

した」と述べている[原注57]。

しかし、この説明には多くの問題点がある。第一に、この理論が主張するような熱くなる必要のある鋼鉄の量をさらに控え目に見たとしても、特にサウスタワーでは、実際に存在したよりも多くの熱が必要だったと思われる。

第二に、ハフシュミットが指摘するように、「床が落ちるためには、二三六本の外周の柱と四七本の中央コアの柱の数百個の梁がほとんど同時に壊れなければならない[原注58]」。

第三に、イーガーが、タワーが「十秒以内に」崩壊した[訳注]という事実を彼の理論が正当に評価していると主張していることである。しかし、一三〇〇フィートのビルにとっては、十秒はほとんど自由落下の速度である。しかしもし各階がわずかな抵抗を作り出して、各階の崩壊に半秒を要するとしたら、全階――そのうちの八〇あるいは九五階――の崩壊には四十～四十七秒を要するであろう。ビルの上の階が下の階から事実上まったく抵抗を受けずにいたと本当に信じられるだろうか[原注59]？　少なくともほぼ自由落下の速度に等しい八秒で崩壊したというハフシュミットの指摘が正しいのなら、ノースタワーの場合は、問題はさらに大きい。彼は問う。「どうやって、破片が一〇〇階分の鋼鉄とコンクリートを押しつぶして、空中の物体落下のような早さで落下できるというのか[原注60]？」

訳注　コールマンによると、ノースタワー（一三五〇フィート＝四一一メートル）は八・一秒で崩壊したという。ところで$h=1/2gt^2$（hは高さ、gは重力加速度、tは時間）で計算するとt（自由落下に要する時間）は九・一六秒である（ジョン・コールマン（太田龍訳）『九・一一　陰謀は魔法のように世界を変えた』成甲書房、二〇〇三年、五四頁）。つまり、「自由落下よりも早い速度で崩壊した」のである。ビルの屋上からボールを落とすことを想定してみよう。「自由落下」（重力加速度）より早く落ちるのは、「投げおろし」（人力プラス重力加速度）の場合である。ツインタワーの場合も「重力加速度プラスアルファ」と考えられる。

第四に、公式説明の他のすべてのバージョンと同様に、イーガーの理論では、タワーの崩壊は全面的なものであって、イーガー自身の言葉によると、「わずか数階分の高さ」[原注61]の破片の山になってしまったという事実をまともに説明することはできない。たとえ彼の理論が床と外周の柱が崩壊した理由を説明できるとしても、ビルの中央コアの巨大な柱の崩壊を説明することはできないとピーター・メイヤーは主張する。

> なぜ崩壊のあと、巨大な鉄骨柱の下の方の部分はそのまま残らなかったのか？　もしダメージが衝撃と火災——上のほうの階だけで起こった——によって引き起こされたのであり、各階がパンケーキのようになったという公式説明が真実なら、下部の二〇あるいは三〇階分の巨大な鉄骨柱は立ったまま残ったはずだ。[原注62]

タワーの崩壊についてのさらに別の事実も火災理論への反論となるが、それは、最初に言及したように、サウスタワーのほうが先に崩壊したという事実である。すでに見てきたように、火災が鋼鉄を加熱して火と同じ温度にするには、かなりの時間がかかるであろう。だから、他の条件が同じであるとするならば、先に激突されたタワーが先に崩壊するはずである。しかし、サウスタワーはノースタワーよりも十七分あとで激突されたのに、ノースタワーよりも二十九分早く崩壊した。この驚くべき事実は、もしサウスタワーの火災のほうが大きかったならば、たぶん問題を生じないであろう。

しかしご覧のとおり、サウスタワーの火災のほうが、実際はずっと小さかった。ひとつのタワーが他のタワーよりもほぼ二倍長くもちこたえたと聞けば、サウスタワーのほうだと想像するだろう。しかし、実際はその反対であった。このように予想が完全に逆転したことは、ビルの崩壊が火災とは別の何かによって引き起こされたことを示唆する。(原注63)

そしてもちろん、反論者たちはそのように主張している。彼らの主張する代わりの説は、崩壊は実はビル全体に事前に爆薬を仕掛けて行う制御解体であった、というものである。この理論は、これまでに論じたすべての事実を説明できると、提唱者たちは指摘する。なぜ崩壊が全面的で急速であったかについて、メイヤーは言う。

もし鉄骨柱の基底部が岩盤のレベルで爆破によって破壊されたとするなら、これは理解できる。この基底部が取り除かれ、ツインタワーの様々なレベルで支持する鉄骨柱が爆薬によって破砕されたなら、上の階は支持を失って約十秒で地上へ崩れ落ちるであろう。(原注64)

また、制御解体理論を、サウスタワーは角に近いところに激突されたという事実と結びつけると、驚くべきものであるはずのツインタワーの崩壊順序も説明できる。

どちらのタワーでもビルの中の火災は少し後には下火になって、黒い煤のような煙を出すだけとなった。もしツインタワーが意図的に解体されたのなら、そして崩壊を火災のせいにする意図があったのなら、……タワーを崩壊させることができる最も遅い時間が、ちょうど火災がおさまるまでの時間であろう。サウスタワーの火災はノースタワーの火災よりも少ない燃料の燃焼によって生じたのであるから、サウスタワーの火災はノースタワーの火災よりも早く消え始めた。だから解体を計画した人々は、ノースタワーの崩壊よりも早くサウスタワーを崩壊させねばならなかった。[原注65]

さらに、解体理論によってのみ説明できるように思われるツインタワーの崩壊についてのいくつかの追加的な事実がある。そのひとつは崩壊によって多量の粉塵や粉末を生じたことであり、それを分析してみると主に石膏およびコンクリートから成っていることがわかった。[原注66]ジェフ・キングはビデオ映像を分析して公式説明を検証しているが、次のように言う。

私が理解するところでは最大の最も明白な疑問は、崩壊のときに発生した大量の細かい粉塵の発生源である。……すべての強化コンクリートを粉塵に変えるほどのエネルギーはどこから来たのだろうか？[原注67]

そしてハフシュミットが付け加えるように、瓦礫の写真は「少しの小さなコンクリート破片」だけを示しており、それが意味するのは「ほとんどすべてのコンクリート破片が破砕されて粉塵になったということである」。その結果、「各タワーのおそらく一〇万トンのコンクリートが細かく砕かれて粉末になってしまった。そのためには大量のエネルギーが必要であった（原注68）」。特に問題となるのは次のことだとキングは示唆する。

> 崩壊が始まった直後にどれだけの量の非常に細かいコンクリート粉塵がビルの上から放出されたか。それは重力のもとでせいぜい三二フィート／秒（九・八メートル／秒）に加速されただけのはずなので、最初は非常にゆっくりと動いていただろう。……互いに時速二〇〜三〇マイルでぶつかるコンクリート厚板からそんなに大量の粉塵を発生させる物理的メカニズムを想像することは非常に難しい（原注69）。

さらに、ハフシュミットはたとえコンクリート厚板が自由落下速度で地表に激突しても、粉末になることはないだろうと指摘する。「コンクリートを粉末にするためには、爆薬を使わなければならない（原注70）」。

爆薬の使用は、おそらく崩壊のもうひとつの特徴――キングの第二の主張でほのめかされている――によってさらに強く示唆されている。すなわち、タワーが崩壊し始めたとき、パンケーキ理論が言うように、それがまっすぐ下に崩壊したのではないということである。タワーは爆発した。その粉末は、ビルの幅のほぼ三倍にもなる巨大な粉塵の雲を作るほどの力でビルから水平に放出されたのだ（訳注）。ハフシュミットの本の写真は、この圧倒的に印象深い重要な事実を把握するうえで、特に役立っている。(原注71) 爆薬以外のものが、コンクリートを粉末に変えて、水平に一五〇フィートかそれ以上も放出することができるだろうか？　もし粉塵が単に浮遊しただけだと疑われるなら、写真のいくつかは、タワーのかなり大きな破片さえもが、一五〇フィートかそれ以上も放出されたことを示している。(原注72)

訳注　ベンジャミン・フルフォード『九・一一テロ捏造　日本と世界を騙し続ける独裁国家アメリカ』（徳間書店、二〇〇六年）の巻頭カラー写真も参照。

崩壊のもうひとつの驚くべき特徴には、さらに大きなエネルギーを必要としたであろう。粉末のような粉塵に加えて、瓦礫の他の主要な成分は予想されるように鋼鉄であった。しかし鋼鉄破片は短いものであった。「両方のタワーでほとんどすべての鋼鉄破片は結合部で壊れていた」。(原注73)

制御解体理論は、数人の消防士を含む何人かの人たちが、両タワーの中間階と地下二階の双方で、爆発音を聞いた、爆発を感じた、あるいは爆発によると思われる現象を目撃した、と報告している事実によって、さらに裏づけられる。(原注74)(訳注)

訳注　次の映像にも消防士による爆発音の証言が出てくる。『九一一ボーイングを捜せ』（ＶＨＳビデオおよびＤＶＤ、日本語版制作：ハーモニクス・プロダクション、二〇〇四年）。

さらにそれを後押しする材料は、各タワーが崩壊しているときに、中等度の地震が記録されているという地震学的証拠である。世界貿易センターの北二一マイルのニューヨーク市パリセーズにあるコロンビア大学ラモン・ドハティ地球観測所の地震計は、九時五十九分四秒に始まるマグニチュード二・一の地震と、十時二十八分三十一秒に始まるマグニチュード二・三の地震を記録した。(原注75) それぞれの場合において、「ショックは最初の五秒間に増大し、それから三秒間急激に減少して低いレベルになり、それからゆっくりと次第にやんでいった」。このパターンは、爆発した最初の爆薬がタワーの頂上付近にあった――そこでは鋼鉄の支柱が最も細い――事実を反映しているとハフシュミットは示唆する。コンピュータ・プログラムによって制御された爆発が下へ下がっていくにつれて、強くなっている。

訳注　前掲のコールマン『九・一一　陰謀は魔法のように世界を変えた』五五頁にノースタワーの地震計の記録が掲載されている。『九一一目撃者』（DVD、日本語版制作：BSMG）にはタワー崩壊の始まる前に爆発によると思われる地震波が記録されている。

タワーの基底部と地階での最後の爆発は、一〇〇ミリの厚さの鋼鉄から成る支柱の結合部を壊さなければならなかったので、強力な爆薬だった。地階の爆薬が爆発したときに、地震観測データはピークになった。それから爆発が止まり、瓦礫は数秒間落下し続け、小さな地震のような震動をもたらした。[原注76]

制御解体理論は、地下二階で融解した鋼鉄が発見されたという報告によって、さらに裏付けられる。コントロールド・デモリション社[訳注]（メリーランド州フェニックス）の社長マーク・ロイゾー――全体の清掃計画を書いた――が、清掃作業の第三、第四、第五週に、清掃チームが「メインタワーの地下七階レベルのエレベーターシャフトの基底部に……融解した鋼鉄のホットスポットを見つけた」と言っていることが報道された。[原注77]

訳注　この社名（Controlled Demolition）は「制御解体」の意味である。

数週間もくすぶり続けた、広く報道されているホットスポット[原注78]の存在を説明できることに加えて、爆薬が設置されていたという説は、他の理由では説明のつかない事実——タワーの崩壊のあと、鋼鉄も含む瓦礫が、本格的調査がなされる前にすばやく除去されたこと——も説明できる。『ニューヨーク・タイムズ』は次のように苦情を述べている。「九月十一日の直後の何日かで、世界貿易センターからの鋼鉄支柱、梁《はり》、トラスをすばやくリサイクルさせるという決定は、決定的な答えを決して知ることができなくなることを意味している」。翌週、前述の『火災工学』のエッセイは、こう述べた。「証拠の破壊と除去は、直ちに停止されなければならない(原注79)」。しかし証拠隠滅はフルスピードで続けられた。(原注80)この事実が意味しうるものを説明して、メイヤーは次のように指摘する。

ツインタワーの鋼鉄支柱が爆薬で吹き飛ばされたことを証明する方法は、瓦礫のなかからその破片を探してきて、金属学者が「双晶変形(訳注)」と呼ぶものの証拠を検出することである。しかし世界貿易センターの瓦礫はできるだけ早く除去され、瓦礫の犯罪学的検査は許可されなかった。……ツインタワーからの鋼鉄三十万トンのほとんど全量が、ニューヨークのスクラップ業者に売却され、できるだけ早く船に積んで中国や韓国に輸出することで、証拠が隠滅されたのである。(原注81)

訳注　双晶変形　金属の塑性《そせい》変形（弾性変形と違って元に戻らない）は、普通はすべり面上を転位が動いて進行するが、特殊な場合（低温での変形や高速での衝撃変形）には双晶を生成して変形する。火災などの高温での変形では双晶変形は起こらないので、双晶が観測されれば、鋼鉄が爆薬などによる衝撃変形を受けたことの証拠になる。双晶とは結晶構造が全く同じ二つの結晶が特定の面を境にして一定の対称の関係で連結した状態である。連結した結晶の向きが元の結晶とは変わるので材料の塑性変形が生じる。

反論者が疑問に思うように、政府に何か隠すべきものがないのなら、なぜそんなに急いだのだろうか（原注82）？

世界貿易センター第七ビル［WTC—七］

この四七階建てのビルの崩壊は一般に無視されるか、単に補足的に議論されるだけであるが、多くの観点から見て最も不可解なものである。第七ビルは飛行機に激突されなかったのだから、ツインタワーの崩壊の主立った理由は基本的に使えない。実際、これについての公式説明はない。連邦緊急事態管理庁（FEMA）の報告書は、何が起こったかについての多くの推測を提示しているが、実際に何が起こったかについての合意された説明は示していない（原注83）。下院科学委員会の報告書も、説明を提示していない（原注84）。

しかし政府および報道関係で広く受け入れられている説明による限り、次のようなことだったと想定されている。

第七ビル——ノースタワーからは三五五フィート（一〇八メートル）離れているし、サウスタワーからはさらに離れている——は顕著な量の落下する瓦礫で打撃を受けることはなかったが、火災を起こすには十分な瓦礫がツインタワーから飛んできたという。そして消防主任が何らかの未知の理由から部下をこのビルに入れないと決めた事実に加えて、スプリンクラー・システムが（どういうわけか）うまく作動せず、この小さな火災を消せなかったので、火災が猛火になってしまったという。それから地階に貯蔵してある数千ガロンのディーゼル燃料に引火したという。その結果火災が非常に熱くなったので、ビルの鋼鉄の骨組みが午後五時二十分に崩壊したという。

この理論には多くの問題がある。第一に、猛烈な火の手の証拠はない。「第七ビルの写真はどれも」主に七階と一二階の「わずかな窓から見えるごく小さな火災を示しているに過ぎない」とハフシユミットは報告している。(原注85)

第二に、やはり、炭化水素の火災がたとえ猛火になったとしても、ビルの崩壊を引き起こしうるのか、という問題がある。第四、第五、第六ビルは猛烈な火の手があがったが、崩壊しなかった。(原注86)さらにこの場合、崩壊は飛行機の衝撃と燃料によって部分的にすら説明することもできない。だから第七ビルは、火災による損傷だけで崩壊した史上初のビルということになろう。(原注87)もしそうしたことが本当に九月十一日に起こったのなら、これは計り知れないほど重要な事件になると、反論者は指摘する。鋼鉄の骨組みをもったビルについて建築家とビル技術者が長年想定してきたすべてのことを、再考する必要があるだろう。世界中の保険会社が、通常の火災が鋼鉄の骨組みをもったビルを崩壊させうるのだという認識を基礎にして、保険料率を計算しなおす必要があろう。その他もろもろである。

それにもかかわらず、第七ビルが火災ゆえに崩壊したという考えが、あたかも何ら異常でないかのように受け入れられてきた。「第七ビル――あり得ない崩壊」という表題のエッセイで、スコット・ラフリーは次のように言う。

世界貿易センター第七ビルの崩壊に関するＦＥＭＡののんきさは、驚くほどのものである。

このような規模の構造欠陥は通常起こりえない。……われわれはいま、大都市で鋼鉄の高層建築が崩壊しても、その理由について何ら有意義な議論がなされないような時代に生きているのだろうか」。(原注88)

第三に、公式理論によって説明困難ないくつかの特徴がある。それらは制御解体を示唆するからである。実際、ツインタワーと違って、第七ビルの崩壊は、典型的な制御解体を示しているとハフシュミットは強調する。なぜならば、「第七ビルは基底部で崩壊した」からである。

第七ビルが崩壊したとき、内部が先に崩れ、それがビルの外側を内側へ崩壊させた。……その結果、瓦礫の非常に小さな堆積ができ、ビルの外側は堆積の上に崩壊した。制御解体はこのように進行するものである。(原注89)

相当量の粉末状の粉塵が作り出された。しかしこの場合はそんなに大量の粉塵ではなく、粉塵の大半は空中ではなくて、崩壊が始まった場所である地表近くで作り出されたのである。(原注90)崩壊の時点で地震による振動が記録されたが、それらはツインタワーの震動に比べるとわずか十分の一であった。(原注91)そして崩壊で生じた瓦礫のなかには二つのホットスポットがあり、そのうちひとつは極端に熱かった。この場所から溶融した鋼鉄も発見されたと報告されている。(原注92)最後に鋼鉄はこの場所からも迅速に除去されたが、それを正当化できる理由はさらに少ない。このビルはずっと前に避難が完了しており、ツインタワーの場合と違って生存者を捜索する必要がなかったからである。

だから正当化する理由がもしあるとすれば犯罪の証拠の隠滅であるが、それこそ一般に重大な犯罪と考えられているものではないのか?

結論として、FEMAの報告書が実際に何も説明していないということに、立ち戻ってみたい。説明する代わりに、次のように言っている。


　第七ビルの火災の詳細およびそれがビルの崩壊をいかにして引き起こしたかということは、この時点では依然としてわかっていない。建物のなかにあったディーゼル燃料の総量は、大量の潜在的エネルギーを含むものであったが、最も考えられる仮説は、蓋然性がとても低い［とても起こりそうにない］事態が起こってしまったというものである。(原注93)

しかし、FEMAが不可能な役割をわりあてられていること――公式理論の枠内にとどまりながらこのビルの崩壊を説明すること――を認識せねばならない。崩壊が制御解体によって生じたと示唆することができないので、FEMAができる最良のことは、「蓋然性がとても低い」理論を持ち出すことだったのである。

ツインタワーの崩壊についてきわめてありそうにない説明を提示するトーマス・イーガーと、その他すべての専門家についても、同じような理解が必要である。もし政治的な配慮が不必要で、もっともありそうな仮説を述べるだけでいいのなら、彼らのほとんどは証拠を考慮して、確実に制御解体説を選んだであろう。たとえば、マシス・レヴィ――鋼鉄が融解したのでタワーは崩壊したと示唆した――は次のようにも述べている。「見たところでは、制御解体にとてもよく似ていた」(原注94)。もちろん、もしそれが本当に制御解体だったのなら、テロリストが世界貿易センターを崩壊させる使命に成功できたのは、それが内部の者による犯行だったからでしかない。

一一便、一七五便および世界貿易センターの第一ビル（ノースタワー）、第二ビル（サウスタワー）および第七ビルの崩壊に関する公式説明について提起された諸疑惑は、必ずしも大統領の共犯を指し示すわけではない。しかしそれは何らかのレベルでの公的共犯を指し示すように思われる。世界貿易センタービルの崩壊が内部の者による犯行だったという証拠は、それが私的な徒党によって計画されたことを意味するかもしれないが、連邦政府が犯罪証拠の除去を許したという事実は、少なくとも序論で言及した八つのありうる説のうちの最初のもの、すなわち隠蔽への公的共犯を示唆している。

しかし、この最初の説――それによると、いかなる米国の高官も攻撃に関与していない――は、一一便と一七五便に関連した証拠によって排除されるように思われる。それらの証拠は、少なくともペンタゴンの国家軍事指揮センター（ＮＭＣＣ）と北米航空宇宙防衛司令部（ＮＯＲＡＤ）の関与を必要とするように思われるからだ。これらのフライトについての証拠は、第二のありうる説――それによると、いかなる米国の公的機関も攻撃についての事前知識を持っていなかった――も排除しているように思われる。世界貿易センターへの攻撃は、あの特定の日に通常の対応措置に対する「解除」命令が、ある米国高官によって与えられることがない限り、成功できなかったように思われるからだ。

そしてこれは第五の説――それによると、ペンタゴンがそうした命令を出したことになる――を意味するととれるかもしれないが、そうした命令がホワイトハウスの承認なしに出されうると信じることは困難であろう。

世界貿易センターへの攻撃についての公式説明をさまざまな関連事実と照らし合わせて検証してみると、いずれにせよ、気がかりな疑問が提起された。さらに、他のフライトについての公式説明と諸事実との対立関係によって、さらに深刻な疑問が提起されてきた。

第二版への追記

起こりうる旅客機のハイジャックへの対応のための通常の対応措置――特にその要領が九月十一日以前に変更されたかどうかという問題――について詳しくは、第二版あとがきを参照されたい。

第2章

第七七便　ペンタゴンに激突したのは本当に旅客機だったのか？

　七七便はワシントンのダレス空港を八時二十分に出発した。八時四十六分から数分間針路をはずれたが、ジェット戦闘機のスクランブル発進はなかったと報道されている。八時五十分に飛行機は針路に戻ったが、無線の接触は失われ、八時五十六分にトランスポンダーも切れて、飛行機はインディアナポリスの航空管制官のレーダースクリーンから消えた。しかしそれを見つけるためのジェット戦闘機のスクランブル発進はなかった。九時九分にこの航空管制官は飛行機がオハイオに墜落したかもしれないと警告した。(原注1)『USAトゥディ』紙はさらに、次のような記述を含む記事を掲載している。「もうひとつの飛行機がレーダーから消えて、ケンタッキーに墜落したかもしれない。非常に重大な報告なので［FAAのジェーン］ガーヴェイ長官はホワイトハウスに別の墜落があったと通知した(原注2)」。いずれにせよ、第七七便は九時二十五分まで——少なくとも公式説明によれば——消息を絶っている。

　七七便が消えてから二十九分経過した九時二十五分に、ダレス空港の航空管制官たちが、ホワイトハウスに向かっているように思われる高速の飛行機を見たと報告した。(原注3)九時二十七分に、チェイニー副大統領と安全保障担当補佐官コンドリーザ・ライスが、ホワイトハウスの下の掩蔽壕《えんぺいごう》にいて、レーダーにとらえられた飛行機が五〇キロ離れたところからワシントンに向かっていることを伝えられたと報道されている。(原注4)九時三十三分に始まるレーダーのデータが、国会議事堂のベルトウェイ（ワシントンDCと周辺を囲む環状道路）上空を横切った飛行機がペンタゴンに向かっている――九時三十五分にその上空を通過――ことを示していたと報道されている。(原注5)それから、地表から約七〇〇〇フィートの高度から、その飛行機は難しい「下降スパイラル飛行を行い、ほとんど完全な円を描くようにして、最後の七〇〇〇フィートは二分半で下降した(原注6)」。

この時点では、ラムズフェルド国防長官は、公式説明によると、飛行機の接近を知らされておらず、まだコックス下院議員と一緒にいた。彼らは一緒に世界貿易センターの事件を伝えるテレビを見ており、ラムズフェルドは次のように述べて再び予測能力を示した、と報道されている。「私を信じてくれ。これだけでは終わらないぞ。次の攻撃があるだろう。われわれが狙われるかもしれない」。

その少し後、九時三十八分頃に、ペンタゴンは激突された。(原注7)激突とその後の火災によって、ペンタゴンの労働者――主に民間人――一二五人が殺された。

その日の遅く、ペンタゴンに激突した飛行機は第七七便――ボーイング七五七型機である――であったと言われたが、この確認はすぐには明らかにならなかった。九時二十五分に飛行機を見たと報告したダレスの航空管制官のひとりであるダニエル・オブライエンは、こう言っている。「速度、操縦技量、旋回したやり方から見て、レーダー室にいたわれわれ全員は、みんな熟練した航空管制官であるが、それは軍用機だと思った」(原注8)。

ペンタゴンシティーにあるアパートの一四階から飛行機を見た他の目撃者は、「八人か一二人乗りの飛行機のように見えた。戦闘機のような甲高い騒音を出していた」(原注9)と言った『宇宙ニュース』の編集者であるロン・レインズは、こう言った。「私はミサイルだと確信した。あまり早かったので、飛行機のような音はしなかった」(原注10)。さらに自動車から見ていた別の目撃者は「翼を持つ巡航ミサイルのようなものだった」と述べたと報道されている(原注11)。しかし公式説明は、それははるかに大きな飛行機であるボーイング七五七型機――実際、七七便そのもの――であったと言う。

しかし、その日、ペンタゴンに激突したのが七七便であったという「認識」は、ごく徐々にしか形成されなかった。十時三十二分に、ABCニュースは第七七便がハイジャックされたと報道したが、それがワシントンに戻ってきたとか、ペンタゴンに激突したとは伝えなかった。実際、フォックス・テレビは少しあとで、ペンタゴンは米国空軍の飛行機によって激突されたと言った(原注12)。午後のある時期になってようやく、ペンタゴンに激突した飛行機は第七七便であったということが一般に受け入れられるようになった。

公式説明に異議を唱える者たちはこの認識を否定している。ペンタゴンへの激突の公式説明に対する一番の批判者は、前述のフランス人研究者、ティエリ・メサンである。彼はヴォルテール・ネットワークの代表で、二〇〇二年四月の『ガーディアン』は「一流の独立系シンクタンクで、その左派的な研究プロジェクトは今日まで合理性と客観性の手本とみなされている」と評している(原注13)。

確かにペンタゴンの高官たちは、メサンの理論を非難してきた。二〇〇二年六月二十五日の国防総省の記者会見で、スポークスパースンのヴィクトリア・クラークは、メサンの理論について質問されて、こう言っている。

「(私たちには)疑問はないです。その日に起こったことに疑いはありません。誰かがそうしたたぐいの神話を広めようとするのは、恐ろしいことです。そうしたたぐいの人に宣伝の機会を与え続けるのも恐ろしいことだと思います」[原注14]。

ものごとの真実が何であろうと、ペンタゴンが報道関係者やその他の人々がメサンの理論を検証するのを、「恐ろしい」ことだと呼んで思いとどまらせようとするのは、理解できる。メサン自身は、公式理論について同じ言葉を用いて、「恐ろしい欺瞞」と呼んでいる[原注15]。

しかしもちろん、論争の両陣営が言葉を投げつけ合うだけでは、問題は解決しない。問題は、競合する理論のうちのどちらが、証拠によって最も良く支持されるか、ということだ。そしてメサンの主張は、他の異議を唱える者たちの主張と結びつけると、ペンタゴンに激突したのは第七七便ではなかったという結論に導く多くの根拠を提供する。そうした根拠のうち五点についてこれから検討し、それからペンタゴンへの激突についての公式説明のさらなる難点を指摘しようと思う。

ペンタゴンに激突した飛行物体を確認した根拠は信頼できるか?

メサンは、アメリカン航空七七便とペンタゴンに激突した飛行機が同一であるという認識が徐々に形成されたにすぎないことに注目するとともに、この確認の当初の情報提供者が疑わしいと論じている。特に、彼が示唆するのは、この同一認定についての証言が、ひとつを除いてすべてが軍関係者から来ていることである。[原注16] この認定への最初の動きは、「民間旅客機、おそらくハイジャックされたもの」によって激突されたというペンタゴンのウェブサイト上の声明であった。[原注17] それからその日の午後に、この旅客機は七七便であったという話がメディアによって急速に広められた。『ロサンジェルス・タイムズ』が報じるところでは、この話の情報源は、匿名を条件に語った何人かの軍職員であった。[原注18] メディアもまた、七七便が視界から消える直前にUターンしてワシントンへ戻っていったと報道し始めた。[原注19] しかし、公式説明によると、民間の航空管制官は、レーダーからもトランスポンダーからも情報を得られなくなっていたのだから、この情報も軍から来たに違いないとメサンは論じる。[原注20]

　七七便をペンタゴンへの激突に結びつけるのに使われる別の証言のひとつは、米国司法省の法務長官であったセオドア（テッド）・オルソンによってなされたものである。彼は妻のバーバラ・オルソン——著名な作家でテレビのコメンテーター——が七七便から九時二十五分と九時三十分の二回、彼に電話をかけてきたと述べた。報道によれば、これらの会話は、飛行機がどこにいるとか、どこへ向かっているかということについては、何も言わなかったが、まだ墜落も爆発もしていないが、ハイジャックされたことを示していた。したがって、七七便は少なくとも、ペンタゴンに激突した飛行機であるかもしれない。

　この同一認定を疑う人たちは、テッド・オルソンの証言には少なくとも四つの疑うべき理由があるという。第一に、彼はブッシュ政権に非常に近い。二〇〇〇年の選挙論争で最高裁においてジョージ・W・ブッシュを弁護したことに加えて、彼はもっと最近では、エネルギー政策委員会からのエンロン・スキャンダル調査委員会への資料提出を拒もうとするチェイニー副大統領を擁護した。(訳注)第二に、オルソンは「政府関係者がまったく合法的に虚偽情報を与える」状況がたくさんあると述べた。(原注21)第三に、オルソンの妻との会話についての報告は、曖昧で自己矛盾がある。(原注22)第四に、他のフライトにおいて、電話は数人の乗客と客室乗務員のあいだでなされたと報道されているが、オルソンは七七便から電話を受けたと報告した唯一の人物である。

訳注　二〇〇〇年大統領選挙のごまかしについては、グレッグ・パラスト（貝塚泉・永峯涼訳）『金で買えるアメリカ民主主義』（角川文庫、二〇〇四年）を参照。

この最後の事実は、九時三十分頃にハイジャック犯が乗客に「君たちはみんな死ぬのだから家族に電話すべきだ」と言ったという後の報道に照らしてみると、特に奇妙である。トンプソンは問う。「彼らの発言を考慮すると、このフライトではなぜバーバラ・オルソン以外に誰も電話しなかったのだろう？」(原注23)トンプソンの疑問は、言い換えると、本当に彼女からの電話があったのだろうか、というものである。

この疑問は彼女が契約していた携帯電話会社、アメリカン航空、法務省の通話記録を裁判所からの召喚令状によって提出させることで、おそらく解明されるだろう。この疑問を解決するシナリオは、もちろん、バーバラ・オルソンがどうなったのか説明しなければならないし、そしてテッド・オルソンがその結果をもたらす計画に参加することは可能だったのか、についても説明する必要がある。

この問題は「本当は何が起こったのか」についての共犯理論が解決しなければならない諸問題のひとつであり、それらについては第九章で言及する。

ペンタゴンに激突したのがボーイング七五七型機でないことを示す物的証拠

当初七七便をペンタゴンに激突した飛行機と結びつけた情報がすべて疑わしい情報源によっているという主張に加えて、メサンが提示する第二の主張は、ペンタゴンはボーイング七五七型機――アメリカン航空七七便はそれである――によって激突されたのではないという物的証拠から成っている。最も重要なのは、激突の直後にとられた写真の証拠である。ある決定的な写真は、ＡＰ通信のトム・ホランによって、消防車が到着した直後に消防士が展開する前の時点でとられた（この写真はメサンの『ペンタゲイト』及び『九月十一日　大きな嘘』の表紙に再録されており、インターネットでも見ることができる）(原注24)。この写真がとられたとき、西棟の正面壁はまだ崩壊していなかった。この時点でとられたもうひとつの写真は、正面にあいた穴が直径一五～一八フィート（四・六～五・五メートル）で、「五階分の高さで、幅二〇〇フィート（六一メートル）であった」という新聞報道と矛盾している(原注25)。この写真はまた穴の上側および両サイドに損傷がないことも示している。そしてどちらの写真も飛行機の痕跡――胴体、尾翼、主翼、エンジン――あるいは機体が芝生の上をこすった痕跡を示していない(原注26)。ペンタゴンに激突した飛行物体が何であるにせよ、それは空中から見事に激突して、完全に建物の中に姿を消したのである。

飛行機がどれだけ深くペンタゴンの中に貫通したかについては、ペンタゴンによって後に撮影され、公表された（そしてメサンの『ペンタゲート』の表紙に転載された）写真に示されている。この写真はペンタゴンの五層のリングのうちの第三層の内壁――Cリングとして知られる――が貫通されて、直径約七フィート（二・一メートル）の穴があけられたことを示している。したがって、飛行機の機首は六層――その最初のものは強化工事がされていた――を貫通したことになる。

この証拠写真は公式説明――それによると損傷はボーイング七五七のような巨大な飛行機によって引き起こされた――にとって大変な問題を引き起こすことになる。最も明白な問題は、飛行機がペンタゴンの最初の三つのリングしか貫通していないので、ボーイング七五七の機首しか中に入れないということである（これはメサンが提供した写真で見ることができるが、そこではボーイング七五七の輪郭が国防総省提供のペンタゴン西翼の航空写真の上に重ねて示されている）[原注28]。航空機の残りの部分は建物の外に残るはずだ。メサンがコメントするように、「われわれは主翼と胴体を建物の外に、またこすった跡を芝生の上に見るはずである」。それに対する反論としては、たぶん飛行機は写真を撮る前に燃え尽きてしまったと示唆することだろう。しかし、メサンは言う。

> カーボンでできている飛行機の機首と燃料タンクを内蔵する主翼は燃えることができるが、ボーイングの胴体はアルミ合金であり、ジェットエンジンは鋼鉄でできている。火災が終わったとき、燃え残りの残骸がなければならない。[原注29]

しかし燃え尽きた残骸の痕跡は、トム・ホランがとった写真にも、あるいは他のどの写真にも示されていない。

公式説明は確かに、この問題を考慮に入れて、機首だけでなく飛行機全体がペンタゴンの中に入ってしまったと言っている。それが写真に機体がうつっていない理由なのだと言う。(原注30) しかし証拠写真にある他の特徴は、この説では説明不能である。その特徴のひとつは、衝撃によってつくられた穴が、前述のようにせいぜい直径一八フィート（五・五メートル）しかないことである。ボーイング七五七がそんなに小さな穴をつくり、そのなかへ消えてしまったと示唆することは、ばかげていないだろうか？　メサンが指摘するように、穴は客室が入るには十分大きい。客室の幅は一二フィート（三・七メートル）以下しかないからである。しかし飛行機の主翼は幅が一二五フィート（三八・一メートル）である。幅一二五フィートの飛行機が幅二〇フィート（六メートル）以下の穴をつくり、その中にすっぽり入ってしまうと真面目に信じることができるだろうか？

明らかにそう信じているようである。何人かの公式説明の擁護者は、主翼が西棟の特に強化された正面壁にぶつかって、折れて後へ折りたたまれてしまい、飛行機全体が建物の中に消えることが可能になったのだと主張している。そうした擁護論のひとつによると、

ボーイング七五七の機首がペンタゴンにぶつかったとき、主翼の外側の部分が最初の衝撃でぽきっと折れて、さらに内側の胴体のほうへ押しつけられて、建物の中に入ってしまった。主翼の内側の部分は機体の残りとともに、おそらくペンタゴンの建物を貫通した。主翼にあった大きな部品は、爆発やその後の火災で小さな断片になってしまった。(原注31)

もちろん、この説明の問題点のひとつは、機首がペンタゴンにぶつかって飛行機の前方への動きが急に減速したあと、主翼が後へ折りたたまれることはないだろうという点である。運動エネルギーの法則が瞬間的に停止されない限り、「主翼は後へ折りたたまれるよりもむしろ前方へ押しやられるはずだ」とメサンは指摘する（原注32）。

さらにボーイング七五七には、鋼鉄でできたジェットエンジンが主翼に取りつけられており、そのため主翼は大きな力で「ペンタゴンの」正面壁にぶつかるであろう。そしてわれわれが見てきたように、正面壁が崩壊する前には、穴の両サイドに目に見える損傷はないことを写真は示しており、エンジンが建物にぶつかるはずの部分さえ無傷である。

もしこの問題は十分に決定的ではないと考えるならば、正面壁の穴の上側が完全に無傷であり、痕跡さえないことを写真がはっきり示している事実は、ボーイング七五七の巨大な尾翼を考慮すると、なおいっそう説明不可能な問題を提起する。メサンが言うように、尾翼を計算に入れれば、ボーイングの高さは約四〇フィート（一二・二メートル）である。だから、尾翼が建物の中に入る前に身をかわしたのだと主張するのでもない限り、正面壁の穴の上側の部分が完全に無傷であるという事実は、ペンタゴンの西棟に入った飛行物体がボーイング七五七ではなかったことを証明している。その裏付けとして、メサンはフランスの事故調査官フランソワ・グランジエの発言を引用する。「この無傷のままの正面壁の写真を見て確かに言えることは、そこから大型旅客機が中に入らなかったのは明らかだということである（原注33）」。

もっと一般的な問題は、公式説明が真実であるためには、ペンタゴンにぶつかった飛行物体が何であれ、もっと大きな破壊を引き起こしている必要があるということだ。ボーイング七五七は、非常に背が高くて主翼の幅も大きいだけでなく、一〇〇トン以上の重さがある。それが時速二五〇〜四四〇マイル（時速四〇〇〜七〇四キロ）で飛行していてぶつかれば、多大な破壊をもたらしていたであろう。

そして、国防総省自身が提供した写真によれば「飛行機は［最も外側の］第一リングを破壊しただけである」(原注34)。第二と第三のリングは、直径わずか七フィート（二・一メートル）の穴をつくるほど小さな飛行物体によって貫通されただけである。

さらに、もしペンタゴンにぶつかった飛行機がボーイング七五七にしては破壊が小さ過ぎるというのなら、Cリング［第三のリング］の内壁について前述した事実は、同時に破壊力が大き過ぎるということも示している。すなわち、メサンによれば、ボーイングの機首は電子化されたナビゲーション・システムを内蔵し、金属ではなくカーボンファイバー（炭素繊維）でできており、「極端に脆弱である」ので、そうした機首がペンタゴンの三層のリングを貫通して、第三リングの内壁に七フィートの穴をあけることはできないと言うのである。ボーイングの機首なら「貫通するのではなくて、つぶれてしまう」というのだ。そのような穴をあけることが可能なのは、ミサイルの弾頭であると彼は付け加える。

ある種のミサイル(訳注)は特別な貫通効果を持つように設計されている。それらのミサイルは劣化ウラン――極めて密度の高い金属で、わずかな摩擦で熱くなり貫通を容易にする――で重くし

てある。これらのミサイルは特にバンカー（掩蔽壕）を貫通させるために用いる。（原注35）

訳注　湾岸戦争、イラク戦争で使われた「バンカーバスター」など。

そしてこれが、写真が示すもの——ペンタゴンは「飛行機が」ぶつかって壊れたのではなく貫通された——である。

いずれにしても、ペンタゴンが飛行機よりもむしろミサイルによって激突されたという考えは、写真の証拠のさらに別の特徴——写真に記録された火災の種類——によっても支持される。ツインタワーでジェット燃料の燃焼によってうみだされた炭化水素火災の写真は、黒い煙が混ざった黄色い炎を示す。しかしペンタゴンの写真の火災は赤い炎を示しており、上述したタイプのミサイルによってうみだされた種類の火災——もっと高熱で瞬間的な火災——を示している。（原注36）ペンタゴンが「ホローチャージ爆薬と劣化ウラン製BLU先端部を装備した最新世代のAGMタイプミサイル」によって激突されたと示唆して、メサンはこのタイプのミサイルは「瞬間的な火災を引き起こし、華氏三六〇〇度（摂氏一九八二度）以上の熱を出す」ことができると言う。それはペンタゴンで発生した火災と一致する。

ペンタゴンの第一リングを貫通するときに、飛行物体は火災を発生させたが、それは瞬間的な巨大な火災であった。建物から巨大な炎が出て、正面をなめた。炎は同じくらい急激に沈静化して、あとに黒い煤の雲を残した。（原注37）

要するに証拠写真は、ペンタゴンはボーイング旅客機によってではなく、軍用ミサイルによって激突されたと結論付けるいくつかの理由を提供している。

証拠写真からのこの結論は、ペンタゴンに向かった飛行物体は、現場に設置されたミサイルによって撃墜されなかったという事実によってさらに裏付けられる。ペンタゴンにはホワイトハウスと違って迎撃ミサイルの装備はないという報道もあったが、メサンが指摘するように、ペンタゴンは「五つの極めて高性能の対ミサイル迎撃システム」によって保護されている。(原注38) そしてペンタゴンの高官は航空機がやってくるとは思いもしなかったと主張するが、われわれが先ほど見たように、未確認飛行物体がこの方向に加速しながら向かっていると報告されている。メサンは言う。

ペンタゴンの主張とは反対に、軍は未確認飛行物体がまっすぐに米国連邦議会議事堂に向かっていることを完全に知っていた。しかし軍は対応せず、ペンタゴンの対ミサイル迎撃システムは機能しなかった。なぜだろうか？　ペンタゴンの近距離ミサイル迎撃防衛システムは近づこうとするミサイルを破壊するように設計されている。ミサイルは通常、通過することはできない。まして、巨大なボーイング七五七―二〇〇型(訳注)が通過できるチャンスは全くない。旅客機であろうとミサイルであろうと、それには説明が必要である。

訳注　ボーイング七五七―二〇〇型は、ボーイング七五七のサブタイプのひとつ。

メサンはそれからこの異例な事態を説明できる仮説を示唆する。

それぞれの軍用機にはトランスポンダーがあり、それは対応する装置の保有者の目から見て敵か友軍かを見分けることを可能にする。……ミサイル迎撃砲台は友軍ミサイルの通過に対しては反応しないだろう。二〇〇一年九月十一日にペンタゴンで起こったことは、ありえないことではない。(原注39)

メサンの仮説は飛行機が旋回しながらペンタゴンに接近していたとき、ホワイトハウスの非常に近くに来た――つまりなぜホワイトハウスのミサイルシステムはそれを撃墜しなかったのか、という報道によって提起される疑問にも回答できるだろう。(原注40)

こうした考察に照らしてみると、ペンタゴンに激突した飛行機がペンタゴンの（そしてホワイトハウスの）ミサイルによって撃墜されなかったという事実そのものが、それが旅客機であったという主張に反駁する物的証拠であると考えることができる。

さらなる物的証拠は、明らかに激突現場にボーイング七五七の残骸がなかったという単純な事実である。(訳注)われわれが見てきたように、なぜ写真にそのような残骸が写っていないのかということの説明は、機体の全体がペンタゴンの建物の中に入ってしまったからというものである。もしそんなことが起こったのなら（それが少しでもありそうなことかどうかという疑問は、とりあえず無視する）、燃え残った残骸、あるいは少なくともその飛行機の一部であると認識できるものが、火災が消し止められたあと、ペンタゴンの内部に発見されたはずである。しかし明らかにそのようなものはなかった。

訳注　政府サイドはボーイング七五七の残骸が一つ以上あったと主張して写真を示しているが、捏造（あとで置いた）の可能性もある。

九月十一日の翌日のペンタゴンの記者説明会で、ペンタゴンの火災の消火を担当した郡の主任消防官であったエド・プラウアーは、飛行機の残骸が何か残っていなかったのかと質問された。彼は「小さな部品のようなものはあったが、大きな残骸はなかった。……胴体の一部とかそんなものはなかった」と述べた。[原注41] したがって、火災の翌日のプラウアーの目撃証言によると、胴体あるいはその他の大きな部品――ジェットエンジンのようなもの――はなかったのである。[訳注]

訳注　ジェットエンジンは機体より熱や衝撃に強いのでふつう事故現場に残りやすい。

さらに、彼の証言は、未確認の断片（それはメサンが指摘するように、何かまったく別のものの部品かもしれない）を除くと、発見を伝えられた七七便の唯一の部品はビーコンと二つのブラックボックスだけだったということで、国防総省によって暗に確認された。さらに、ブラックボックスは午前四時という時刻に発見されたと言われているが、公式説明の反論者に疑いを抱かせている。[原注42]

プラウアーの証言は九月十五日のペンタゴンの記者会見でさらに確認された。テリー・ミッチェルが飛行機の証拠について尋ねられたとき、彼は「小さな部品しか見つからなかった」と述べた。修復工事プロジェクトの責任者であるリー・エヴェイは飛行機の証拠は「はっきりわかるものではなかった。……どの部品も大きくはなかった。……飛行機の大きな部品が残っているのは見えなかった」[原注43]と言った。

この証言は、ペンタゴンに激突したのがボーイング七五七であるという見解をどう満足させることができるのだろうか？　その機体の胴体はアルミでできているので、通常の炭化水素火災で融解することはない。そのエンジンは強化された鋼鉄でできていて、それもまた通常は融解しない。そしておよそ公式説明は、火災がとても熱かったので、これら金属はすべて融解しただけでなく、蒸発してしまっ(訳注)たというものである(原注44)。それが信じられるだろうか？　まず第一に、火災がそんなに高温だったのなら、ペンタゴンの上層階はどうやって残ったのだろうか？　第二に、もし炭化水素火災だったのなら、火災はなぜそんなに熱くなったのか？　第三に、たとえ激突に炭化水素火災を特別に熱く——写真に示された赤い炎やその他の効果を作り出すほど熱く——するような何かの要素があったとしても、その熱い火災でさえ、アルミや鋼鉄を蒸発させるのだろうか？　もし公式説明が物理法則に基礎をおいているのなら、この仮説を検証するための実験を行うことはとても重要だ。そしてこれは使い古したボーイング七五七を用いて、簡単に行えるだろう。

訳注　蒸発した（vaporized）は都合が悪いためか、のちに政府サイドから粉々になった（pulverrized）という新しい説明バージョンも出た。

しかし、たとえそのような試験が成功するチャンスがあると信じるとしても、満たさなければならない条件がもうひとつあるだろう。公式説明の少なくともひとつのバージョンによると、当局は指紋(訳注)によって犠牲者の身元を確認できたという(原注45)。したがって、公式説明を支持するためには、火災はアルミや鋼鉄を蒸発させるのに十分なほど高温でなければならないが、同時に人体を無傷で残すのに十分なほど低温でなければならないことになる。もちろんこれは不可能だ。だからメサンはペンタゴ

ンがバカにされることを怖れずに、同時にこの二つを主張したことに驚いたのである。(原注46)

訳注　指紋では都合が悪いためか、のちに政府サイドからDNA鑑定によって身元が確認されたという新しい説明バージョンも出た。

いずれにせよ、そのような試験はもはや必要ではない。なぜなら、九月十一日についての公式説明のその他の案件と同様に、これは第二のバージョンへと発展したからである。メサンが六カ月後の二〇〇二年四月に報告したように、FBIはボーイング七五七の十分な残骸が回収され、ほとんど完全な再構成が可能になったと主張した。FBIのスポークスマンのひとりであるクリス・マレーはこう言ったと伝えられた。「飛行機の破片は倉庫に収納されており、それらは第七七便のシリアルナンバーがついている」。(原注47)さらに翌月、この新しい公式説明バージョンは、エド・プラウアー――彼が現場に到着したとき「胴体の断片、主翼、着陸ギア、エンジンの断片、シートを見たことを思い出し、「それは飛行機だったと誓うことができる」と付け加えた――によって支持された。彼は――ブラックボックスは三日後の午前四時まで見つからなかったというペンタゴンの声明とうっかり矛盾する形で――ブラックボックスのひとつを見たとさえ主張した。(原注48)

米国政府関係者はただ回収された部品でいっぱいの倉庫を報道陣と9・11独立調査委員会メンバーに見せるだけで、第七七便の運命についての新しいバージョンを裏づけることができたと考えているようだ。しかし、せいぜいこの証拠は飛行機のそれだけの部品が回収されたことを示すだけであって、それがオハイオやケンタッキーやどこか他の場所ではなくペンタゴンから回収されたことを示すわけではないだろう。したがってこの物的証拠を示しても、エド・プラウアーの改善された記憶と結びつけて、この説を裏づけることはできない。

さらに、この新しいバージョンは、九月十二日のエド・プラウアーの証言と矛盾するだけでなく、九月十五日のティモシー・ミッチェルとリー・エヴェイの証言とも矛盾する。もしエンジン、胴体、尾翼のような飛行機の大きな部品がペンタゴンにあるのなら、なぜこれらの男たちはそれらを見なかったのか？　なぜエヴェイには「飛行機の大きな部品が残っているのは見えなかった」のか？　そしてなぜわれわれの報道陣はそのような明らかな疑問点について尋ねなかったのか？

このように、ペンタゴンに激突したのは七七便以外の何かであるというメサンの主張は、かなりの物的証拠に裏づけられている。この主張はポール・トンプソンが報告した二つの事実によって、さらなる追加的な裏付けを得ることになる。ひとつは、九月十一日の飛行機の航空管制記録が九月十六日に最終的に公表されたとき、「七七便の記録は激突より少なくとも二十分前に終わっていた」(原注49)。この事実についてはひとつ以上の想定できる説明がありうるが、そのひとつは、政府関係者は七七便の最後の二十分間に実際に起きたことを、報道陣や一般市民に聞かれたくなかったから、というものである。第二の事実はあるニュースの存在で、それによると、

ペンタゴンから道路を隔てたところにあって、軍関係者だけにサービスしているガソリンスタンドの従業員が、ガソリンスタンドのセキュリティ・カメラが衝撃の瞬間を記録しているはずだと述べている。しかし彼は言う。「私はどんな映像だったのか見ていません。数分以内にＦＢＩがやってきて、フィルムを持っていってしまったからです」(原注50)。

この報告がもし本当なら――そして誰かがおそらくその従業員、ホセ・ベラスケスにインタビューできたはずだ――FBIは飛行機がペンタゴンに激突しようとしていることを事前に知っていたことになる。そうでないとしたら、「数分以内に」彼らがそこに到着したことをどうやって説明できるのか？　そしてこの話にもっと密接に関係していることは、報道陣や一般市民に見てほしくないような激突に関する何かがガソリンスタンドのセキュリティ・カメラに映っているかもしれないことを、FBI職員が恐れていたことも示している。その見られたくないこととは、ペンタゴンが旅客機ではなくて軍用機に激突されたという事実であるかもしれない。

もし反対に、セキュリティ・カメラの映像が政府の主張を支持するものであるならば、われわれは政府がその映像を公開すると期待してよいだろう。だからこの二つの事実は、物的証拠となるわけではないが、公式説明をさらに切り崩すような物的証拠が存在する（あるいは少なくとも存在した）ことを示している。

アメリカン航空機の目撃証言についてはどうか？

物的証拠は公式説明を強く否定し、代わりにミサイル説を支持するものであるが、公式説明の提唱者たちは主として、数人の目撃者がアメリカン航空機がペンタゴンに激突するのを見たという報道を根拠としている。たとえばペンタゴンが本当はボーイング七五七に激突されたのではないという主張をつき崩そうとするある人物は、『サンデータイムズ』に、「この陰謀論に関して致命的なことは、その飛行機が建物に激突するのを見た数人の目撃者がいることだ」と書いた。[原注51] 公式説明の反論者は、その修正主義的観点と、これらの報告が存在するという事実を、どうやって両立させることができるだろうか？

四つの主要なアプローチがあるように思われる。

ひとつのアプローチは、物的証拠と目撃証言のあいだに矛盾があるときには、その信憑性が確認されるならば、物的証拠のほうが重視されるべきだという標準的な犯罪学的論点である。もし刑事裁判で訴追する検察官が物的証拠にもとづいた強力な論拠を提示したならば、被告側弁護人は反対の趣旨の目撃証人を連れてくるだけで相手に「致命的な打撃」を与えることは滅多に期待できない。それは人間の証言というのは、誤認とか、記憶違いとか、明らかな嘘（たぶん賄賂や脅迫が原因で）など様々な理由で間違っていることがありうるからである。したがって、物的証拠と矛盾する目撃証言は、退けられる。

メサンはこのアプローチを用いている。アメリカン航空機を見たという目撃者の主張は、認知と記憶の社会心理学のダイナミクス——人々はしばしば期待されるものを「見て」、見たと期待されるものを「覚えている」ように誘導される——から説明できると彼は示唆する。これらの目撃者が世界貿易センターに激突する旅客機の報道のイメージを見たり聞いたりして、後にペンタゴンに激突したのはアメリカン航空のボーイング七五七だったと聞いていた事実を考慮すれば、たとえ実際の飛行物体はまったく別のものだとしても、数人の人がそうした飛行機がペンタゴンに向かうのを見たと報告

することは、何ら驚くべきことではない。(原注52)

メサンはこのアプローチを第二のものと結びつけている。つまり、飛行機はミサイルあるいは軍用機のような外見あるいは音がしていたという目撃者の報告も数件あったと指摘することである。たとえばダレス空港の航空管制官ダニエル・オブライエンの証言――部屋にいた熟練した航空管制官全員が軍用機だと思ったと言っている――や、「八人乗りか一二人乗りの飛行機のように見えた」「戦闘機のような甲高い騒音を出していた」と述べた目撃者を想起してみよう（八四頁を見よ）。メサンはこれらの目撃者の証言の引用に加えて、ＡＧＭ（空対地ミサイル）タイプのミサイルは「小さな民間航空機のようには見えない」「戦闘機によく似たヒューヒュー鳴る騒音を出す」と指摘する。これにもとづいて、彼は軍用機を見たと報告した人々を、ミサイル説を支持する目撃者のうちに数える。(原注53)

最後に、公式説明を支持する目撃者は少なくとも部分的にはミサイル説を支持する目撃者によって埋め合わされることを示しているので、メサンは後者の目撃者をより重視すべきだと主張できる。すなわち、もしペンタゴンに激突したものがミサイルだったとしたら、認知と記憶の心理学ダイナミクスを考慮して、数人の人がペンタゴンに激突する旅客機を見たと述べた事実は驚くべきことではない。しかし、もしペンタゴンに激突したものがボーイング七五七だったとしたら、ミサイルあるいは小型の軍用機を見たと主張する人々――特に訓練された目と耳を持つ人々――がいることは、非常に驚くべきことであろう。ミサイルあるいは小型の軍用機を見たというこれらの証言は、したがって、より重視されねばならない。だから、適切に解釈するならば、目撃証言はミサイル説と矛盾するのではなく、むしろ支持するものだとメサンは言う。

したがって、物的証拠と公式説明を支持する目撃証言を両立させる第三の方法がある。認知と記憶の心理学のダイナミクスに依拠してこれらの報告を退けるよりもむしろ、言ったと報道されている内容のことを人々は実際に言ったのかということをもっと注意深く検証することができる。このアプローチはジェラード・ホルムグレンによってとられた。

「都市伝説」のウェブサイト上のアメリカン航空機がペンタゴンに激突したという一九件の報告から始めて、(原注54)ホルムグレンはまず第一に、引用された人の大半は民間航空機がペンタゴンに激突したのを見たとは実際に主張していないことを発見した。代わりに、「彼らが主張したのは、飛行機が極めて低空飛行するのを見た、ということで、そのすぐあとにペンタゴンの方向から煙や爆発を見たが、衝突の瞬間は見ていないということだ」(この識別は一見したところではつまらないもののように見えるかもしれないが、これらの報告は後述する二機の飛行機説と整合する)。他の事例に関しては、ホルムグレンはひとつまたはそれ以上の次のような問題を見いだした。いわゆる目撃者を特定できない。目撃者がアメリカン航空機を見たという主張はリポーターによって付け加えられた。当初アメリカン航空機がペンタゴンに激突するのを見たと主張した目撃者が質問されるとその主張を引っ込めた――それは『USAトゥデイ』のマイク・ウォルターの場合で、CBSでブライアント・ガンベルによってインタビューされたときのことである。(原注55)「最初は一九件の目撃証言があったように見えたのであるが、実際は〇件であることがわかった」とホルムグレンは結論する。

それから、最初は目撃証言を提供しているように見えた他の一〇件の報告を見つけて、彼はそのすべてに同様の問題点があることを発見した。ホルムグレンの努力で次のような結論が導かれた。

私の調査が何か重要なことを見逃していない限り、七七便がペンタゴンに激突したという説を支持する目撃証言はないというのが私の結論である。ペンタゴンに激突したものは七七便ではありえなかったという証拠写真の強力さを考慮すれば、逆の証拠があらわれない限り、多大な信頼性をもってこの結論を引き出せない理由は見あたらない。(原注56)

最後に、物的証拠と目撃証言を両立させる第四の方法がある。それは、公式説明を支持するように見える証言に対してさらに懐疑の少ないアプローチが可能になる。このアプローチはペンタゴンに向かっている二機の飛行機があったという仮説に関係している。この二機の飛行機説によると、どちらの目撃証言も——ミサイルか小型軍用機のように見えるものを見たという証言と、ジェット旅客機（アメリカン航空機であると特定しているかもしれない）を見たという証言——正しかったことになる。この二機の飛行機説をとるディック・イーストマンは、目撃者は三つのカテゴリーに分けられると言う。①「輝く赤と青のマークがある旅客機で、二基のエンジンがあり、一〇〇〜二〇〇フィート（三〇〜六一メートル）の距離を静かに下降しながら低空飛行している」のを見たという人々、②「飛行機が二〇フィート（六メートル）の樹高すれすれで完璧な低空飛行をしてきて、街灯をかすり、エンジンは轟音を立てていた、スピードを上げていた、中型より小さな旅客機だった」のを見たという人々、③二マイル離れたアパートにいて、「二機の飛行機がペンタゴンに向かっているのを見たが、一機は方向を変え、一機は激突するのを見た」と述べたケリー・ノールズのような人々である。イーストマンの分析は、アメリカン航空機を見ながら軍用機の音を聞いた人もいると想定することによって、最初の二つのカテゴリーの特徴をあわせもつ目撃者の証言も説明できる。いずれにせよ、イーストマンの論点は、ほとんどの目撃者の証言の少なくとも大半は正確なものとして受け入れることができるが、完全な真実を述べた目撃者は第三のカテゴリーに入る人々――二機の飛行機を見たと報告した人々――だけであるというものである。

イーストマンの説は言い換えると、アメリカン航空機はみんなの目を引きつけるための道具として使われたというものである。そして旅客機は［予定コースをはずれて］ペンタゴンに向かったが、軍用機も同じ方向に向かっていた。ただし軍用機は地面すれすれに飛んでいたので、旅客機に注意を奪われなかったほとんどの目撃者でさえ、たいてい見ることはできなかったのである。それから旅客機はぎりぎりの時点で方向を変え、激突によって発生した煙の大きな雲に隠れて消え去ったのである。それからその針路上わずか一マイル先にあるレーガン国営空港に気づかれずに着陸したのである。[原注57]

これら四つのアプローチはたがいに他を排除するものではない。イーストマンとホルムグレンは異なるアプローチをとっているが、彼らの説はたがいに他方を支持するものとみなすこともできる。すなわち、ホルムグレンの主な論点は、アメリカン航空の旅客機がペンタゴンに激突するのを見たと主張しているようにみえる目撃者の大半は、実際は爆発の直前にそれがペンタゴンに非常に接近しているのを見たと主張しているだけなのだということである。イーストマンの二機の飛行機仮説は、この区別がなぜ重要なのかを説明しており、またアメリカン航空機についてのすべての証言とペンタゴンは旅客機に激突されたのではないという物的証拠を両立させることもできる。また、メサンの二つのアプローチは、イーストマンのアプローチ、ホルムグレンのアプローチ、あるいはイーストマンとホルムグレンのアプローチと結びつけることによって補強できる。(原注58)

われわれの当面の目的からいえば、真実が何であるかを決める必要はない。この議論の目的は、単に、メサンのミサイル説が目撃証言によって否定されるという安易な想定は、真実からほど遠いことを示すことである。この論点が明らかになったのだから、ペンタゴンに激突した飛行機が七七便でなかったことを信じる理由の列挙に戻ろう。思い出してほしいが、最初の二つの理由は、同定が疑わしい情報源にもとづいて行われたということと、物的証拠はこの同定と適合しないということであった。

なぜテロリストは西棟に激突しようとしたのか？

七七便のハイジャック犯によってペンタゴンの激突が引き起こされたのではないことを示唆する第三の事実は、衝突の場所である。ボーイング七五七を乗っ取ったテロリストたちが標的に確実に激突したいと望んでいると想定すると、なぜ高さ八〇フィート（二四メートル）しかない正面のひとつを狙うのだろうか？　二九エーカー（一一万七〇〇〇㎡）の面積がある屋根に単純に突っ込むほうが確実なはずなのに。さらに重要なことは、彼らがペンタゴンの建物にできるだけ大きな損傷を与え、できるだけ多くの職員を殺すことを望んでいると想定するならば、やはり論理的に見て屋根を標的にしたほうがいいのではないだろうか（原注59）。さらに、たとえ以上の疑問に対しては答があると仮定しても、なぜペンタゴンのなかで補修工事中の西棟を狙ったのだろうか？　『ロサンゼルス・タイムズ』が報道したように、

それはペンタゴンのなかでスプリンクラー・システムがついた唯一の部分であり、爆弾の衝撃に耐えられるように、鋼鉄の支柱と棒［および衝撃抵抗性の窓］で補強されたところであった。……激突された部分では通常は四五〇〇人が働いているのだが、当時は補修工事がなされていたため八〇〇人しかいなかった（原注60）。

またテロリストはペンタゴンの背広組と制服組のトップ高官たちを殺すことに特に関心をもっていたとも想定されるのだが、西棟への攻撃では高官はひとりも死ななかった（原注61）。ほとんどの犠牲者は民間人で、その多くは補修工事で働いていた人々であり、「軍人の犠牲者のなかに将軍はひとりしか見あたらない（原注62）」。もしペンタゴンがボーイング七五七を操るテロリストに激突されたのなら、なぜ激突が最大どころか最小の打撃しか与えない西棟を標的にしたのだろうか？　この疑問は次の事実でさらに深まる。報告されているレーダーのデータによると、飛行機はその軌跡を考慮するとき、非常に難しい下降スパイラル飛行によってのみ、西棟に激突できたのである（原注63）。言い換えると、ペンタゴンに小さな損傷しか与えないように激突することは、実際は技術的に難しいことだったのである。

経験のないパイロットに旅客機が操縦できただろうか？

この下降スパイラル飛行は非常に難しく、そして実際には完璧に実行されたので、公式説明に対する第四の反論が提起される。この議論とは、ハイジャック犯のように最小限の訓練しか受けていないパイロットが果たしてそんな難しい飛行ができたのだろうか、という問題である。（原注64）この問題については、アーメドが、軍の専門家スタン・ゴフが公式説明における「とんでもない話」と彼が考えているのを引用している。

彼らがわれわれに信じさせようというパイロットはフロリダのパイパーカブとセスナの軽飛行機操縦学校で訓練を受け、よくコントロールされた下降スパイラル飛行を行い、最後の七〇〇〇フィート（二一三四メートル）は二分半で降下して、ペンタゴンから道路の向かい側にわたしてある電線を切って、ピンポイントの正確さでビルの側面に時速四六〇海里で激突した。……このような高度な飛行を軽飛行機操縦学校で身につけたという説が根拠を失ってくると、彼らは飛行シミュレータでさらなる訓練を受けたという説明が加わった。これはラッシュアワーのインターステート四〇のような高速道路で十代の娘がはじめてドライブするために、ビデオのドライブゲームを買って準備させるようなものだ。（原注65）

この議論はパイロットだったと想定されているハニ・ハンジュールという男が素人であるだけでなく、特にできの悪い飛行学校生徒だったという事実によって、さらに補強される。『ニューヨーク・タイムズ』での記事によると、

飛行学校の職員たちはハンジュール氏を礼儀正しく、おとなしく、とても静かであったと表現している。しかし何よりも、元従業員のひとりが言うには、彼はパイロットとしては非常に出来が悪いとみられていたということである。「いまでもまだ、彼がペンタゴンに突っ込むことができたという報道に驚いている」と元従業員は言う。「彼はまったく飛べなかったのだから」。

そしてCBSニュースの報道によると、

ハニ・ハンジュールがアメリカン航空のジェット機をペンタゴンに激突させたと信じられる何カ月も前に、アリゾナ航空学校の経営者たちは、彼についてFAA［連邦航空庁］に五回も報告している。彼について報告したのは、テロリストではないかと恐れたのではなく、彼の英語力と操縦技術があまりにひどいからである。……ハンジュールはパイロット免許を保持するべきではない、と彼らは思っていた。「あの程度の技能で商業的ライセンスが取得できたとは信じられない」とアリゾナ航空学校の経営者であるペギー・シェヴレットは言う。(原注66)

このパイロットがペンタゴンに激突した飛行機のような難易度の高い完璧な操縦をしたと、一体誰が信じられるだろうか？

七七便は本当に半時間も見失われたのか？

公式説明について提起された第五の問題点は、七七便が二十九分のあいだレーダーシステムに探知されずにワシントンに向かって飛行したとされていることである。ペンタゴンのスポークスマンはこう言ったと伝えられている。「ペンタゴンはとにかくこの飛行機が接近してくることに気づかなかったのだ[原注67]」。トンプソンは雄弁に言う。「米国の上空で飛行機がそんなに長いあいだ見失われるということが信じられるだろうか？[原注68]」たとえ地域の航空管制官がトランスポンダーのスイッチが切られていたとされる飛行機を追跡できるレーダーシステムを持っていなかったとしても[原注69]、ＦＡＡのシステム全体としてはワシントンに戻ってくる飛行経路を追跡できたであろう[原注70]。さらに、メサンが論じていることだが、ペンタゴンは「数種類の非常に高性能なレーダーモニタリングシステムを有しており、民間のシステムとは比べものにならない」とのことである。たとえば、ＰＡＶＥ　ＰＡＷＳ［地上設置式フェーズドアレイ型超大型早期警戒レーダー網］システムは、「北米の上空で起こるどんな出来事も、見逃すことはない」。そのウェブサイトによると、「大規模なＳＬＢＭ［潜水艦発射弾道ミサイル］攻撃に対応する多数の標的を検知し、監視することができる」という。メサンが思うように、そうしたことができるというのに、ペンタゴン自体に向かうたった一機の巨大な旅客機を発見できなかったこ

とがあるなどと信じろとでもいうのだろうか？[原注71]

通常の対応措置によって激突が阻止されなかったのはなぜか？

ペンタゴンへの激突に関するこれらの個別の問題点の他に、公式説明には包括的な疑問がある。激突がハイジャック犯に乗っ取られた七七便によってなされたと想定するなら、なぜそれは通常の対応措置によって阻止されなかったのだろうか？　公式説明の反論者にとってこの疑問は、この激突と関連するとさらに強まるように思える。なぜなら、それは世界貿易センターの第二［サウス］タワーが激突されてから半時間以上後に起こったものであり、だからペンタゴンの国家軍事指揮センター（ＮＭＣＣ）は最高度の警戒態勢にあったはずで、またペンタゴンは地球上で最も厳重に防護されたビルのはずだからである。[原注72]この場合はまったく防護が放棄されたという事実を公式見解はいかにして説明するのだろうか？

われわれが見てきたように、［公式説明の］最初のバージョンによると、ジェット戦闘機はペンタゴンが激突されたあとまで、発進命令さえ受けなかった。しかし米国政府高官はすぐにこのストーリーを放棄したので、われわれは第二バージョンの批判に移ろう。ＮＯＲＡＤ（北米航空宇宙防衛司令部）による説明によると、ＦＡＡは七七便がハイジャックされ、ワシントンに向かっていることを九時二十四分――それは公式説明によると、ＦＡＡがその飛行機との無線による接触を失ってから三十四分後、レーダーから機影が消えてから二十八分後ということになる――までＮＯＲＡＤに通知しなかったということである。それから九時二十七分に、NORADはラングレー空軍基地からのスクランブル発進を命令した。これらの飛行機はペンタゴンが激突された九時三十八分から約十五分後まで現場に到着しなかった。(原注74)

反論者はこの説明に対していくつかの疑問を投げかける。なぜNMCCが、したがってNORADがすぐれたレーダーシステムを持っていたのに、フライトの航空路を独自にモニタリングしていなかったのか？　たとえこの疑問を無視するとしても、いかにしてFAAはそんなにのんびりしていることがありえたのか。九時三分の少し後には、全員が二機のハイジャックされた飛行機が世界貿易センターに激突したことを知っていたはずなのに。「そんなに長い遅れが信じられるだろうか？」とトンプソンは問いかける。「あるいは戦闘機のスクランブル発進がなかったことを隠すために、情報が改ざんされたのだろうか？」(原注75)また、FAAからようやく通知を受けたあと、NORADはスクランブル発進の命令を出すまでに、なぜさらに三分も浪費したのだろうか？　そしてなぜ発進命令は、ワシントンからわずか一〇マイル（一六キロ）の距離で、ワシントンの防衛を担当するアンドリュース空軍基地に対してではなく、ワシントンから一三〇マイル（二〇八キロ）も離れたラングレー空軍基地に対して出されたのだろうか？

この最後の疑問との関連で、『USAトゥデイ』はペンタゴンの情報源からアンドリュース空軍基地には「その任務につける戦闘機がなかった」と言われたと報じた。この新聞の同じ日のもうひとつのニュースは、アンドリュース空軍基地には戦闘機はあったが、「警戒態勢にはついていなかった」と報じている。(原注76)バイコフとイスラエルは、どちらのストーリーも、それ自体がありそうにないことに加えて、米軍の情報ウェブサイトの内容とも矛盾すると論じている。それによると、アンドリュース空軍基地には第一一三戦闘機飛行隊の第一二一戦闘機飛行部隊が配備されていて、そのなかのF一六戦闘機は「コロンビア特別区［ワシントン］で自然災害や非常事態があったときすぐに対応できるようになっている」という。アンドリュース空軍基地にはまた、海兵隊の第三二一戦闘機攻撃飛行隊も配備されており、それは「高性能F／A—18ホーネットを飛ばす」ことができ、「即応戦力を維持するのに必要なメンテナンスと資材供給を行う」予備の飛行隊によって支援されているという。(原注77)アンドリュース空軍基地にはさらにコロンビア特別区国家航空警備隊（DCANG）も配備されていて、ウェブサイトによるとその「使命」は「可能な限りすみやかに戦闘部隊を提供すること」であるという。(原注78)この証拠に加えて、アンドリュース空軍基地には戦闘機がなかったとか、警戒態勢に入っていなかったという主張の虚偽性は、ペンタゴン攻撃のすぐあとに、アンドリュース空軍基地からのF一六戦闘機がワシントン上空を飛んでいたという広く報道された事実によっても示されると反論者たちは言う。(原注79)したがって、厄介な疑問点のひとつは、なぜペンタゴンは偽情報を流したのかという問題である。

もうひとつの疑問点は、なぜウェブサイトのいくつかが、九月十一日のあとに内容を変更されたのかということである。たとえばトンプソンが報告するように、DCANGのウェブサイトは、「顧客、DCANG部隊、NGB［州兵局］を支援するために平和時の指揮統制と管理業務の監督を行い、最高度の即応性を達成するためのビジョンを持っている」というように変更された。(原注80)

いずれにせよ、反論者が言うように、なぜNORAD——あるいはNMCCの一高官はラングレー空軍基地からの飛行機発進を命じたのかという問題は、攻撃を阻止するのに間に合うように飛行機があらわれなかった理由を説明するためにストーリーをでっちあげたのでない限りは、謎のままである。仮にそうだとしても、このストーリーでさえ不十分だと批判者たちは付け加える。トンプソンは（公式説明の枠組みのなかで）もしラングレー空軍基地からのＦ一六戦闘機が言われているように九時三十分までに飛行状態に入っていたのなら、こうなるはずだと書いている。

Ｆ一六戦闘機が第七七便よりも早くワシントンに到着するためには、時速七〇〇マイル（時速一一二〇キロ）よりもわずかに速い速度で飛行しなければならない。Ｆ一六戦闘機の最高速度は時速一五〇〇マイル（時速二四〇〇キロ）である。たとえ時速一三〇〇マイル（時速二〇八〇キロ）で飛んだとしても、これらの飛行機は六分後に――第七七便が激突したという時間よりもずっと前に――ワシントンに到着していたはずである。(原注81)

飛行機が激突よりも十五分遅れて到着したという事実を考慮すれば、この話はばかげていると反論者たちは言う。ジョージ・サムリーが言うように、「もしＦ一六戦闘機が一五〇マイル進むのに半時間かかったというのなら、それは時速三〇〇マイル（時速四八〇キロ）――最高速度の二〇％――以上で飛んだことはありえない(原注82)」。いずれにせよ、ジェット戦闘機がもしアンドリュース空軍基地からの発進を命令されていたならば――そうすべきはずだったのだが――もっと時間に余裕があったはずである。

さらに深刻な問題点は、なぜ戦闘機はそれよりずっと前にワシントン上空を飛んでいなかったのかということである。伝えられるところによると、ＮＯＲＡＤの指揮担当者マイケル・ジェリネック大尉は、世界貿易センターへの最初の攻撃からあまりたっていないある時点で、ＮＭＣＣ、戦略司令部、各戦域司令官、連邦政府の緊急対応諸官庁のあいだで空からの脅威についての会議電話をするために電話のリンク回線が確立されたと言ったという。またある時点で、ブッシュ大統領、チェイニー副大統領、主要な軍の高官、ＦＡＡおよびＮＯＲＡＤ司令官、ホワイトハウス、エアフォースワン［空軍の大統領専用機］の音声が、スピーカーフォンで聞かれたと報じられた。「その時点でこの件に関係あるすべての政府省庁の代表者がそこにいた」と、モンテーグ・ウィンフィールド陸軍准将が言っている、その電話会議はペンタゴンが激突されたときも続けられたと言われている(原注83)。

この認められた事実から言えることは、これら各個人や各省庁機関のすべてが八時五十六分までに七七便がハイジャックされたこと、そしてワシントンを出発するすべての飛行機が九時三分の一七五便の激突の少しあとから飛行禁止になったことを知っていたということである。トンプソンは問いかける。「なぜこの時点でワシントンを出発するすべての飛行機の飛行が禁止されるほど緊急事態が重要だと思われたのに、しかし同時にワシントンを防衛するために一機でもスクランブル発進させるほどには重要ではないとみなされたのだろうか?」

なぜペンタゴンでの緊急避難はなかったのか?

世界貿易センタービルの第二［サウス］タワーへの一七五便の激突の際に提起された厄介な疑問

点のひとつは、われわれが見たように、なぜビルは安全だからオフィスに戻るべきだという公式アナウンスがなされたのかという問題である。たとえ公式説明を受け入れるとしても、同様の疑問点がペンタゴンへの攻撃の場合も提起される。この説明によると、七七便は、レーダーがワシントンへのUターンを示したとされる直後の八時五十六分に見失われたという。ペンタゴンがその職員によって「グラウンドゼロ」――その名前の軽食堂さえある(原注85)――と呼ばれた事実を考慮するとしても、なぜ世界貿易センターへの攻撃を知った高官が即時避難命令を出さなかったのだろうか？

さらに、たとえ彼らが八時五十六分の少しあとにはそうしなかったとしても、航空管制官がペンタゴンとホワイトハウスの方向へ高速で向かう未確認飛行機を発見したのを知った九時二十五分の時点で、なぜすぐに避難命令が出なかったのだろうか？　ペンタゴンが激突されるまでの十三分のあいだに、おそらくほとんど全員が避難できたはずである。

なぜ避難がなかったかを説明して、ペンタゴンのスポークスマンはこう言う。「ペンタゴンは飛行機がわれわれのほうへ向かっていることにとにかく気づいていなかったのです」。ラムズフェルド国防長官と彼の側近は、特に、激突の瞬間まで危険に気づいていなかったと言われる(原注86)。しかし、八時四十六分に最初の飛行機が世界貿易センターに激突してからずっと、『ニューヨーク・タイムズ』によると、「［ペンタゴン］東側の［国家軍事指揮センターの］軍当局者たちは、何をすべきかについて関係機関担当者や航空管制官たちと緊急に相談していた」という。そして公式説明によると、ＦＡＡは九時二十四分にＮＯＲＡＤに七七便がワシントンに向かっているようだ、と通知した(原注87)。これらの報告を引用して、トンプソンは言う。「ペンタゴンで司令センターの外にいた誰もが、国防長官さえ含めて、通知されないままだったなどと、信じられるだろうか？」(原注88)そしてもし信じられないのなら、なぜ西棟の人々は殺されてもよかっただろうか？

メサンの説［小物体激突説］への当局の反応

メサンの説が公表されたとき、それは直ちに米国政府の高官によって非難された。二〇〇二年四月二日にＦＢＩは次のような声明を出した。

アメリカン航空第七七便が九月十一日にペンタゴンに激突しなかったと示唆することだけでも、テロリストによって無慈悲に殺されたアメリカン航空七七便の五九人の男性、女性、子どもたち、そしてペンタゴンで働いていた一二五人の献身的な軍人と民間人労働者の記憶に対する最高の侮辱である。

その月の後半に、同様の声明が国防総省のヴィクトリア・クラークによって発表された。

そんなことを示唆することさえばかげている。そして最後に、九月十一日にここで殺された約二〇〇人とニューヨークで殺された数千人の人々の友人、親戚、家族の人々に対する信じがたい、実に信じがたい侮辱である。(原注89)

もちろんメサンは、一二五人のペンタゴンの労働者がテロリストによって無慈悲に殺されたことには同意している。彼は単に、その無慈悲なテロリストの正体についての公式説明に同意しないだけである。また彼は、誰に責任があるかについての虚偽の説明をわざと行うことは、犠牲者とその家族や友人に対する侮辱であることにも同意している。彼は単にこの侮辱について誰が有罪であるかという問題で同意しないだけである。

もちろんこうした非難の応酬によっては何も解決しない。われわれが必要とするのはペンタゴンへの激突についての完全な調査であり、同時に世界貿易センターへの攻撃についての同様な調査である。そうした調査では、メサンやその他の公式説明の反論者によって提起された深刻な諸問題が徹底的に吟味できる。

もしペンタゴンへの激突に関した証拠を加えるなら、序論で議論した第三のあり得る説は除外されるように思われる。この説は、いかなる米国の政府関係者も攻撃計画に関与していないというものである。しかし公式説明の反論者、特にメサンによって提示されたペンタゴンへの激突についての証拠は、少なくともこの事件においては米国軍部関係者による積極的な計画関与が必要であるように思われる（なぜなら米軍に属する飛行機のみが、ペンタゴンの対ミサイル防衛システムに友軍であるとの信号を送るトランスポンダーを持っており、したがって撃墜を避けられるからである）。

このフライト自体からの証拠だけを考慮すると、それは軍内部のある種のならず者集団に属するメンバーの仕業だと見えるかもしれないが、それ以前の他のフライトからの証拠はすでに陰謀者がペンタゴンのなかのNMCC職員を含んでいるに違いないことを示している。またペンタゴンへの激突や世界貿易センターへの激突についてのラムズフェルドの予測についての報道がもし真実ならば、ペンタゴンの背広組のトップはいつ攻撃が起こるかを知っていたように思われる。

最初の三つのフライトに関するわれわれの観点を要約しよう。反論者たちの観点から見て、実際の事実に照らして九月十一日についての公式説明を詳しく調査した結果、われわれには二つのありうる結論しか残されていない。われわれの政府と軍の指導者が、信じがたいほど無能であったか、さもなければ犯罪的な共犯者であったかという二つである。そしてカナダの受賞ジャーナリストであるバリー・ズウィッカーが言うところでは、無能説に伴う問題点は、「無能な者はたいてい懲戒を受ける」ということであり、「私の知る限りにおいて、懲戒処分の報道はない」ということである。彼はそれから付け加える。「これは私に次のような問いを促す。他のメディアも追及する必要があると思うのだが、警戒態勢解除命令があったかどうかという問題である(原注90)」。自らの疑問に自分で答えて彼は次のように言う。

ほとんど二時間にわたるドラマの全過程において、手遅れになるまで米空軍は一機の迎撃機も発進させることはなかった。なぜか？　数分でスクランブル発進するように訓練され、装備を与えられた戦闘機搭乗員側の全面的な無能のためか？……こうした疑問を発するだけで、公式説明がまったくありそうにないことがわかる。疑問点を追及すればするほど、「公式見解とは」違う説明がありそうに思えてくる。すなわち、米国の軍、情報、政治の指導部のなかの要人が……九月十一日に起こったことと共犯関係にあるということである。[原注91]

ゴア・ヴィダルも同じ結論に到達する。「政府が行動しなかったことは連邦省庁のあいだの機能停止の結果にすぎないのではないかという想定に限定されない」いかなる調査も政府が拒んでいることについて考察して、彼は結論する。

だからわれわれが知ってはいけない理由によって、これらの「機能停止説」はスケープゴートである。機能停止よりも「警戒態勢解除」のほうがありそうだということを、詮索してはいけないのだ。確かに、戦闘機を一時間二十分ものあいだ発進させなかったということは、東海岸の空軍全体の機能停止ゆえに起こったことではありえない。通常対応措置の停止命令が出されたのだ。[原注92]

ズウィッカーもヴィダルも、無能よりも共犯のほうが――「機能停止」よりも「警戒態勢解除」のほうが――世界貿易センターへの攻撃がいかにして成功したかということについての、より可能性の高い説明であると結論する。

この議論に関連して、マイケル・パレンティの「政治指導者はときどき何かを隠すために無能を装う」――すなわち、何か非合法な作戦への積極的関与を否定する手段として――という考察がある。

無能さを認めることは、「さまざまなコメンテーターによって積極的に受け入れられている」。なぜなら、彼らは政治指導者が「意図的に騙す」よりも無能であるほうをあえて選ぶからである。ここでもそうしたことが起こっているのだろうか？

アーメドは、ジャレッド・イスラエルの議論を考察して、もし公式説明が含意するように、九月十一日に多くの無能があったというのなら、「緊急対応機関の内部での無能の証拠が、日常の緊急事態や、ハイジャックの可能性があったときなどのこれまでの対応のときに、頻繁に見られたはずである。しかしそのような証拠はない、いい、いい、いい、いい、いい(原注93)」。この疑問を解明することを強く求めてはいけないのだろうか？

通常は特に欠陥もなく機能するシステムが、入手可能な証拠によれば、いかにしてこうした攻撃が計画された日に限って突然に、多くの説明しがたい機能停止に陥ることがありうるだろうか？

この疑問は、九月十一日の犠牲者の家族によっても問われなかったわけではない。たとえば、クリスティン・ブレイトワイザー――彼女の夫は世界貿易センタービルで死んだ――はフィル・ドナヒューのテレビ番組で次のように述べた。

最初の飛行機が第一［ノース］タワーに激突してから一時間もたってから、……どうやって飛行機が国防総省に激突できたのか、理解できません。どうすればそれが可能だったのか、理解できません。私は理性的な人間だと思います。でも私たちが国防に［年間］五〇〇〇億ドルもの税金を費やしているのに、それでも飛行機がペンタゴンに激突できるというのですか？……第一タワーが激突されてから一時間もたってから。我が国にはトランスポンダーの通信が切れ

たときには従うべき手順と手続きがあります。なのにそれが九月十一日には遵守されなかったのです。(原注94)

この章についての興味深い脚注。校正原稿をチェックしているあいだに、二〇〇一年九月十二日にペンタゴンで行われたラムズフェルド国防長官のインタビューがあることを知った。そのなかで、テロリストが使う様々な武器について語りながら、「このビルにダメージを与えたミサイル」と述べたのである。(原注95) うっかり本当のことを漏らしてしまったのだろうか？

第3章

第九三便　この旅客機は実は撃墜されたのか？

最初の三つのフライトによって提起された主要な問題は――ペンタゴンに激突した飛行機の正体の問題は別にして――撃墜されるべき飛行機が撃墜されなかったということであった。ユナイテッド航空九三便の運命は逆の問題を提示している、と反論者は言う。撃墜されるべきでなかった飛行機が撃墜されたという問題である。ポール・トンプソンのタイムライン（時系列）は彼がこの結論を引き出した証拠を提供する。

タイムラインの最初の部分の重要な項目は次の通りである。九三便はニューアーク空港を定刻より四十一分遅れて八時四十二分に出発した。九時二十七分、乗客のひとりトム・バーネットが妻に電話をかけ、飛行機がハイジャックされた、ＦＢＩに電話すべきだと言った。彼女はそうした。九時二十八分地上の航空管制官が悲鳴とつかみあいの音を聞いた。九時三十四分、トム・バーネットが再び妻に電話をかけると、彼女は世界貿易センターへの攻撃について話し、彼が乗っている飛行機も「自爆攻撃計画」の途中だと認識させようとした。九時三十六分、飛行機はワシントン方面へと進路を変えた。九時三十七分、ジェレミー・グリックと他に二人の乗客が世界貿易センター攻撃のことを知った[原注1]。九時四十五分、トム・バーネットが妻に、ハイジャック犯の主張とは反対に、彼らが爆弾を持っているとは思えない、彼と他の乗客には計画があると語った。この時点――飛行機が墜落するよりも十九分前――までに、ＦＢＩはこれらの通話をモニタリングしていた。九時四十五分、ＦＢＩも傍受していたのであるが、乗客のトッド・ビーマーがベライゾン社（訳注　ベライゾン・コミュニケーションズ。米地域通信最大手。旧ベル・アトランティック）の代表と電話で長い会話を始め、機内の状況を説明した[原注2]。九時四十七分の少しあと、ジェレミー・グリックは妻に乗客のうちの男性全員が同意してハイジャック犯を攻撃すると決めたと述べ、犯人はナイフしか持っておらず、銃はないと付け加えた（それは、ハイジャック犯が本当は爆弾を持っていないのだという確信とあわせると、成功できるという乗客たちの信念を強めた[原注3]）。九時五十四分、トム・バーネットは妻にまた電話をした。初めの報道によると、彼はこう言った。「われわれはみんな死ぬことがわかっている。われわれのうちの三人は、それでも何かするつもりだ[原注4]」。しかし、後のもっと完全な説明によると、彼はもっと楽観的にこう言ったという。「われわれ次第だ。できると思う[原注5]」。そして彼らは農村地域の上空で飛行機のコントロールを奪おうと計画していると付け加えた。

トンプソンのタイムラインの次のような出来事が、彼に飛行機は乗客たち――そのなかには職業パイロットと航空管制官がひとりずついた（原注6）――が飛行機のコントロールを確保したことが明らかになったあと、撃墜されたことを示唆している。九時五十七分、ハイジャック犯のひとりがコックピット（操縦室）の外で争いが起こっていると言っているのを聞かれている。外側の声は「やっつけようぜ」と言った。九時五十八分、トッド・ビーマーは乗客たちが飛行機の後部でハイジャック犯に「飛びかかろう」と計画していると言って電話を終わり、それからあの有名な言葉が聞こえる。「みんな準備はできたか？　さあやろうぜ（レッツ・ロール）（原注7）」。九時五十八分に電話で夫と話していた一人の乗客がこう言った。「彼らはやろうとしていると思うわ。コックピットに突入しようとしている」。少しあと、彼女は叫んだ。「みんなでやっているわ！　今やっているわ！　やっているわ！」しかし彼女の夫は背景の悲鳴のあと、「風のようなシューッという音」を聞き、それからまた悲鳴、そのあと接触を失った（原注8）。別の乗客は、トイレから電話をして、通話が切れる直前に、「何かの爆発音」を聞いた、それから「飛行機から白い煙が出る」のを見た、と報道されている（原注9）（数カ月後、FBIはこの電話を録音したものに煙や爆発音への言及が含まれていたことを否認しているが、この電話をした人物は報道取材に応じることを許されていない（原注10））。ジェレミー・グリックのオープン回線通話を傍聴した人物は次のように語ったと報道されている。「沈黙が二分間続き、それから機械的な音があって、さらに悲鳴が続いた。最後に機械的な音があって、何も聞こえなくなった（原注11）」。ある新聞報道によると、さらに「いくつかの情報源がコックピットのボイスレコーダーから聞こえる最後の音は風の音であり、飛行機に穴があいたことを示唆していると主張している（原注12）」。トンプソンはこの記録が、乗客が機体を掌握したと思われたあとで、飛行機に本当に「穴があいた」――一機か二機のミサイルに撃墜された――ことを示していると考えている。

トンプソンはまた、コックピットの録音テープと公式の墜落時刻についても疑いを持っている。犠牲者の親族はこのテープを聴くことを許されている。それは九時三十一分に始まって、三十一分間続き、十時二分に終わっている。これは墜落の時刻に近いであろう――米国政府が主張するように、もし墜落が十時三分に起こったとするならば。

しかし、地震学的研究は墜落が十時六分よりわずかのちに起こったと結論し、そのため『フィラデルフィア・デイリー・ニューズ』は次のような見出しの記事を載せた。「テープにあった三分間のずれ」。トンプソンは問いかける。「このテープの最後の三分か四分に何が起こったのだろう？」(原注13)トンプソンが言うように、これはフライトの記録が失われた唯一の事例ではない。十月十六日に政府は各飛行機の航空管制指示記録を公表した――九三便のものを除いて。(原注14)

飛行機が撃墜されたのではないかという疑いについては、新聞報道によるとジェット戦闘機がハイジャックされたいかなる飛行機も迎撃して撃墜せよという命令を最終的に与えられたのが九時五十六分よりすこしあとだったことが重要である。(原注15)そのすこしあと、軍事顧問がチェイニー副大統領にこう言ったと報道されている。「飛行機は八〇マイル（一二八キロ）先にいます。その空域に戦闘機が一機います。撃墜するべきですか？」それに対してチェイニーは答えた。「そうしてくれ」。そのあと、F―一六戦闘機が九三便を追跡した。(原注16)戦闘機が九三便に接近したときに、チェイニーは二回、九三便を撃墜するべきかどうかについて確認を求められ、そうだと答えた。(原注17)また、ＮＭＣＣのウェインフィールド准将は、こう言った。

ある時点で、対応時間のリミットになって、それが過ぎたが何も起こらなかった。だからＮＭＣＣではすべてが非常に緊迫した状況だったと想像できるだろう。[原注18]

さらに、ブッシュ大統領が十時八分に九三便の墜落について聴かされたとき、彼はこう尋ねたと伝えられている。「撃墜したのかね、それとも墜落したのかね？」[原注19] これらの報道はトンプソンのタイムラインに含まれているが、九三便を撃墜する意図が複数の人間の念頭にあったことを彼に示唆した。

その空域に戦闘機がいたという報告は、九三便が本当は撃墜されたのではないかという彼の疑念を深めた。墜落の少し前に、ＣＢＳテレビは二機の戦闘機が飛行機を追尾していると報じた。そしてある航空管制官が、取材に応じないようにという指示を無視して、こう言ったと伝えられている。「Ｆ―一六戦闘機が九三便に接近していました。……Ｆ―一六戦闘機は三六〇度の旋回をして旅客機への接近状態を維持しました」[原注20]。この空域における戦闘機の存在は、さらに地上の多くの目撃者によって裏付けられている。『インディペンデント』に掲載されたあるストーリーによると、「少なくとも六名の氏名を特定された個人が、……第二の飛行機がユナイテッド航空機の墜落の数分前後に墜落地点の上空を低空飛行するのを見たと報告している。彼らはその飛行機が小型の白いジェット機で、後部エンジンをつけており、識別できるマークはなかったと説明している」[原注21]。ＦＢＩはその飛行機がフェアチャイルド社のファルコン二〇ビジネス用ジェット機だったと主張している。[原注22] しかし、ある女性はこう言う。

それは白くてマークはありませんでしたが、明らかに軍用機でした。……それには二つの後部エンジンがあり、スポイラー[訳注]のような大きなファンが後部にありました。……それは明らかに会社の重役が乗るような小型ジェット機ではありませんでしたよ。ＦＢＩがやってきて、あのへんには飛行機はなかったと言いました。……でも私は見たのです。墜落の前に私の頭上四〇フィート（一二メートル）くらいのところを飛んでいきました。彼らは私の証言を聴きたくないのでしょうね。[原注23]

訳注　飛行機の翼の表面についている細長い板で、これを立てて高度を下げたり速度を落としたりする。

彼女の主張は、『インディペンデント』に掲載された複数の一致した証言によって支持されているのであるが、さらにトンプソンが引用した証言によっても裏付けられる。そのなかで複数の別の人々が、白い飛行機を見たと述べており、後部エンジンや識別できるマークはなかったというような細部を付け加えている人もいる。

飛行機が撃墜されたというさらに強力な証拠は、音を聞いた目撃者によってもたらされた。ある目撃者は、彼女が飛行機のエンジン音を聞いたあと、「大きなドシンとあたる音」を聞き、それから「さらに二回のドシンとあたる音を聞いて、もう飛行機のエンジン音は聞こえなくなった」と言う。別の目撃者は「大きな衝撃音」を聴いた。さらに別の人は、飛行機が降下していくのを見る前に、「二回の衝撃音」を聴いた。別の人は「正常でない」音を聞き、そのあと「飛行機が石のように突然落下した」。別の人は「大きな衝撃音」を聞き、それから飛行機の右翼が下がり、そのあと飛行機が地面に突っ込んだ。そしてシャンクスヴィルの市長は、「ミサイルの音を聞いた」二人の人間を知っており、そのひとりは「ベトナム戦争に従軍した人で、ミサイル音を聞いたと言っている」と付け加えた。トンプソンは、説明のいくつかは矛盾する要素を含むけれども、彼らは「事実上みんな、ミサイルによる撃墜説を支持している」と結論している。(原注24)

この結論は、飛行機の残骸の発見場所の報告によってさらに補強される。ひとつには、エンジンのひとつの半トンもある破片が一マイル以上も離れたところで発見されたことである。ある新聞報道はこれを「興味をそそる」事実と呼んでいる。なぜなら、「F—一六戦闘機に搭載されている熱追尾空対空サイドワインダー・ミサイルは、ボーイング七五七の二基の大型エンジンのうちのひとつを狙うと推定されるからである」。(原注25)また、トンプソンが指摘しているのであるが、一機か二機のミサイルという仮説と整合するのは、燃えている破片が飛行機から落下しているのを見たという報告が墜落地点から八マイル（一二・九キロ）も遠くの目撃者から寄せられており、インディアンレークマリーナの従業員たちが「爆発音を聞いてから数分後に湖や近くの農場に破片が紙吹雪の雲のように落下してくる」のを見たという事実である。(原注26)そして破片には、人間の遺体の一部と思われるものも含まれており、墜落地点から八マイルも離れたところでも見つかったと実際に報告されているのである。(訳注)(原注27)

訳注　墜落地点から一三キロ近く離れたところからも破片が見つかったという問題は、二〇〇四年九月十一日にテレビ朝日系で放映されたビートたけし司会の「九・一一テロ七つの謎」（グリフィン教授が出演し、本書も紹介されていた）でも映像とともに言及している。墜落の場合は落ちたときに壊れるので破片の飛散範囲は一キロ程度であるが、撃墜や空中爆破の場合は壊れながら（破片を落としながら）飛行機が地表へと向かうので、飛散範囲が大きくなる。

九三便が撃墜されたという推定は、軍と政府高官による次のような発言によってもさらに裏付けられる。あるF―一五戦闘機パイロットは、午後の早い時間にニューヨーク市上空をパトロールする任務から帰還したあと、F―一六戦闘機が四機目の旅客機をペンシルバニアで撃墜したと聞いたと語ったことが伝えられている。(原注28) この噂は十分に広がったので、マイヤーズ将軍が九月十三日に軍事委員会で質問を受けたときには、「ペンシルバニアに墜落した飛行機は撃墜されたという主張がある」と述べ、「そういう話が語られ続けているのだ」と付け加えた。マイヤーズは「軍はいかなる飛行機も撃墜していない」と述べたのであるが、(原注29) ポール・ウォルフォウィッツ国防副長官は「空軍はペンシルバニアに墜落したハイジャック機を追跡していて……必要なら撃墜できる態勢にあった」と述べたと伝えられている。(原注30)

政府は撃墜が必要だと判断したが、それはハイジャック犯の使命が成功しそうだったからではないとトンプソンは信じている。トンプソンは、なぜハイジャック機の中で飛んでいるのが第九三便だけになったあとでようやく、戦闘機のパイロットたちは撃墜の許可を得たのだろうか、と問いかける。(原注31) これはもちろん、このフライトについてトンプソンが提示した証拠が提起している厄介な疑問点だ。彼の暗黙の回答は、乗客たちがハイジャック犯からうまく飛行機の主導権をもぎとっていたという証拠を考慮すれば、これは安全に着陸できそうな唯一の飛行機であり、それは生きているハイジャック犯が尋問される可能性を意味するから、というものである。このように解釈すれば、九三便についての証拠は、その前の三機を撃墜しそこなったのは無能のせいではない、と結論すべきさらなる理由となる。この証拠は、当局が旅客機を撃墜したいと思ったとき、無能や相互調整連絡の不備でそれができなかったわけではなかったことを示している。

このフライトから得られる証拠は、前の三機についての証拠と同様に、攻撃の計画における米軍指導部の積極的関与を示している。この場合、彼らは乗客がハイジャック犯をとりおさえたという予期せざる展開に修復対応行動もとらねばならなかったと思われる。序論で列挙した想定しうる政府の共犯の可能性レベルについて言えば、九三便（および／あるいは七七便）についての修正主義的説明を受け入れる限りは、第五番目以前の想定可能な説はすべて除外される。

このストーリーの興味をそそる特徴は、九三便の運命は明らかに、空港からの出発が予定よりも四十一分遅れたことによって決まったように思われることである。四機すべてはほぼ同じ時刻に出発する予定だったから、それぞれの標的にほぼ同じ時刻に激突させることが意図されていたのであろう。他の三機はわずか十〜十六分の遅れでほぼ同じ時間帯に出発した。しかし九三便は四十一分遅れたので、ハイジャック犯がその飛行機を乗っ取るときまでに、世界貿易センターに向かった二機はすでに標的に激突してしまっていた。だから、九三便から電話した乗客たちは、彼らのフライトが自爆攻撃に向かう途上であることを知った。

したがって、世界貿易センターに向かった二機の乗客と違って、九三便の乗客は、もし受け身のままでいたら、確実な死に向かうということを知り、飛行機のコントロールを奪おうと決断したのである。(原注32) この飛行機の出発がそんなに遅れていなかったとしたら、乗客はそのような行動は起こさず、この飛行機も標的に激突していたかもしれない。(訳注)

訳注　九三便の本来の標的については、後述のホワイトハウス、国会議事堂の他に、スリーマイル島原発（ペンシルバニア州）説もある。

さらに、もしそれが標的に激突していたとしたら、第九三便の想定される標的からみて、ある意味では最も破滅的な結果になっていたかもしれない。米国の国会議事堂からの避難は九時四十八分まで始まらず、それは未確認の飛行機がワシントンの上空を飛んでいることがわかってから二十三分後、ペンタゴンが激突されてから十分後のことであった。もし第九三便がほぼ定刻通りに出発していたとしたら、どうなっていたであろうか？

トンプソンは言う。「第九三便の標的は国会議事堂だったとのちに報道された。だからその離陸が四十分も遅れなかったとしたら、ほとんどの上院議員と下院議員が殺されていたかもしれない」(原注33)。トンプソンはおそらく、彼ら［米連邦議会議員］に九月十一日の出来事のより広範囲な調査を行うよう促しているのだろう。

また、九三便の標的についての他の主な仮説は、それがホワイトハウスだったというものである事実を考慮して、反論者たちはなぜもっと早くホワイトハウスからの避難がなされなかったのだろうかと思案している。多くのニュース報道によれば、チェイニー副大統領とライス国家安全保障担当補佐官のふたりは、九時三分頃にシークレットサービスによってホワイトハウスの地下の掩蔽壕に案内されたという。(原注34)しかし、ホワイトハウス全体の避難が開始されたのは、四十分以上ものちの九時四十五分のことであった。(原注35)もし九時三分にチェイニーとライスが危険にさらされていると考えられたのだとしたら、なぜ他の人々はその時点で退避するように指示されなかったのだろうか？　少なくとも、ダレス空港の管制官が高速の飛行機がワシントンに向かっていると報告した九時二十五分の直後にホワイトハウスからの退避がなされなかったのだろうか？　九三便についての公式説明――それによると、乗客たちはその飛行機がホワイトハウスに激突しようとしているから、みんな死ぬのだと言われたという――を受け入れる限りは、この疑問点はいっそう切迫したものである。(原注36)これが真実だとしたら、ホワイトハウスで働いていた人々は、ペンタゴンで働いていた人々の代わりに殺されていたかもしれない。というのは、ホワイトハウスの退避はペンタゴンが激突されてから七分後まで始まらなかったからである。したがってわれわれは、さらに別の厄介な疑問点に直面する。ペンタゴンや世界貿易センターと同様に、ホワイトハウスあるいは国会議事堂での死は計画されていたのだろうか？

第４章
大統領の行動　なぜ彼はあのように振る舞ったのか？

公式説明に関する深刻な疑問点は、九月十一日に激突した四機の飛行機についてだけでなく、当日のブッシュ大統領の行動についても提起される。彼の行動について反論者たちが提起した疑問点はたくさんあるが、最も気にかかるものに焦点をしぼろう。

当日の大統領のスケジュールではフロリダ州サラソタの小学校を訪問することになっており、そこで生徒の朗読を大統領が聴く様子を写真撮影することになっていた。彼は学校に九時少し前に到着し、そのときに公式説明の少なくともひとつのバージョンによると、彼は飛行機が世界貿易センターに激突したことを告げられたという。この飛行機はそのときまでに他の二機と同様にハイジャックされたことがわかっていたので、反論者が指摘するように、大統領もそれを知っていたと想定していいだろう。アラン・ウッドとポール・トンプソンはその問題をこのように述べている。

第一一便が世界貿易センターに激突したことについての最初の報道は、激突の二分後の八時四十八分頃に始まった。CNNはこの時点で通常番組を中断して激突を報じた。……だから数分以内に数百万人がこのストーリーに気づくことになったのだが、ブッシュはさらにあと十分間も知らないままだったということになる。(原注1)

反論者はそんなことは信じ難いと言う。

大統領の旅行スタッフ――シークレットサービスも含む――は「世界で最高の通信機器を持っている」とバリー・ズウィッカーは論じている。したがって、最初の旅客機が世界貿易センターに激突してから一分以内にシークレットサービスと大統領はそれを知っていたはずだとズウィッカーは言う。(原注2)

実際、トンプソンは指摘するのだが、チェイニー副大統領は明らかにうっかり秘密を漏らしたのだ。九月十六日の「ミーツ・ザ・プレス」のインタビューで、チェイニーはこう言った。「シークレットサービスは連邦航空庁（FAA）と取り決めがある。彼らがオープンライン（訳注：常に繋がっている電話回線のこと）を設定したのは世界貿易センターが……」そこで彼は文章を完結させる前に言いよどんだ、とトンプソンは付け加える。(原注3)

だから大統領の自動車隊列にいたシークレットサービス――大統領専用車のなかにいた人も含む――は、自動車隊列が九時に小学校に到着する前に世界貿易センターへの最初の攻撃のことを知ったはずである。実際、公式説明でさえも、ホワイトハウス報道官のアリ・フライシャーが途中で最初の攻撃のことを知ったことになっている。

このストーリーを引用して、トンプソンは付け加える。「ブッシュが直ちに、他の人たちが聴いたのと同じときに、激突のことを聴かされたのなら理解できる。しかしブッシュと他の人たちは彼が学校に到着するまで聴かされていなかったと主張する」。ここでトンプソンが言おうとしている問題は、もしブッシュ大統領が学校に到着する前に激突のことを知っていたのなら、なぜ彼と他の人たちはそうでないふりをしたのか、ということである。

シークレットサービスとＦＡＡのあいだのオープン回線について副大統領がうっかり口をすべらせて発言したことは、反論者が指摘するように、公式説明の他の部分に対して、さらに大きな疑問を投げかける。飛行機が世界貿易センターに激突したのを知って、ブッシュ大統領は激突を「恐るべき事故」と表現したと伝えられている。(原注4)しかし、さきほど一部だけを要約したズウィッカーの議論全体は、そのときまでにシークレットサービスと大統領が数機の飛行機がハイジャックされたことを知っていたはずだという論点を含んでいる。だとしたら、なぜブッシュ大統領は世界貿易センターへの最初の激突が事故だと想定することがありえただろうか？

この話によって提起される厄介な疑問点を明らかにしながら、トンプソンは問いかける。「ブッシュと補佐官は国家的緊急事態が起こっていることを知らないふりをしていたのだろうか？　もしそうなら、それはなぜだろうか？」(原注5)

いずれにせよ、大統領はそのとき国家安全保障担当補佐官コンドリーザ・ライスの電話によって状況についての最新知識を得たと伝えられている。ライスは彼に、すべてのハイジャックについてだけでなく、ＣＩＡ長官ジョージ・テネットが、すでにハイジャックはテロ攻撃を実行するためにオサマ・ビン・ラディンによって指揮されたと結論していたことについても、伝えたであろう。(原注6)しかし大統領は小学校の校長に、「旅客機が世界貿易センターに激突したが、続けよう。……とにかく本の朗読を続けよう」と言ったと伝えられている。(原注7)

反論者たちはそれが信じられないと言う。もしハイジャックが主張されているように、予期せざる出来事だったのなら、ハイジャックされた飛行機の一機がすでにテロリストの使命を遂行したのなら、我が国［米国］は史上最悪のテロ攻撃を受けていることになる。それなのに最高司令官［大統領］は、軍に撃墜準備ができているかどうか確認するよりもむしろ、計画通りの小学校でのスケジュールにこだわったのである。この行動の奇妙さは、ウッドとトンプソンによる状況の要約によって、よく浮かび上がるであろう。

午前八時四十八分頃、……燃えている世界貿易センターの最初の映像がテレビで生放送された。……そのときまでに、連邦航空庁（FAA）、北米航空宇宙防衛司令部（NORAD）、国家軍事指揮センター（NMCC）、ペンタゴン、ホワイトハウス、シークレットサービス、カナダ戦略司令部は三機すべての旅客機がハイジャックされたことを知っていた。彼らは一機が世界貿易センターのノースタワーに突っ込んだこと、第二の飛行機が予定航空路を大きく逸れてやはりマンハッタンに向かっていること、を知っていた。……だからなぜ、九時三分に――米国がテロ攻撃を受けていることがわかってから十五分後に――ブッシュ大統領が小学校二年生の教室に座って計画通り二十分間の写真撮影を始めたのだろうか？(原注8)

シークレットサービスがブッシュ大統領も意図された標的のひとつであることを想定しなければならなかったはずであるという事実を考えると、大統領の行動はさらに驚くべきものとなる。実際、シークレットサービスのひとりは、第二の旅客機が世界貿易センターに激突するテレビ映像を見て、「われわれもここから出ないといけないな」と言ったと伝えられている。（原注9）しかし、もしエージェントのひとりが実際にこう言ったのなら、彼の進言は明らかに却下されたのだ。

同時に、これとは対照的に、チェイニーとライスはホワイトハウスの地下の掩蔽壕に急いで入ったと伝えられている。（原注10）そしてさらに、「ある理由から、シークレットサービスのエージェントは「ブッシュの」退避を急がせなかった」と『グローブ・アンド・メール』紙はコメントしている。「なぜ同じ時点でブッシュは退避を促されなかったのだろうか?」とトンプソンは問いかける。「なぜシークレットサービスはブッシュを行動予定の事前発表通りの場所から退避させなかったのだろうか?（原注11）」この疑問点の解明を強く求める理由は、ウッドとトンプソンが指摘するように、「ハイジャック犯はブッシュの公表されている滞在場所に飛行機を激突させることもできたはずであり、彼のセキュリティ対策ではそれを阻止することはできなかっただろう（原注12）」からである。

この明らかに無頓着な行動は、ほとんど一時間も続いたと、反論者たちは指摘する。諜報の専門家であるジェームズ・バンフォードは書いている。

　我が国が攻撃されていていると告げられたとき、最高司令官［大統領］はその詳細については無関心だったように見える。彼はさらなる脅威が迫っているのかとか、攻撃はどこから来たのかとか、我が国をさらなる攻撃から守る最良の手段は何かとかいったことは、決して尋ねなかった。……その代わりに、現代の真珠湾攻撃のさなかにおいて、彼は予定どおりの行事に戻ったのである。小学校での写真撮影である。(原注13)

この写真撮影では、前述のように、大統領は小学校二年生がペットのヤギについての本を朗読するのを聴くことになっていた。ブッシュが数分間教室にいたあと、彼の首席補佐官アンドリュー・カードが入って来て、何かささやいたが、第二の攻撃について話したのだと伝えられている。しかし大統領は、短い中断のあと、子供たちに朗読を続けさせた。この行動の奇妙さを強調するために、バンフォードは次のような考察を付け加える。

ブッシュ大統領が朗読を続けさせているとき、世界貿易センターの燃えているタワーの中に取り残された人々の生命は、いっそう絶望的な状況になっていた。……数分以内に、人々は生きたまま焼かれたり、窒息するよりも速やかな死のほうがましであると思って、飛び降り始めた。(原注14)

これが続いているあいだ、大統領は、生徒たちが「ペットの山羊さん。女の子がペットの山羊さんをもらいました。でも山羊さんが何かをしたので女の子のお父さんは怒ってしまいました」と読むのを聴いていた。朗読を数分間聴いたあと、ブッシュは次のような冗談を言った。「本当に上手に読んだね。ヒュー！　六年生かと思ったよ！(原注15)」

大統領の行動とニューヨークで起こっていたことのあいだの落差に困惑したもうひとりの人は、ロリー・ヴァン・オーケンだ。彼女の夫はツインタワーへの攻撃の犠牲者のひとりであった。大統領の子どもたちとの集まりのビデオを入手して、彼女はそれを繰り返し見た後にこう言っている。「私は大統領があそこに座って二年生の朗読を聴いているあいだに夫がビルのなかで焼かれていたかと思うと、見るのをやめることができませんでした」。また大統領が補佐官から我が国が攻撃されていると告げられていたのを知って、彼女は大統領がなぜ冗談なんか言っていられるのかと疑問に思った(原注16)。

冗談はさておき、大統領はのろのろしていて、緊急事態に対処する最高司令官として振る舞っているようには見えなかった。実際、『ワシントン・タイムズ』のホワイトハウス担当記者ビル・サモンが書いた『反撃』という本——ほとんどの論点でホワイトハウスの観点を代弁しており、全般的には大統領に極めて同情的な本なのだが(原注17)——によると、ブッシュは「そのとき伸びをしていた」という。子供たちの授業が終わったとき、ブッシュは言った。

> フー！　大した読み手だね。とても印象的だったよ！　見事な朗読を聴かせてくれて、みんなありがとう。ずいぶん練習を重ねたようだね。そうだろう？　テレビを見るより読書のほうがいいよね？　誰かやってるかな？　テレビを見るよりも本を読む時間のほうが長い人は？[子供たちが挙手]　おお、すばらしい！　とてもいい。練習はとても大切だ！　聴かせてくれてありがとう。とても感心したよ！(原注18)

ブッシュはそれからしゃべり続け、子供たちに学校でよく勉強して良い市民になるようにとアドバイスした。そして質問に答えて、自分の教育政策について語った(原注19)。サモンはブッシュが「あたかも世界に何も心配事がないかのように」「信じられないほどリラックスしきったようすで」子どもたちにほほえみかけ、しゃべっていたと描写している。リポーターに大統領がニューヨークで起こったことを聴いているのかと尋ねられて、ブッシュは「そのことはあとで話しましょう」と言った。それからサモンの言葉によると、「一歩踏み出して〔担任教師の〕ダニエルズと握手し、写真撮影のポーズのために左手を彼女のうしろに回した。小学校時代を懐かしがっているみたいだった。……ブッシュは報道陣がいなくなるまでそこにぐずぐずしていた」。サモンは実際、大統領は〔最高司令官どころか〕「最高の怠け者」だと言っている(原注20)。

驚くべき事に、大統領の行動に対する批判に苛立ったのか、ホワイトハウスは一年後に別の説明を持ち出した。

ブッシュの首席補佐官アンドリュー・カードは、彼が大統領に世界貿易センターへの第二の攻撃について話したあと、ブッシュは教師と生徒たちにとても丁寧にお詫びを言って「数秒のうちに」教室を離れたと言ったと報道されている(原注21)。この新しいストーリーの別の表現でカードはこう言った。「数十秒もたたないうちに大統領はお詫びを言って教室を出た(原注22)」。

明らかに、ホワイトハウスは九月十一日についての嘘がマスコミの異議申し立てを受けないとタカをくくっているので、サモンのブッシュ寄りの本や、当日のビデオテープ——ウッドとトンプソンが言うように、それは「数秒というのが七〇〇秒以上を意味するのでない限りは、こうした説明が嘘であることを示している」[原注23]――に明らかに矛盾することとさえ平然と言うのだと、反論者たちは指摘する。

いずれにせよ、現実の歴史に戻ると、大統領は九時十六分にようやく、報道によれば国民へのテレビ演説――九時二十九分に放映された――のことで補佐官たちと協議するために、教室を離れた。トンプソンはコメントする。「会見は彼の事前に公表されたスケジュールと正に同じ時間と場所で行われたので、ブッシュはテロリストの恰好の標的になったはずだ」[原注24]。ブッシュだけではない。アンドリュー・カードとカール・ローブ[訳注]が後に、なぜ大統領は第二の攻撃について告げられたあと直ちに教室を離れなかったのかと訪ねられたとき、彼らの答は、ブッシュは子供たちを動転させたくなかったからだというものだったと、ウッドとトンプソンは指摘する。しかし、彼らは問いかける。「なぜブッシュの子供たちへの配慮は、子供たちと学校にいる二〇〇人ばかりの人たちを［自分への攻撃の巻き添えで］テロリストの標的にしないということまでは及ばないのだろうか？」[原注25]その答は、ブッシュは大統領への攻撃はないことを知っていたから、ということなのだろうか？

訳注　カール・ローブはブッシュ政権一期目の次席補佐官、大統領政策・戦略担当上級顧問。

いずれにせよ、大統領とその一行は、スケジュール通りの自動車の隊列に乗り込んで、スケジュール通りの経路で空港に向かい、そのあいだ彼らはペンタゴンが攻撃され、大統領専用機エアフォース・ワンもテロリストの標的になっていることを知らされたという。にもかかわらず、軍隊の護衛を付ける命令はなかった。「驚くべきことに」とトンプソンは言う。「彼［大統領］の飛行機は、戦闘機の護衛をつけずに離陸したのだ」[原注26]。その時点でまだ三〇〇〇機以上の飛行機が米国の上空におり、一体何機がハイジャックされたのかわからなかったという事実を考慮すれば、このことは特に驚くべきことであると思われる。

たとえば、トンプソンが報告するところによると、約一時間後に、ＦＡＡは六機の飛行機が行方不明だと言っているが――これはその後チェイニーが言及した数字である――ある時点では一一機のフライトがハイジャックされたのではないかと疑われていた[原注27]。カール・ローブによると、さらに、シークレットサービスは「エアフォース・ワンに対する特定の脅威」について知ったという[原注28]。だから、なぜ近くの二つの米軍基地――戦闘機が二十四時間の警戒態勢をとっている[原注29]――のひとつに対してジェット戦闘機の緊急発進命令をしなかったのだろうか？

当時の明らかな状況を考慮すれば、大統領の行動の奇妙さは、九月十一日の攻撃の犠牲者の遺族の注目をひかないわけにはいかなかった。たとえば、クリスティン・ブレイトワーザー――飛行機がどうやってペンタゴンに激突できたのかについての彼女の疑問は先に引用した――も言う。

> 私たちが攻撃されていることは明らかでした。なぜシークレットサービスは大統領を学校からさっと連れ出さなかったのでしょうか？　彼はフロリダでローカルテレビ局の番組に生出演していたのですよ。ご存じのようにテロリストはフロリダにいました。……なぜ彼がそこに二十五分も座っていたのか、知りたいです[原注30]。

いったんエアフォース・ワンが九時五十五分に離陸すると、ブッシュ大統領はワシントンから長いあいだ離れていた——一部のコメンテーターの想像によると、おそらく恐怖のためである——という事実に当時は多大な注目が集まった。実際、その点で大統領を批判した一部のリポーターは職を失った(原注31)——そのことは、ホワイトハウスが報道機関は情報捏造に対しても異議申し立てをしないだろうとタカをくくっていられた理由を説明してくれるかもしれない。

いずれにせよ、反論者たちが示唆するように、現実の問題は、なぜ最初の一時間のあいだに明らかにブッシュは恐怖を示さなかったのかということである。もちろん含意される疑問点は、厄介なものだ。大統領および少なくともシークレットサービスの責任者は、彼が標的ではないことを知っていたのではないだろうか？

ブッシュ政権が攻撃についての事前知識を持っていたのではないかという考えは、後にブッシュ自身がした発言によって、さらに強化される。「私は教室の外に座って、教室の中に入るのを待っていました」。彼は主張する。「私は飛行機がタワーに激突するのを見ました——テレビがついていたのですよ。私も飛行機の操縦経験があります。酷いパイロットだな、と思いました」(原注32)。公式説明によると、ブッシュは十五分後までテレビを見る機会がなかったという事実を考慮すると(原注33)、この発言は疑問を投げかける。『ボストン・ヘラルド』のある記事はこう述べた。

それについて考えてみよう。ブッシュの発言は、彼が最初の飛行機がタワーに激突するのを見たことを含意している。しかしわれわれはみんな、最初の飛行機の激突の映像は翌日まで放映されなかったことを知っている。(訳注)ブッシュが第二の飛行機が激突するのを見た――それなら多くのアメリカ人も当日に見ている――ことを意味していることはありうるだろうか? いや、ないだろう。カードが彼の耳に第二の飛行機が激突したとささやいたとき、彼は教室にいたと言っているのだから。

訳注　第二の激突(サウスタワー)の映像は九月十一日に放映されたが、最初の激突(ノースタワー)の映像は九月十二日に初めて放映された。

ブッシュがこのストーリーを数回しゃべったことを指摘して、その記者は問いかける。「どうやって最初のビルに飛行機が激突するところをリアルタイムで見ることができたのだろうか?(原注34)」

これは素晴らしい質問である。しかしこの質問は、一人の記者が発したが、その後マスコミ全体によって黙殺された多くのすばらしい質問のうちのひとつにすぎない。それらは回答を求められなかったのだ。

ティエリ・メサンはしかし、回答はありうると示唆した。「本人の言明によれば、米国大統領は第二の激突が起こる前に最初の激突の映像を見たということである」。ブッシュが見たと報道されている映像が、フランスのドキュメンタリー映像チームのジュールおよびゲデオンのノーデ兄弟がたまたま映した映像」ではありえないことをメサンは強調する。なぜなら、「フランス・チームの映像は十三時間後まで公表されなかった」からである。したがって、九月十一日の朝に、ブッシュが、われわ

れが繰り返し見たような最初の激突の映像を見たことはありえない。したがって、メサンが示唆するのは、その映像は、

彼の訪問の準備のために小学校に設営された安全な協議室で遅滞なく彼に提示された秘密の映像に違いない。しかしもし米国の情報機関が最初の攻撃を映像におさめることができたとするなら、彼らは事前に知らされていたに違いないことを意味する。(原注35)

メサンの考えは、言い換えれば、大統領は最初のビルに飛行機が突っ込むところを「リアルタイムで」見たわけではないのだが、主張しているように、教室に入る前に見たということは本当なのだということである。

要するに、公式説明の反論者たちによると、政府と軍の高官が当日の悲劇的出来事の事前知識を持っており、共謀して実行を許したという結論は、四機の激突あるいは墜落した旅客機の運命から推測されるのであるが、九月十一日の大統領の行動はこの結論を補強するものである。(原注36) さらに、「本書の序論で示した」ありうる観点のリストに関して言えば、大統領の行動についての批判的な説明は、最初の五つの観点――それによると、ホワイトハウスは攻撃について事前に予想していない――を否定するように思われる。ブッシュ大統領と彼のシークレットサービスの行動は、少なくとも第六の観点――それによると、ホワイトハウスはある種の攻撃を予想していた――を含意しているように思わ

れる。

さらに、教室に入る前に世界貿易センターへの最初の激突をテレビで見たというブッシュの発言に関するメサンの推測をもし受け入れるならば、第七の観点――それによると、ホワイトハウスは攻撃の標的とタイミングについての事前知識を持っていた――が示唆される。ブッシュ大統領と彼のシークレットサービスが彼らが攻撃の標的でないことを知っていたように思われる証拠によっても、その観点は示される。

公式説明の反論者たちにとって、ある種の政府による共犯関係があったというこの結論は、九月十一日前後の関連した出来事についての情報によって提供される、より大きな文脈のなかで九月十一日の出来事を見るとき、さらに強力になる。このより大きな文脈は、本書の第二部の主題となるだろう。

第２部　より大きな文脈

第5章

米国政府高官は9月11日についての事前情報を持っていたのか？

公式説明の反論者たちによると、九月十一日の出来事を見るためのより大きな文脈は、公式説明に反する主に四種類の証拠から成るものである。本章では、最初の種類、すなわち、米国政府の高官が攻撃についての情報を事前に得ていたという証拠を検討する。

ブッシュ政権の多くのトップ高官が、九月十一日の出来事はまったく予想されなかったものだと述べた。たとえば、ブッシュの国家安全保障担当補佐官コンドリーザ・ライスは二〇〇二年五月にこう言った。「これらの人々が飛行機を乗っ取って世界貿易センターに激突させるとか、別の飛行機をペンタゴンに激突させるとか、ハイジャックされた飛行機をミサイルとして……使おうと試みるといったことを予測できた人がいるとは思いません(原注1)」。翌月、ブッシュ大統領は国民に向けた演説でこう言った。「私が知るかぎり、九月十一日の恐怖を誰かが防ぐことができたとは思いません(原注2)」。米国上院と下院の情報委員会によって行われた共同調査の最終報告書の要約において支持されているさらなる主張は、米国の国内でのテロリスト攻撃の計画についてのいくつかの兆候はあったが、「二〇〇一年の春と夏において、差し迫ったビン・ラディンの攻撃は海外における米国の権益に対して行われる可能性が強いというのが、情報担当機関内の一般的な見解だった」というものである。(原注3) これらの一般的な主張は、二つに大別できるが、どちらも公式説明の反論者たちによって異議申し立てされている。

こうした［飛行機による］攻撃が起こる可能性は想定外だったのか？

そうした主張のひとつは、誰かが飛行機を武器として使う可能性自体が予想されていなかったというものである。たとえば、国防総省のある高官はこう言ったと伝えられている。「われわれの誰かが大きな飛行機による国内の空からの脅威を想像したとは思いません。誰かがそんなことをじっくり考えたことがあるとは思いません」(原注4)。約一年後、ホワイトハウスの報道官アリ・フライシャーは言った。「攻撃が起こるまで、誰もそんな可能性を想像しなかったと言うのが公平だと思います」(原注5)。

しかし反論者たちが言うのは、それとは逆の証拠がたくさんあるということである。たとえば、一九九三年に、ペンタゴンによって委嘱された専門家のパネルは、飛行機が国家的象徴のような建造物を攻撃するミサイルとして用いられることがありうると示唆している。しかし、この概念は報告書『テロ二〇〇〇年』には公表されなかった。なぜなら、著者のひとりが言うように「われわれは国防総省によってそのことには言及するなと言われた」からである。しかし一九九四年にこれらの専門家のひとりが『フューチャリスト（未来派）』誌に書いた。

世界貿易センターのような標的は、必要な犠牲を提供するだけでなく、象徴的な存在なのでより効果的に大きな衝撃をもたらす。成功の可能性を最大限にするために、テロリスト集団は同時多発的な作戦を構想することがありそうだ。(原注6)

同じ年に、三機の飛行機が武器として使うためにハイジャックされたが、その中にはアルカイダにつながるテロリスト集団が飛行機をエッフェル塔に激突させるという計画もあり、これは幅広く知らされた。一九九五年に、サム・ナン上院議員は『タイム』誌のカバーストーリーで、テロリストが無線で遠隔操縦する飛行機を米国の国会議事堂に激突させるというシナリオを説明した。

一九九五年にはさらに最も重要な発見があり、それは広く報道された。フィリピンの警察が見つけたアルカイダのコンピュータに「プロジェクト・ボジンカ」という計画がデータとして入っており、その計画のひとつは、飛行機をハイジャックして、世界貿易センター、ホワイトハウス、CIA本部、ペンタゴンのような標的に激突させるというものであった。この計画――明らかにハリド・シャイク・モハンメド（後に九月十一日の立案者とみなされた）とその親戚であるラムジー・ユセフ(原注8)によって作成されたものである――は一九九三年の世界貿易センター攻撃を立案した容疑による一九九六年のユセフの裁判（モハンメドも起訴された(原注9)）で再浮上し、アーメドが指摘するところによると、ユセフの有罪判決が出たのは一九九六年九月十一日のことであった。だから九月十一日はその判決の五周年にあたる。[原注10] さらに、トンプソンの報告によれば、二〇〇一年九月十一日の攻撃のあと、フィリピンのある捜査官はこう言った。「あれはボジンカだ。われわれはボジンカのことはみんなアメリカ人に話した。なぜ彼らは注意を払わなかったのだろう?」[原注11]

一九九九年に国家情報会議（ＮＩＣ）——新興の脅威について大統領と米国の情報機関に助言する——はテロリズムについての特別報告書でこう言った。

訳注　ＮＩＣはＣＩＡに属する。

> 一九九八年の米国の巡航ミサイルによる攻撃[訳注]へのアルカイダの予想される報復は、米国の首都におけるいくつかの形態のテロリスト攻撃が考えられる。アルカイダの殉教者軍団による自爆攻撃者たちは高性能爆薬を搭載した飛行機をペンタゴン、中央情報局（ＣＩＡ）本部、あるいはホワイトハウスに激突させることがありうる。[原注12]
>
> 訳注　一九九八年のスーダンへのミサイル攻撃では化学兵器工場という誤情報によってアスピリン工場が誤爆され、スーダンの公衆衛生に打撃を与えた。

特にペンタゴンに関しては、二〇〇〇年十月、職員たちがハイジャックされた旅客機がペンタゴンに激突する可能性に備えるための緊急訓練を行った。[原注13]

要するに、反論者が言うように、そうした飛行機による攻撃の可能性が想定外だったという主張は、明らかに真実に反するのである。

攻撃についての明確な事前警告はなかったのか？

第二の、さらに具体的な主張は、飛行機による攻撃の可能性についての警告はあったが、特に九月十一日に関連した明確な警告はなかったというものである。たとえば、事件の三日後に、ＦＢＩ長官ロバート・ミュラーは言った。「私の知る限り、我が国でこのタイプの作戦が行われることを示す警告の兆候はありませんでした」(原注14)。一年後、彼はまだ主張している。「今日まで、実際のハイジャック犯以外に、米国でこの計画を知っていた人はひとりも見つからなかった」(原注15)。

この主張が受けいれられていることは、上院と下院の情報委員会によって行われた合同調査最終報告書の概要に反映されている。この要旨に報告されている最初の「調査結果」は次のようなものである。

情報諸機関はウサマ・ビン・ラディンと彼のテロリスト活動について大量の貴重な情報を集積したが、二〇〇一年九月十一日に計画された攻撃の時間、場所、詳しい内容を特定できるようなものはなかった。［著者の注釈：彼の名前の綴りの違い(訳注)はアラビア語から英語への翻訳スタイルが異なるためである。］

訳注　表記には「オサマ（Osama）」と「ウサマ（Usama）」がある。米国政府は「ウサマ」を使うことが多い。

実際、先に見たように、この合同調査最終報告書の概要は、情報諸機関はこれらの情報をみて、攻撃は「米国の海外の権益」に向けられるだろうと予想したと言っている。

しかし実際は、反論者たちが主張するように、九月十一日に先立つ数カ月のあいだに、明らかに数多くの特殊な警告があり、二〇〇一年五月までに米国への攻撃についての警告がかつてなく多くなっていた、と報じられている事実を考慮すると、米国の情報諸機関は特別な警戒態勢に入っていたはずである[原注16]。

ＣＩＡ長官ジョージ・テネットの六月二十八日のコンドリーザ・ライスに対する情報概要報告が次のように述べている事実を考慮すると、この警戒態勢はさらに強化されていたはずであったと想定できるだろう。「近い将来、数週間以内に、重要なアルカイダの攻撃が大いにありそうだ[原注17]」。そのような状況において、かなりはっきりした警告がやってきた。

たとえば七月下旬に、タリバンの外務大臣が米国の政府高官に、オサマ・ビン・ラディンが米国の国内で「大規模攻撃」を計画中で、それは切迫しており、数千人を殺すことになるだろうという情報を伝えた[原注18]。その情報が、攻撃は旅客機を使ったものになるだろうということを示していたことは、七月二十六日にＣＢＳニュースが、アシュクロフト司法長官が脅威予測査定（訳注：暴力の危険度を示す予測値。心理学用語）ゆえに、この手の飛行機旅行をとりやめることを決めた――「ＦＢＩも司法省も……脅威は何か、いつ察知されたのか、誰が見つけたのか」については特定しなかったが[原注19]――と報道した事実によって示唆される。

二〇〇二年五月に、脅威予測査定はアルカイダとは関係なかったと主張されたが、ＡＰ通信によると、アシュクロフトはそれについての質問に答える代わりに執務室から出て行ってしまった。『サンフランシスコ・クロニクル』は不満をこう述べている。「ＦＢＩは明らかに何かが今にも起ころうとしていることを知っていた。……ＦＢＩはアシュクロフトに一般の旅客機は使わないようにと助言していたのだ。何も知らないわれわれ国民は、運にまかせるしかなかったというのに」。

ＣＢＳのダン・ラザーは後にこの警告について、こうたずねた。「なぜそれは国民に共有されなかったのだろうか？」(原注20)

八月と九月にはさらなる警告がやってきた。アルカイダに潜入していたモロッコのある秘密エージェントは、ビン・ラディンが一九九三年の爆弾テロで世界貿易センターを倒すことができなかったことに失望していて、「二〇〇一年の夏か秋にニューヨークで大規模な作戦」を計画しているという彼の報告書について討論するため、実際に米国に連れてこられた。(原注21)元ＣＩＡエージェントのロバート・ベアは、ＣＩＡの対テロセンターに、湾岸諸国のある王子の軍事顧問から「目を見張るようなテロ作戦」が起ころうとしていると聞いた、と伝えたと報じられている。(原注22)

さらに、外国のいくつかの情報機関によってもいくつかの警告が与えられたと報じられている。たとえば、ロシアのプーチン大統領が、八月に「私は情報機関に、二五人のテロリストがペンタゴンのような重要な政府機関も含めて米国への攻撃を準備中だと強い言葉でブッシュ大統領に警告するように命じた」と後に述べている。ロシアの情報機関の長官は、こうも言った。いくつかの機会をとらえて、「われわれははっきりと彼らに警告したのだが」彼らは「必要な注意を払わなかった」。(原注23)

警告はまた、ヨルダン、エジプト、イスラエルによっても与えられたと報じられている。(原注24)イスラエルの警告は、九月十一日より数日前のことで、おそらくオサマ・ビン・ラディンとつながっている二〇〇人のテロリストが「大きな作戦を準備している」というものだった。(原注25)

この間の公式な警告のひとつは、広く知られるようになった。それは、英国が提供したメモで、八月六日のブッシュ大統領のための情報概況報告日誌に含まれていた。この警告は、アルカイダが複数の飛行機のハイジャックを伴う米国への攻撃を計画した、と述べていた。ホワイトハウスはこの警告を秘密にし、大統領は九月十一日のあと、いかなる種類の警告も受け取っていないと繰り返し主張した。

しかし二〇〇二年五月十五日に、CBSのイブニング・ニューズは、英国の情報機関から提供されたこのメモの存在を暴露した。コンドリーザ・ライスは、そのメモがわずか一頁半の「曖昧で不明確なものだった」と言うことによって、その重要性を否定しようとした。しかし新聞記事はそれが十一頁におよぶ長さだったと伝えている。(原注26)

報道官アリ・フライシャーは、明確な言葉で「大統領は自爆攻撃者が飛行機をミサイル代わりに使うことについての情報は受けとっていません」と言った。(原注27)しかし数日後、『ガーディアン』は「八月六日のメモは、ハイジャックされた飛行機をミサイル代わりに使うことが意図されていること、意図されている標的が米国の国内にあることについて、ほとんど疑問の余地を残さない」と報じた。(原注28)

政府は何も明確なことは書いていないと主張しながらこのメモの公開を拒んでいるが、その事実は政府の誠実さについて疑問を抱かせている。マイケル・ムーアが問いかけるように、「もし何も明確なことが書いてないのなら、なぜ公開できないのだろうか？」(原注29)

いずれにせよ、もしその情報が九月十一日の出来事は予防可能だったとするにはあまりに一般的すぎると考えられるのなら、さらにもっと明確な情報を株式市場が提供した。反論者たちが指摘するように、情報機関は差し迫る破局の兆候を見逃さないように株式市場の動向を見守っている。そしてちょうど九月十一日の直前の数日間に、モルガン・スタンレー・ディーン・ウィッター――世界貿易センターの二十二階を占めていた――および攻撃で使われた二つの航空会社であるユナイテッド航空とアメリカン航空の株について、極端に大量の「プットオプション」[訳注]の購入が観察された[原注30]。この二つの航空会社について、そして［数ある航空会社のなかで］この二社の株のみについて、「世界貿易センター攻撃に先立つ三日間に取引高が一二〇〇％も増大した[原注31]」。

プットオプションの購入は、株価の急落に賭けることを意味するのであり、この場合は、賭けは莫大な利益をもたらした。『サンフランシスコ・クロニクル』が説明するように、「テロ攻撃に反応して株価が急落したので、オプションの価値は一〇〇倍にもなり、何百万ドルもの利益がもたらされた」。もし単一の投機家集団がこれら三社の数千ものプットオプションのほとんどを購入したのだとしたら、この集団は一〇〇〇万ドル以上の儲けを得たであろう。この異常な投資行動は、「投資家が攻撃についての事前知識を持っていたのではないかという疑惑を提起する[原注32]」。

訳注　プットオプションは金融用語。売り付け選択権。指定期間内の指定価格での売り付け権利。株が暴落しても指定価格で売ることができる。

ここでさらに重要なのは、特にこれらの警告があったことを考慮すれば、この展開を見た情報関係者は、近い将来にアメリカン航空とユナイテッド航空の両社がおそらく世界貿易センター攻撃に使われるだろうということを、インサイダー情報を持つ誰かが知っていたという結論に容易に到達していただろうということだ。そしてアーメドが付け加えるように、情報関係者たちは異常を見つけるために株式市場を見張っていることは間違いないのである。彼は元ロサンゼルス市警察の麻薬捜査官であった調査報道ジャーナリストのマイケル・ルパート[訳注]の次のような発言を引用している。「CIAがテロ攻撃および米国の国益に反するその他の経済的な動きについての潜在的警告として、そのような取引を長年リアルタイムでモニターしてきたことは、文書記録にもよく残っている」。アーメドはこう付け加える。「UPI通信も米国が支援するエシュロン情報ネットワーク[訳注]が株取引を綿密にモニターしていると報じている[原注33]」。

訳注　成澤宗男によると、ルパートは9・11テロについての調査が原因と思われる自宅襲撃と警察の怠慢に恐怖を感じて国外脱出したという。9・11真相調査がらみの米国人の「亡命」はジム・ウォルターに続いて二人目である。『週刊金曜日』二〇〇六年十月十三日号六六頁参照。

訳注　エシュロンは、米国が人工衛星を使って各国の通信情報を傍受しているとされる世界規模情報盗聴システム。情報は英国、オーストラリア、ニュージーランドのような英語圏アングロサクソン諸国の政府と共有される。小倉利丸編『エシュロン　暴かれた全世界盗聴網　欧州議会最終報告書の深層』（七つ森書館、二〇〇二年）などを参照。

この話の興味をそそる脚注は、二〇〇一年三月にCIAのなかでブッシュ大統領によって事務局長に昇格されたA・B・〝バジー〟・クロンガードが一九九八年までドイツ銀行——ユナイテッド航空のプットオプションが購入された主要な銀行のひとつ——の最高責任者だったことである[原注34]。これが意味することは、もちろん、規模と重要性においてマーサ・スチュアートのインサイダー取引（訳注：

二〇〇二～二〇〇四年に世間を騒がせたインサイダー取引事件の被告）にも遜色ないようなインサイダー取引が進行していたかもしれないということである。

いずれにせよ、さらに詳しい情報が電話回線の傍受によって明らかに得られていたと、反論者たちは続ける。九月十一日の直前に、ＦＢＩは「大きなことが起こるぞ」「奴らは代償を払うだろう」といったようなメッセージを傍受したと伝えられている(原注35)。九月九日にある外国の情報機関が米国の情報機関に、傍受したビン・ラディンから母にあてたメッセージを伝えた、と報じられている。そのなかで彼は母に言っている。「二日後にビッグニュースを聴くでしょう。それからしばらくのあいだ私からの音信はなくなりますよ」(原注36)。そして翌日の九月十日、米国の情報機関はアルカイダのメンバーが「明日はわれわれにとって偉大な日になるだろう」と言っている電話の会話を傍受したと報じられた(原注37)。そうした傍受のひとつは国家安全保障局（ＮＳＡ）によってなされたもので、それは夏のあいだモハメド・アタとハリド・シャイク・モハンメド――一九九三年に世界貿易センターが爆破されたプロジェクト・ボジンカと、米海軍コール号の爆破事件の立案者のひとりと考えられている――のあいだの会話をモニターしていた(原注38)。二〇〇一年九月十日の傍受において、アタはモハメドから九月十一日の攻撃の最終的承認を受けたと報じられている。この傍受を報じた『インディペンデント』の二〇〇二年九月十五日の記事によると、傍受内容がアラビア語から英語にいつ翻訳されたのかについての情報は公表されなかった(原注39)。しかし二〇〇一年六月に、米国の情報機関はハリド・シャイク・モハンメドが「米国にテロリストを送ること」に関心を持っていることを知っていたという事実を考慮すると(原注40)、彼から傍受したメッセージの翻訳は最優先事項だったはずだ。

しかし米国の情報機関は後に、九月十一日の二日前に受けた非常に詳しいメッセージはあとまで翻訳されなかったと主張することになる。この主張に関連して、トンプソンが指摘しているように、オリン・ハッチ上院議員が「米国政府高官はビン・ラディンの二人の側近がテロ攻撃の成功を祝福しているのを傍受した」と報告していることは重要である。九月十二日の記者会見で、ラムズフェルド国防長官はハッチ上院議員の暴露——それは米国政府が実際にこれらの通信をリアルタイムで傍受していたことを明らかにしたのだが——に悔しさをあらわにしたと報じられている。(原注41)

明確な情報が傍受されただけでなく、九月十日に翻訳もされたという認識は、その日の『ニューズウィーク』の「ペンタゴンの一〇人の高官が翌日の旅行計画を突然キャンセルしたが、明らかにセキュリティ上の配慮のためであった」という報道によってさらに深まる。(原注42)

この情報を前にすれば、私たちは合同調査の最終報告書のスタンスをより適切に評価できるだろう。その概要は、情報機関の関係者が利用できた情報では「二〇〇一年九月十一日に計画されていた攻撃の時間や場所や特殊な性格は特定できなかった」とのことである。合同調査は明らかに、次のように言うことで、その事実と先に検討した非常に明確と思える情報とを両立させようとした。

「二〇〇一年九月八日から九月十日までに、NSAは差し迫るテロ活動の可能性を示すある種の情報を傍受したのだが、九月十一日よりあとになるまで、翻訳したり広く伝えたりすることはしなかった」。(原注43)しかしこの結論が国家安全保障会議（NSC）メンバーの証言以外の証拠にもとづいているかどうかを知ることは、興味があろう。また合同調査が九月十日に「ペンタゴンの一〇人の高官が翌日の旅行計画を突然キャンセルした」のはなぜかを説明しようとしたかどうかを知ることも、興味があろう。そして九月八日に先立つ多くの非常に詳しい報告を考慮すれば、ＮＳＡが九月八日から九月十日までに傍受した警告を翻訳したり広く伝えたりすることをなぜしなかったのかを——言い換えると、そうしなかったという主張が信じられるものかどうかを——尋ねたかどうかも。

いずれにせよ、アーメドは、米国政府高官は攻撃についての明確な情報を事前に得ることはなかったというコンドリーザ・ライス国家安全保障担当補佐官の発言に言及して、それは「あからさまな嘘だ」と結論する。（原注44）ミシェル・チョスドフスキーは、ブッシュ政権のメンバーが攻撃について事前に知っていたかどうかについての議論に言及して、こう言う。「もちろん彼らは知っていたさ！」——そして「アメリカ人は意識的に意図的に欺かれたのだ」と付け加えた。（原注45）

公式説明の反論者たちは、これらの結論を支持すると思える証拠を確かに提供している。本章で示した材料は、少なくとも、序論で示した八つの可能性のうち最初の二つの可能性——それによると、米国の情報機関は攻撃についての明確な情報を持っていなかった——を否定するさらなる証拠を提供している。さらに、この証拠のあるものは、最初の六つの可能性——それによると、少なくともホワイトハウスは差し迫る攻撃についての明確な知識を持っていなかった——を除外するように思われる。したがって、第七と第八を除くすべての可能性は、本章で要約された証拠がさらなる精査に耐える限りは、除外されるように思われる。

政府の共犯性についての累積的な証拠は、九月十一日についての公式説明の反論者たちが信じているように、テロ計画を暴露したかもしれない調査を、米国政府高官が積極的に妨害したという証拠を含めると、さらにいっそう説得力のあるものとなるだろう。

第6章　米国政府高官は九月十一日の前に調査を妨害したのか？

前章で論じたいくつかの警告についての情報が外部に漏れたとき、米国政府高官たちは、いつもたくさんの情報が入ってくるので、重要な情報を「雑音」——虚偽あるいは些細なことだと思われるすべての情報——から識別するのはしばしば難しいと主張することで、これらの警告の重要性を否認した。九月十一日のような破局的事態が起こったあとで、それに関連するわずかばかりの情報をとりあげ、「点を線につなげて全体像を描くことができたはずだ、と後になってから主張することは不公平だ」と政府高官は言った。

しかし、反論者たちが言うように、たとえそうした主張が前章で論じたような警告を却下するために用いられるのは正当だとしても（反論者たちは正当でないと主張するが）、もし政府機関が意図的にアルカイダおよびそれにつながる個人の調査を妨害した証拠があるならば、それは政府の共犯事実を強く示唆するであろう。彼らが主張するように、そうした証拠は存在する。

オサマ・ビン・ラディンとアルカイダの捜索は手ぬるかった

反論者たちが言うように、九月十一日についての公式説明を疑う主な理由のひとつは、ビン・ラディンを殺すか捕まえるためにできるあらゆることをやるのとはほど遠く、米国政府高官は機会がある度に繰り返し捕捉に失敗したという証拠である。アーメドとトンプソンが掘り出したエピソードのいくつかを要約しよう。

一九九八年十二月にCIA長官ジョージ・テネットは情報諸機関に「われわれは戦争状態にある」という覚書を回覧し、「CIAの内部であろうと情報機関全体であろうと、この努力のためにはいかなる資材や人材の投入も惜しむものではない」と付け加えた。しかし後に、予算や人員に何ら変更はなかったし、この覚書のことを聞いたFBI捜査官はほとんどいないことが、連邦議会の合同調査でわかった。(原注1)

二〇〇〇年十二月二十日に対テロ専門家であるリチャード・クラークは、米海軍コール号の爆破事件（十月に起こった）への対応としてアルカイダに「巻き返し」をする計画を提出した。クラークの計画の主な内容は、ビン・ラディンの聖域を一掃するために、アフガニスタンでの秘密作戦を劇的に増大させることであった。クリントン政権は、数週間後にブッシュ政権が引き継ぐという理由で、その計画を次の政権に先送りした。しかし一月にブッシュ政権はその計画を拒否して、何の措置もとらなかった。(原注2)

ＡＢＣニュースが報道したストーリーによると、ジュリー・シアーズという［ペンダゴンの］国防情報局（ＤＩＡ）のエージェントが、二〇〇一年に二回アフガニスタンへ旅行した。彼女の最初の旅行では、北部同盟の指導者アーメド・マスードに会った。(原注3) 第二の旅行では、後に「宝のように貴重な情報」と彼女が呼んだもの——ビン・ラディンがマスードを暗殺しようと計画している証拠を含む——を持ち帰った（そして第八章で論じるようにマスードは実際に九月九日に暗殺された）。しかし彼女は空港で警備員に止められ、彼女の荷物は押収され、その後ＤＩＡとＦＢＩが彼女を尋問した。しかし情報機関のいかなる高官も彼女がアフガニスタンで知ったことを聴きたがらなかったと彼女は言った。最後に彼女の機密取扱者としての人物調査が実施され、彼女はＤＩＡを辞職した。(原注4)

国連のロシア政府代表部はビン・ラディンと彼の居場所についての「前例のないほど詳細な報告書」を国連安全保障理事会に秘密裏に提出したが、そのなかには「ビン・ラディンのすべての基地、彼の政府との接触や外国人顧問のリスト」が含まれ、彼らの言うところでは殺すのに十分な情報だった。しかしブッシュ政権は何の行動もとらなかった。『ジェーン情報レビュー』の編集者であるアレックス・スタンディッシュは後に九月十一日の攻撃は情報機関の失敗ではなく、「ビン・ラディンを倒すために行動しないという政治的決定」の結果だと結論することになる。(原注5)

二〇〇一年夏までにオサマ・ビン・ラディンはアメリカの「最も優先順位の高いお尋ね者」になっており、彼には五〇〇〇万ドルの報奨金がかけられていて、米国政府は彼を殺そうとしていたと想定されていた。しかし七月、ヨーロッパの最も信頼される情報源『フィガロ』紙ほかのいくつかによる報道では、ビン・ラディンは（アラブ首長国連邦の）ドバイにあるアメリカン病院に二週間入院していた。アメリカ人の外科医テリー・キャラウェイ博士に治療されていたことに加えて、サウジアラビアの情報機関の長官の訪問を度々受け、そして七月十二日にはその地域のCIAエージェントであるラリー・ミッチェルの訪問を受けたと報じられている。その報道はCIA、病院、そしてビン・ラディン自身によって否認されたが、キャラウェイ博士はきっぱりとコメントを拒否し、報道機関はこのストーリーの立場を堅持している。[原注6]

「この爆弾的ニュースはヨーロッパでは広く報道されたが、米国ではほとんど報道されていない」とトンプソンはコメントしている。[原注7]この話が十一月に報道されたとき、チョスドフスキーは、ビン・ラディンを見つけることは「干し草の山で針を探すようなものだ」というラムズフェルド国防長官のコメントを引用して、こう言った。「しかし米国はこの前の七月にドバイで彼の逮捕と引き渡しを命じることができたはずだ。そうしたら、戦争をする口実を失っていただろう[原注8]」。

ブッシュ、ビン・ラディン、サウジ王家の知られざる関係

公式説明の反論者たちによって提起された深刻な疑問点のひとつは、ブッシュ政権、オサマ・ビン・ラディン、サウジ王家の実際の関係が大衆のイメージと違うのではないか、ということだ。この疑問にはいくつかの根拠がある。第一に、ビン・ラディン家――サウジアラビアで最も財産を持ち、最も影響力のある家族のひとつ――とブッシュ家は二十年以上にわたりビジネスの関係があったということである。[原注9]第二に、オサマ・ビン・ラディンは一族の厄介者で、テロ行為ゆえに勘当された――

「善良なビン・ラディン一族が「悪いビン・ラディン」と明確に区別できるように――と説明されてきたのだが、オサマの一族との密接な関係[訳注]は継続しているという証拠がたくさんある。[原注10]第三に、オサマ・ビン・ラディンがアメリカの親密な同盟国であるサウジアラビアから秘密の援助を受け続けているという証拠がある。[原注11]第四の根拠は、九月十一日の直後に、米国政府がサウジ政府と連携して、ビン・ラディン一族の多くのメンバーの米国からの出国を助け、全米規模の飛行禁止が解除される前に彼らが乗るジェット機の飛行許可さえ出したことである。[原注12]疑惑の第五の理由は、下院と上院の情報委員会による九月十一日に関する共同調査の最終報告書が二〇〇三年に公表されたとき、政府は二八頁ほどの削除を主張したが、それは主としてサウジアラビアとの関係に関する部分だったと報道されている。最後に、公表されたハイジャック犯の大半がサウジアラビア国籍だったという単純な事実がある。

訳注　たとえば二〇〇〇年にオサマの息子の結婚式にビン・ラディン一族の人たちが出席している映像は有名で、二〇〇四年九月十一日にテレビ朝日系で放映されたビートたけし司会の「九・一一テロ　七つの謎」でも紹介された。

さらに、信頼できる人々の報告が、サウジ政府とオサマ・ビン・ラディンとアルカイダの関係が継続しているという疑惑の根拠を補強する。

二〇〇一年八月二十二日に対テロ専門家のジョン・オニール――米国政府で「オサマ・ビン・ラディンと彼のアルカイダ・テロ・ネットワークの最も献身的な追跡者」であると言われた――がＦＢＩを辞職し、彼のアルカイダ調査に対する上層部の度重なる妨害に言及している。[原注13]前の月、ＦＢＩの幹部のひとりであったオニールは、ホワイトハウスからの妨害に不満を述べ、アルカイダ調査に対する主要な障害物は「米国の石油権益とサウジアラビアの役割だ」と言っていたと報じられた。彼はそれからこう付け加えた。「すべての回答、オサマ・ビン・ラディンの組織を解体するのに必要なあらゆるものは、サウジアラビアで見つけられる」[原注14]。アーメドがコメントしているように、オニールの評価をタリク・アリも支持しており、彼は次のように書いている。「ビン・ラディンと彼の徒党はワッハーブ派[訳注]という蛸の触手にすぎない。頭部はサウジアラビアにあって、米軍に守られ安泰である」[原注15]。

訳注　ワッハーブ派はムハンマド・ブン・アブド・アルワッハーブ（一七〇三～九二）が唱道した復古主義的教派。コーランを尊重し、イスラムの原点に回帰することを目指す。サウジアラビアの国教。

サウジアラビアに焦点をしぼった真剣な調査が必要だろうという考えは、興味深いことに、最近ではジェラルド・ポスナー――ほとんどの点で九月十一日についての公式説明を支持する本の著者――によって支持されている[原注16]。米国政府内の匿名だが独立した二人の情報源が提供した情報にもとづいて、ポスナーはサウジアラビア人アブ・ズバイダ――アルカイダの幹部のひとりで、二〇〇二年三月下旬にパキスタンで逮捕された――に対する米国の尋問について報告している。チオペンタール・ナトリウム[訳注]（商品名ペントタール・ナトリウム）の助けを借りた尋問は、サウジアラビア人を装った二人のアラブ系アメリカ人によって行われた。同郷の人間が一緒にいると信じて安心したためか、ズバイダはとても多弁になった[原注17]。

訳注　チオペンタールは麻酔薬、睡眠薬である。

助かることを期待して、ズバイダはアルカイダのメンバーとして、サウジアラビアの高官のために働いてきたと主張した。尋問者に彼の主張を確認させようとして、彼はファハド国王の甥であるアーメド・ビン・サルマン・ビン・アブドルアジズ王子（巨大な出版帝国の会長であり、ケンタッキー・ダービーの優勝馬であるワーエンブレムを生んだサラブレッド・コーポレーションの創設者）を呼んでくれと言った。ズバイダは暗記しているアーメド王子の電話番号さえ言った。彼の尋問者が九月十一日はすべてを変えた、だからアーメド王子はもうアルカイダを支持しないだろうと言うと、ズバイダは「9・11は何も変えないだろう、なぜならアーメド王子は事前に九月十一日にアメリカが攻撃されることを知っていたから」と語った。ズバイダはまた、彼の主張を確認してくれる他の二人のファハド国王の親族――スルタン・ビン・ファイサル・ビン・トゥルキ・アル・サウド王子とファハド・ビン・トゥルキ・ビン・サウド・アル・カビル王子――の電話番号も記憶にもとづいて言った。

四カ月もたたないうちに、ズバイダが言ったことは本当かもしれないと、ポスナーに示唆するような出来事が起こった。ズバイダが名前をあげたサウジ人三人が八日間のうちに死んだ。七月二十二日にアーメド王子が四十三歳で死んだが、死因は心臓発作と伝えられている。翌日、スルタン・ビン・ファイサルが四十一歳で死んだが、自動車一台の事故であったと報じられた。そして一週間後、ファハド・ビン・トゥルキ王子が二十一歳で死んだが、「渇水で死んだ」と報じられた。(原注18)

ズバイダはまた、オサマ・ビン・ラディンとトゥルキ・ビン・ファイサル王子――サウジの情報機関の長――のあいだの数回の会談に同席したことがあるとも語った。そのなかにはトゥルキ王子が、サウジがタリバンへの支援を続けること、アルカイダがサウジ王国を攻撃しないという約束を守る限りはオサマの引き渡しを要求しないことを約束したカンダハルでの一九九八年の会合も含まれる。しかしトゥルキ王子――九月十一日の十日前にサウジの情報機関の長を解任され、その後サウジの英国大使になった――は自分についてのこの証言を何とか切り抜けた[原注19]。

いずれにせよ、サウジ王家、オサマ・ビン・ラディン、アルカイダのあいだのこうしたつながりについての説明は、アメリカがビン・ラディンの捕捉に失敗したことがサウジ王家、ビン・ラディン家、ブッシュ政権のあいだの親密な関係とかかわりがあるかもしれないことを示唆する。調査報道ジャーナリストであるグレゴリー（グレッグ）・パラストとデヴィッド・パリスターの報告によると、米国の情報エージェントは、ビン・ラディン家のメンバーについての十分な調査の遂行を政治的理由で阻止されてきたことについて長年不満を持っており、ブッシュ政権が成立して状況はさらにひどくなったこと、ビン・ラディン家およびサウジ王家の他のメンバーにかかわる調査から手を引けと言われたことを語っている[原注20]。

パラストはあるインタビューでこの点を強調して次のように述べている。「真珠湾以来最大の情報機関の失敗のように見えるものがあったことは間違いありませんが、私たちがいま学んでいるのはそれが失敗ではなく、公式の指示だったということです[原注21]」。この結論はアメリカのある情報エージェントの次の発言によって裏付けられる。「ビン・ラディン家についてのある調査は事実上抹殺された[原注22]」。

しかし、調査が息の根を止められたと報じられたのは、ビン・ラディンと彼の家族についてだけではなかった。アーメドとトンプソンは、有望な手がかりについての調査が明らかに妨害されたか、着手さえされなかった他のいくつかの事例を指摘している。これらの事例は、九月十一日の攻撃は残念だがやむをえない情報機関の失敗によるものだという合同調査の結論と特に関連がある。情報諸機関は彼らが認めているよりも多くの警告を受けたと指摘しながらも、合同調査は彼らがいくつかの重要な手がかりを見逃したけれども、「それらは人々が単純に状況に圧倒されているときには起こるような種類の見逃しだった」と言うことによって、部分的に彼らを免責している。(原注23) 次のような事例のいくつかにおいて、現場のエージェントは明らかに、圧倒されたというよりは提案を却下されたのだ。

フェニックスのＦＢＩ捜査員の警告を無視

二〇〇一年七月十日にフェニックス（訳注　アリゾナ州の州都）のＦＢＩエージェント、ケン・ウィリアムズは、いまではよく知られているメモをＦＢＩ本部の対テロ部門に送り、飛行訓練を受けている中東系の男性の集団にかかわる疑わしい活動について警告した。ウィリアムズは二〇〇〇年に彼らの調査を始めていたが、二〇〇一年の初頭にある放火事件の捜査への配置転換を命じられた。それを見ていたフェニックスのある退職したＦＢＩエージェントは、九月十一日のあとでミュラーＦＢＩ長官に手紙を書いて次のように尋ねた。「なぜ最良のテロ捜査官を任務から引き離して放火事件を担当させたのですか？」

ウィリアムズが飛行学校の捜査に戻されたのはわずか一カ月間だけだったが、そのとき彼はメモを書いて「ビン・ラディンの部下がテロ目的で飛行訓練を受けているかもしれない」と示唆し、疑わしい飛行学校学生を追跡する全国プログラムを進言した。しかしＦＢＩ本部はそうしたプログラムを

採用しなかった。(原注24)

ミネアポリスでＦＢＩの捜査を妨害

二〇〇一年八月中旬に、ミネアポリスの飛行学校のスタッフが、その地域のＦＢＩ事務所に電話をして、ザカリアス・ムサウィ――ボーイング七四七型機のシミュレータで訓練を受けるための授業料を払っていた――が本物の七四七を「武器として」使おうとしている疑いがあると報告した。(原注25)ミネアポリスのＦＢＩエージェントがムサウィを逮捕して、彼の周りに多くの疑わしいものを発見したあと、彼らはＦＢＩ本部に彼のラップトップ・コンピュータとその他の所有物を調査するための捜査令状を求めた。しかし、ＦＢＩ本部はムサウィについての追加情報をフランスから受け取ったにもかかわらず――フランスの政府高官によると、彼が脅威であることをはっきりと示していた(原注26)――ＦＢＩ高官は「その情報はコンピュータの捜査令状を正当化するにはあまりにも漠然としている」と述べた。(原注27)

しかしミネアポリスのエージェントは、フランスの情報資料に目を通していたので、「怒り狂い」、あるエージェントはムサウィが「飛行機を世界貿易センターに突っ込ませるかもしれない」と推測していた。(原注28)「コンピュータのラップトップを調査しようと必死」だったので、ミネアポリスのエージェントはＦＢＩ本部を通じて外国諜報活動監視法（ＦＩＳＡ）にもとづく捜査令状を請求した。その令状は認可されるはずであった。なぜなら、過去においてその担当者は、ほとんどすべての請求を認可していたのだから。(原注29)

しかしＦＢＩ本部で、その請求が急進的原理主義者担当部門（ＲＦＵ）に送られ、そのエージェントのひとりは「ムサウィのことで人々を騒がせた」とミネアポリスのＦＢＩの責任者を批判した。しかしこの責任者にＲＦＵの長が受け取っていたフェニックスのケン・ウィリアムズからのメモについては伝えなかった[原注30]。ミネアポリスの請求はそれからＲＦＵのエージェント、マリオン・「スパイク」・ボーマンのもとへ送られた。ボーマンは、ムサウィがチェチェンの反乱集団を通じてアルカイダにつながっているという証拠を隠滅する手段をとって、「スパイク」というニックネーム[訳注]にかなう行動をとったのだ。それからＦＢＩ副部長会議は、この変更された請求にもとづいて、捜査令状を求めるにはアルカイダとのつながりが不十分だと判定し、請求を外国諜報活動監視法の手続きに回すことさえしなかった[原注31]。

訳注　spikeには終わらせる、使えなくする、の意味もある。

ミネアポリスのＦＢＩの法務担当官コリーン・ローリーは尋ねた。「なぜＦＢＩが意図的に捜査を妨害するのだろうか？」ミネアポリス事務所の他の捜査官たちは、請求を阻止した本部の連中は「オサマ・ビン・ラディンのために働いているスパイか二重スパイに違いない」と冗談を言い、ある捜査官は「ＦＢＩ本部が失敗のお膳立てをしていた」と結論した[原注32]。

何が起こったかについてのこの説明を合同調査の最終報告書の概要のなかの「調査結果」と比べてみることは興味深い。それによれば「急進的原理主義者担当部門と国家安全保障法部門を含むＦＢＩ本部の担当官は、ミネアポリスの現地捜査官と同様に、外国諜報活動監視法（ＦＩＳＡ）のもとで命令を得るための法的基準を誤解し」「ＦＩＳＡの手続きは長くかかり、差し迫った危険に対して対応できないというイメージを持っていた」と言っている。この調査結果によると、ＦＢＩによる妨害はなく、いたるところに――ミネアポリスにさえ――誤解があっただけだということになる。

コリーン・ローリーの前述の痛烈なメモが公的に記録されてから何カ月もたって、この報告書が公表された事実を考慮すると、いかにして合同調査はミネアポリスの捜査官たちが混乱していたと考えることができたのか、理解に苦しむ。

いずれにせよ、ミネアポリスのＦＢＩ捜査官たちは九月十一日の攻撃のあとまで、ムサウィのコンピュータやその他の私物を調査することができなかった。(原注33) その調査のあと、ＦＢＩの元副長官はコンピュータには「九月十一日に関して……何も重要な情報は含まれていなかった」と述べたが、『ワシントンポスト』は連邦議会下院の調査担当官が「ザカリアス・ムサウィの所有物のなかで未調査であった証拠は、以前に想定されていたのよりもさらに貴重なものだった」、というのはそれが彼を「ＣＩＡが活動を監視していたハンブルグの主なハイジャック計画集団」と「マレーシアのアルカイダ関係者に」結びつけるものだったからである、と発言しているのを引用した。(原注34)『ニューヨーク・タイムズ』は「ムサウィの事例はなぜ連邦捜査局（ＦＢＩ）とその他の諸機関がハイジャックを阻止しなかったのかについて、新しい疑問点を提起した」と結論した。(原注35)

九月十一日の三日後、ＦＢＩのミュラー局長――ごく最近このポストに任命されたばかりであった――は前に引用した次のような発言をしている。「私の知っている限りにおいて、国内での作戦を示すような警告の兆候はありませんでした」。コリーン・ローリーおよび他のミネアポリスの捜査官たちは彼の事務所に連絡して、ムサウィの事例を伝え、彼の公的発言を修正させようとしたのだが、ミュラーは二〇〇二年五月八日の上院公聴会での「攻撃を予想あるいは防止するために局［FBI］にできることはなかった」という証言も含めて、同様の発言を繰り返した。(原注36)

しかしこの公聴会の報告書によると、ミュラーは最終的に、九月十一日の一カ月前に、あるFBIの捜査官が「ハイレベルの会合でムサウィがニューヨークの世界貿易センターに飛行機を激突させることができるように飛行訓練を受けているのかもしれない」と推測したことを認めなければならなかった。(原注37)二週間後、ローリーはムサウィの事例についてのFBIの扱いに関して書いた長いメモを公表したが、『タイム』誌はそれを「われわれの主要な法執行機関の重大な怠慢を告発したもの」と呼んだ。(原注38)このメモが公表されたあと、ミュラーは自分のスタンスを少し修正して、こう言った。「われわれをハイジャック犯に導くような何かの手がかりに出会える可能性がなかったと断言することはできない」。(原注39)

シカゴでFBIの捜査が妨害されたこと

一九九八年にFBI捜査官のロバート・ライトは、一九九八年の米国大使館爆破事件に使われた資金がシカゴに住むサウジの百万長者から来たかもしれないと疑って、シカゴのテロリスト組織を追跡し始めた。二〇〇一年一月に、この捜査が重要性を増しているという確信があったにもかかわらず、彼はその捜査はおしまいだと言われた。

六月、彼は内部メモを書いて、FBIはテロ攻撃を防ごうとするよりもむしろ、「テロ攻撃が起こ

ったときに誰を逮捕すべきかを知るために情報を集めているだけではないのか」と告発した。(原注40)

二〇〇二年五月、ライトはこの事情についての著書を出版するのを許可しなかったことでＦＢＩを告訴すると発表した。彼の調査を妨害した上司たちの行為を描いた表現のなかには、「阻止した」「邪魔した」「妨害した」「脅した」「恫喝した」「仕返し」などの言葉がある。(原注41)

後のインタビューで、彼が調査している案件は「眠っている犬はそのままにしておいたほうがいい」ので打ち切りになったと言われたと報告し、彼は言った。「犬は眠っていたのではなく、訓練されていた。準備していた。……九月十一日はＦＢＩの国際テロ部門が無能力だったために招いた直接の結果だ」。

シカゴの連邦検察官マーク・フレスナー——彼もこの案件を調査していた——は明らかに無能力以外の何かの要因がかかわっていると考え、「司法省やＦＢＩ内部に私より大きな力があって、刑事事件の立件をさせなかったのだ」と言っている。(原注42)

ニューヨークでＦＢＩの捜査が妨害されたこと

二〇〇一年八月二十一日にニューヨークのＦＢＩ事務所は、ハリド・アルミドハル——後にハイジャック犯のひとりとして名前をあげられることになる——が米海軍コール号の爆破事件に関与していたに違いないと考えて、ＦＢＩ本部に犯罪捜査の着手を許可するよう説得しようとした。しかしニューヨークの要請は、機密情報を考慮せずにアルミドハルをコール号爆破事件の調査に結びつけることはできないという理由で却下された。あるニューヨークのＦＢＩ捜査官は次のような電子メールで欲求不満を表現している。「これに関連して何が起ころうと――いつか誰かが死ぬだろうが――われわれがなぜもっと効果的に動けなかったのか、市民は理解できないだろう。そのときには、ＦＢＩの国家安全保障法部門にこの決定の責任をとってもらおうじゃないか。いまの時点でわれわれにとっての最大の脅威であるはずのＵＢＬ［ウサマ・ビン・ラディン］は彼らによって最大の保護を受けているのだからね（原注43）」。

スパイへの正当な処置

シベル・エドモンズとキャン・ディッカーソンの二人は、九月十一日のあとで翻訳官としてＦＢＩに雇用された。エドモンズはまもなく彼女の上司に、ディッカーソンがＦＢＩの調査を受けている特定の外国組織のためにかつて働いていたこと、そしてディッカーソンがこの組織に関する極秘内容の情報を誤訳したり、まったく翻訳しなかったりすることがあることを伝えた。

エドモンズはさらに上司に、この外国組織のためにスパイとして働くことを拒んだために、ディッカーソンが彼女を脅迫したことも伝えた。しかし、エドモンズはＦＢＩが彼女の苦情に対応しなかったと報告している。

彼女は一度ならず苦情を言い、三月には司法省の監察官に手紙を書いたが、その後まもなく解雇された。彼女は内部告発したから解雇されたのだと主張して、提訴した。

十月にミュラーFBI長官の要請で、アシュクロフト司法長官は「合衆国の対外政策と国家安全保障上の権益を守るための国家機密の特別扱い」を理由に、エドモンズの提訴を却下するように裁判官に求めた。(原注44) もちろん反論者たちは、FBIが調査している外国組織のスパイが、その調査を妨げているという主張を無視することによって、どうして米国の国家安全保障が守られるのか、不思議に思っている。

スキッパーズとFBI捜査員対米国政府

二〇〇一年九月十三日にデヴィッド・スキッパーズ弁護士――一九九八年に米国下院司法委員会の主任調査顧問をつとめ、一九九九年にはクリントン大統領の弾劾の主席検察官をつとめた――は、アシュクロフト司法長官にFBI捜査官から入手した情報にもとづくニューヨークのマンハッタン攻撃計画について、その六週間前に警告を試みた、と公言した。この声明およびその後の声明において、スキッパーズはその攻撃の日時と標的、およびハイジャック犯の名前と資金源が何カ月も前にこれらの捜査官たちにはわかっていたと述べた。スキッパーズはさらにFBIがその調査を妨害し、そして、この情報を公表したら捜査官たちを訴追すると脅したと主張した。そのとき、スキッパーズはさらに、その捜査官たちが彼に、この攻撃を阻止するための措置を政府にとらせるよう政府に彼の影響力を行使してほしいと頼んだと述べた。その努力に失敗したので、スキッパーズは連邦政府に対する捜査官の訴訟で代理人を引き受けることに同意した。その裁判では、もし法廷に召喚されるなら、捜査官たちは訴追のおそれなしに証言できるであろう。

この訴訟ゆえに、スキッパーズは公益法律事務所の司法ウォッチ（Judicial Watch）――この事件では彼に協力してくれた――と同様に、利害関係のない証人ではなくなっている。しかしスキッパーズの申し立ては、アーメドが指摘するように、保守系雑誌『ニュー・アメリカン』に掲載されたウィリアム・ノーマン・グリッグの記事によって裏付けられた。グリッグは三人のＦＢＩ捜査官にインタビューして、彼らが「スキッパーズに提供した情報は、九月十一日以前から局［ＦＢＩ］のなかでは広く知られていたものだった」ことを確認したと書いた。彼らのひとりは、ＦＢＩの現場の捜査官の一部が――彼らは「最も経験ある捜査官」である――「九月十一日に起こることをほとんど正確に予測した」と言ったと報じられた。彼はまた、「これらの警告がワシントンによっていかに無視されたかは、局中で広く知られている」とも述べた。(原注46)

これらの報告は、前章で言及したように、［上院と下院の］合同調査が、情報諸機関が得た情報はどれも「二〇〇一年九月十一日に計画された攻撃の日時、場所、詳しい内容を特定できるものではなかった」と結論できたことを、いっそう不思議に思わせるものである。米国の少なくともひとつの情報機関は、この種の非常に詳しい事前知識を持っていたように思われる。

ビザと監視対象リストにかかわる違反

九月十一日の直後から、ハイジャック容疑者についての多くのおかしなことが知られるようになった。たとえば、首謀者とみなされたモハメド・アタは、二〇〇一年に三回も米国への再入国を許された。彼のビザの有効期間は二〇〇〇年に切れていて、飛行訓練を受けることはビザの取得条件違反であり、テロ組織とのつながりが知られており、ＦＢＩの監視を受けていたにもかかわらず、なのだ。さらに、明らかに五〇人以上の人々が九月十一日の計画に関与していたと報じられた。これらの事実を見て、メディアの正確さを求める会（ＡＩＭ）は論評で次のように批判した。

しかし共謀者たちは妨害されずに計画を進めた。驚くべきことは、これらの人々がどれほど安全だと感じており、法律に脅かされることもなかった、ということだ。彼らの出入国は妨げられることはなかった。彼らの一部はいわゆる「監視対象リスト」に載っていたというのに。……それでも何の問題もなかったのだ。(原注47)

もちろん反論者たちは、無能力以外の何か別の要因でこうした状況を説明できるのではないかと疑っている。

ハイジャック犯の本当の身元の問題

厳密にいうとこの問題は本章に属するものではないが、なぜ私が「ハイジャック犯」に「容疑」という形容詞をつけるのかを、説明すべきであろう。九月十一日について答が出されていない疑問点のひとつは、ハイジャックが本当にあとで名前をあげられた人々によって行われたのだろうか、ということである。

攻撃の少しあと、新聞に掲載された記事は、ＦＢＩによって九月十一日のハイジャック犯と特定された男たちのうちの少なくとも五人がまだ生きており、この話は盗まれた身分証明書の報告によって裏づけられている。(原注48)

メサンが報告しているように、ワシントンのサウジ大使館は、アブドルアジズ・アル・オマリ（世界貿易センターのノースタワーに激突した第一一便を操縦したとされている）、モハンド・アル・シェフリ、サレム・アル・ハズミおよびサイード・アル・ガムディはいずれも生存しており、サウジアラビアで暮らしていると言った。メサンはまた、五番目のハイジャック容疑者、ワリード・Ｍ・アル・シェーリが「ロンドンで発行されているアラビア語日刊紙『アル・カド・アル・アラビ』のインタビューに応じた」と言っている。(原注49)

ある報告は、「自爆攻撃部隊の全員がペテン師である可能性を捜査官たちが調査中である」とさえ言っている。(原注50)しかし、ＦＢＩ長官ミュラーは、後にこう主張した。「この時点でわれわれは、犯人のハイジャック犯一九人を確実に知っている」。(原注51)トンプソンは「しかし名前と写真の多くが間違っていることがわかっている」と言う。「もしわれわれが彼らの本当の名前を知ったときには、たぶん都合の悪い事実が出てくるであろう」。(原注52)

公式説明――それによるとハイジャック犯たちは「原理主義的」イスラム教徒であった――について の疑いを引き起こした別の報告は、二〇〇一年五月から八月までに、モハメド・アタを含む何人かのハイジャック容疑者が、ラスベガスを少なくとも六回訪れ、そのあいだアルコールを飲み、ギャンブルをし、頻繁にストリップを見学し、そこでラップダンスに興じた、と報じられていることである。（原注53）これは本当の原理主義的な信仰者が神に会う自爆攻撃の直前にとるような振る舞いだろうか？

　ハイジャック容疑者をこのフライトに結びつけるための証拠が、当局によって仕組まれたことを疑わせる理由もある。たとえば九月十一日に当局は、アタのバッグのうちの二つ——第一一便に積み忘れたもの——を発見した。これらのバッグにはボーイングの飛行機のフライトシミュレーションのマニュアル、コーラン一部、宗教的なカセットテープ、他のハイジャック犯の精神的準備についてのノート、アタの遺言、パスポート、国際自動車運転免許証を含むさまざまなものが入っていた。『ニューヨーカー』誌のレポートはのちに次のように書いている。

> 捜査官の多くは、テロリストの身元確認と準備について発見された当初の手がかりのいくつかは——飛行マニュアルのように——発見されることを意図したものだと信じている。情報機関の元高官が私にこう言った。「残されていた痕跡はみんな、ＦＢＩが追跡するように意図的に残されていた」。

　トンプソンが問いかけるように、なぜアタは「破壊されることがわかっている飛行機のなかへ」遺言を持ちこもうとしたのだろうか？（原注54）　また九月十一日の翌日に世界貿易センターから数ブロック離れたところで、ハイジャック容疑者のサタム・アル・スカミのパスポートが発見されたのもおかしなことだ(原注55)。ある新聞――パスポートがアタのものであると広く、しかも間違って報道された事実を考慮している――は、「アタのパスポートが火災地獄から逃れて焦げもせずに発見されたという話そのものが、そもそも信じ難い」と言った(原注56)。

これらの話は、九月十一日に起こったことについての真実は、私が前の各章で引用した証拠によって示唆されるよりもさらに公式説明から隔たっているかもしれないことを示している。たとえばメサンは、「西側世界の敵というイメージを引き出すために、ＦＢＩがハイジャック犯のリストを捏造したのではないか」と提起している(原注57)。しかしこの疑問点はそれ以上追わないことにしよう。

本章は、三つ目のありうる可能性よりも弱いいかなる立場をも除外するさらなる証拠を、明らかに提供している。なぜなら、少なくともひとつの米国政府機関――ＦＢＩ――が策謀についての明確な事前知識を持ち、この策謀が発見されるのを防ぐために意図的な措置をとったと思われるからである。

ＦＢＩの元特別捜査官であるタイロン・パワーズが、次のように言っていることをアーメドが引用している。「情報諸機関の中では、もし意思決定者の頭のなかで、より良い結果をもたらすとみなされるなら、ときには内部ダメージを与える行為も許される」。グリッグが『ニュー・アメリカン』の記事でインタビューしたＦＢＩの捜査官のひとりはこう言った。「これにはわれわれに見えるよりも重大なものがあるのだろう。……明らかに、人々は知らねばならなかった。……これを考えるのは恐ろしいことだが、これは何か他の重要な目的の一部として、起こることを許されたに違いない」(原注58)。公式説明の反論者たちは、この重要な目的が何であるかについて、いくつかの考えを持っている。

第７章
米国政府高官には九月十一日を黙認する理由があったのか？

米国政府がアフガニスタンとイラクで行った戦争は、「対テロ戦争」の一環とされてきた。言い換えると、これらの戦争は九月十一日のテロ攻撃に対する報復として正当化されてきた。しかし、公式説明の反論者たちは、これらの戦争はテロ攻撃よりずっと前から、ブッシュ政権の主要な行動計画に実際にあったものだと言う。さらに、これらの戦争はもっと大きな政策（アジェンダ）の一部であったと彼らは主張している。

九月十一日に先立つアフガニスタン攻撃計画

アフガニスタンについてアーメドは、様々な資料にもとづいて(原注1)「タリバンに対する米国の政策の大きな変化に対応して、アフガニスタンへの軍事侵攻は九月十一日よりずっと前に計画されていた(原注2)」

ことは公的記録になっていると指摘している。アーメドとトンプソンはどちらも、この計画の背景にある基本的な目的の少なくともひとつは、セントガス（中央アジア・ガスパイプライン）として知られる石油会社コンソーシアムの巨大プロジェクトを促進することであったと示唆している。このコンソーシアム――サウジアラビアのデルタ石油も含まれる――はトルクメニスタンからアフガニスタンとパキスタンを経てインド洋へ石油とガスを輸送するために、米国の巨大石油企業のひとつであるユノカル社によって結成されたものである。九月十一日の一年前である二〇〇〇年九月に、米国政府によって公表されたエネルギー情報報告書には、次のように書かれている。

> エネルギーの見地からのアフガニスタンの重要性は、中央アジアからアラビア海への石油と天然ガスの輸出のための潜在的通過ルートとしての地理的位置に由来する。この潜在的可能性には、アフガニスタンを通る数十億ドルもの石油と天然ガスの輸出用のパイプラインの建設計画も含まれる（原注３）。

一時期、ユノカル社とワシントンは彼らのプロジェクトを進めるために、必要な地域の安定をタリバンがもたらしてくれるだろうと期待していたが、その期待は失われた。

　その背景についてアーメドとトンプソンは、タリバンがもともとＣＩＡによってつくられ、パキスタンのＩＳＩ（統合情報局）と協力関係にあったもので、サウジアラビアからも財政的支援を受けてきたと説明している（原注４）。アハメド・ラシッドのよく知られた『タリバン』によると、パイプラインのプロジェクトはこの支援の中心的役割をもっていた。

そのとき台頭しつつあったタリバンの冷酷残忍さとパイプラインについての協定を結ぼうとする意欲に強い印象を受けて、国務省とパキスタンの統合情報局はタリバンに武器と資金を注ぎ込むことで合意した。(原注5)

タリバンがサウジアラビアとCIAからISIを通じて財政支援を受けて一九九六年にカブールを征服したとき、ユノカル社はパイプラインの建設と保護を可能にするのに十分な安定性がもたらされることを期待した。実際、「カブールの陥落よりもずっと前にタリバンとユノカル社のあいだでパイプライン・プロジェクトについての仮協定が結ばれたと報じられた。(原注6) ユノカルはタリバンへの財政支援の一部を負担したとさえ報じられた。(原注7) タリバンがISIの目的に役立つ働きをし続けたという事実が、タリバン軍が一九九八年にアフガニスタン北部の主要都市を征服しようとしたとき、ISIの司令官が次のようなメッセージを送ったことによって示されるとトンプソンは指摘する。「仲間の兵士たちと私は、馬に乗ってマザリシャリフに入ろうと思う(原注8)」。

いずれにせよ、タリバンはこの都市を征服したあと、パイプラインの全ルートを含めてアフガニスタンのほとんどを支配することになった。セントガスはそのとき「開始準備完了」と発表した。(原注9)

しかしその年の後半に、ユノカルは十分な安定性をもたらすはずのタリバンの能力に疑問を抱くようになり、セントガスから撤退した。そのときから、「米国はタリバンに対して次第に敵対的になり、その地域での優位を確保するための他の可能性も探究し始め、このタリバン体制との基本的な外交関係は維持しながら非軍事的な解決策を求めて交渉した」とアーメドは言う。(原注10)

非軍事的な解決策を見いだすための最後の試みは二〇〇一年七月にベルリンでの四日間の会議で行われたと報じられている。ブッシュ政権はタリバンに権力を共有させることを試み、それによって「全国的統一」のための合同政府をつくろうとした。この会議でのパキスタン代表ニアズ・ナイクによると、アメリカ代表のひとりが「タリバンがおとなしく振る舞うか、さもなければ、われわれが別の選択肢、……軍事作戦を用いることになるだろう」と言った。別のアメリカ代表はタリバンにこう言ったと報じられている。「あなたがたが金のカーペットというわれわれの申し出を受け入れるか、われわれがあなた方を爆弾のカーペット〔絨毯爆撃〕の下に埋めてしまうか、どちらかだ」(原注11)。アメリカ代表のひとりは後にそのような脅迫を行ったことを否認しているが、彼らのひとりは次のように言って確認した。「米国がタリバンに強い嫌悪感を感じていたので、何らかの軍事行動を考えているという事実について話があったと思う」(原注12)。

さらにBBCの報道によると、ナイクはアメリカの高官に「アフガニスタンに対する軍事作戦は十月中旬までに行われるだろう」――それは「遅くとも十月中旬までに、アフガニスタンに雪が降り始める前に行われるだろう」と言われたという。(原注13)トンプソンは米国が十月七日にアフガニスタン空爆を始めたことを示して、こう問いかける。「九月十一日の何カ月も前に米国が言ったのと正確に同じ時期に、攻撃が始まったことは偶然の一致だろうか？」(原注14)。

それが単純な偶然の一致ではなかったという疑いは、サウスカロライナ州兵部隊の元隊員が後に次のように述べたことによって裏付けられる。

私の部隊は二〇〇一年七月に訓練のために集合しました。すると突然、不意に次の二カ月に計画されていた訓練はすべて二〇〇一年九月十四日の動員訓練の準備のために停止されると告げられました。われわれは二回の週末を返上して勤勉に働き、訓練の準備のために予定にない八月にも集まりました。八月末までにわれわれに必要なのは電話での呼び出しだけになっていました。われわれは呼び出しが来ると知っていましたから、バッグと装備を持って完全装備のコンボイ（車列）に飛び乗ることができました。(原注15)

もしこの報道が真実なら、七月には攻撃が九月十四日の少し前になされることがわかっていたことになる。いずれにせよ、ニアズ・ナイクも単なる偶然の一致だとは思わなかった。ＢＢＣは彼が「世界貿易センターの爆破のあと、それを前提にした米国の行動計画がすでにあって、それが二〜三週間以内に実施されることを疑いませんでした」と言ったと報じた。

ナイクはまた、たとえビン・ラディンがタリバンによって直ちに引き渡されることになったとしても、ワシントンが侵攻計画を取り下げるかどうかは疑わしいとも述べた。なぜなら、「より大きな目的はタリバン体制を転覆して暫定政府を設立することだったからである」。(原注16)

アーメドとトンプソンは、より大きな目的というこの予想が、パイプラインのプロジェクト促進を含む観点とともに、その後の出来事――イスラエルの新聞で、ある作家が次のようにコメントした事実――によって確認されるということに気づいた。

もし大規模なアメリカ軍基地の配置図を見れば、それらがインド洋への石油パイプラインの計画ルートに完全に対応しているという事実に気づくであろう。……もし私が陰謀説の信奉者であったならば、ビン・ラディンはアメリカのエージェントだと考えるだろう。(原注17)

アーメドとトンプソンはまた、アフガニスタンの新首相ハミド・カルザイと、ブッシュ大統領のアフガニスタン特使のザルメイ・ハリルザドがどちらも、以前はユノカルから給料をもらっていたことを指摘する。このような人事は、「米国のアフガニスタンへの軍事介入の背後にある基本的利害を示している」とアーメドは付け加える。(原注18) 早くも十月十日に、アーメドがさらに述べたように、米国国務省はパキスタンの石油大臣に「最近の地政学的な展開を考慮してユノカルはパイプラインのプロジェクトを進める準備ができている」と伝えた。(原注19)

こうした背景に照らして、アーメドは、九月十一日は米国のアフガニスタン戦争の理由というよりはむしろ「引き金」であったと結論している。(原注20)

九月十一日に先立つイラク攻撃計画

二〇〇二年三月上旬の声明でブッシュ大統領は、オサマ・ビン・ラディンについてはもう関心がないと言ったあと、付け加えた。「私はイラクについては非常に関心がある」(原注21)。アーメドとトンプソンは、これが最近の関心ではなく、イラクに対する戦争は、アフガニスタンに対する戦争と同様、九月十一日より前に、米国政府高官によってすでに計画されていたと確信している。

この主張を裏付ける証拠の一部は、私が序論で手短かに言及した『アメリカ国防の再建：新しい世紀のための戦略、力、資源』という文書のなかに見いだされる。この文書は新保守主義（ネオコン）のシンクタンクである「新しいアメリカの世紀のためのプロジェクト（ＰＮＡＣ）」によって二〇〇〇年九月に公表された。ＰＮＡＣは、その後ブッシュ政権に参画することになる多くの人々によって結成されたものだが、そのなかには、ディック・チェイニー、ドナルド・ラムズフェルド、ポール・ウォルフォウィッツ（国防総省におけるラムズフェルドの副官）、ルイス・「スクーター」・リビー（チェイニーの首席補佐官）が含まれる(原注22)(訳注)。二〇〇三年のイラク戦争が、これらの人々が主張するように、本当にサダムを排除する必要性によって動機づけられたものかどうかについては、『アメリカ防衛の再構築』（トンプソンが引用）のなかの次の文章が、適切に語っている。

訳注　ブッシュ政権二期目には、ウォルフォウィッツ（政治学の博士号を持つ）は世界銀行総裁に任命されたが、二〇〇七年六月にスキャンダルで辞任。

米国は何十年ものあいだ、ペルシャ湾岸地域の安全保障にもっと恒久的な役割を果たすことを求めてきた。未解決のイラクとの紛争は、当面の正当性を提供するものであるが、サダム・フセイン体制の問題は湾岸におけるアメリカの確固とした軍事的プレゼンスの必要性に比べれ

ばとるに足らないものである。(原注23)

言い換えると、主な関心事は「湾岸におけるアメリカの確固とした軍事的プレゼンスを獲得すること」であり、サダムはそのために「当面の正当性」を提供しているということだ。エドワード・ハーマンはまた、国民に提示された戦争の理由の誠実さを検証するために、この文書が重要であることを指摘する。「ブッシュ政権の主要なメンバーは、早くも二〇〇〇年に、新しいアメリカの世紀のためのプロジェクトの出版物で、サダム・フセイン転覆という目的を公言していた」とハーマンは言う。(原注24)

このグループは、一九九八年一月にクリントン大統領にあてた「サダム・フセイン体制の転覆」を目的とする戦略の採用を促す書簡のなかで、この目的をさらに早い時期に宣言している。ドナルド・ラムズフェルド、ポール・ウォルフォウィッツ、リチャード・パールなどが署名したこの書簡は、クリントンに「湾岸における死活的権益を守るために、軍事的手段も含む必要な措置をとる」ように促し、「アメリカの政策が、国連安全保障理事会における全員一致の必要性という誤った主張によって損なわれ続けてはならない」と付け加えている。(原注25)

九月十一日はイラク攻撃の理由というよりはむしろ口実であったという主張を裏付けるために、トンプソンは、ラムズフェルド国防長官がペンタゴン激突のわずか数時間後に、「最良の情報を急いで集めろ。同時にＳ・Ｈ［サダム・フセイン］を叩くために十分使えるかどうかを判断しろ。ＵＢＬ［ウサマ・ビン・ラディン］だけでなくて。大々的にやれ。徹底的に洗い出せ。関係があろうとなかろうと」(原注26)というメモを書いたという報道を引用している。トンプソンの主張は、九月十一日の翌日の国家安全保障会議（NSC）の会合でラムズフェルドが、対テロ戦争の手始めの標的はサダムのイラクであるべきだと発言したというボブ・ウッドワードの報道を引用したジョン・ピルジャーによってさらに裏付けられる。[原注27]

　さらに反論者たちは、戦争中と戦後の行動と発言の両方が、戦争は公言された目的よりも石油や地域の支配とはるかに強く結びついていたという主張を裏付けるものだと指摘できる。ブッシュ政権とブレア政権は、戦争はサダム・フセインが隣国だけでなく英国や米国にさえ脅威を与えている大量破壊兵器を除去するためのものだと主張したが、この主張を支える情報は、歪められていたばかりか、捏造されていたことが、広く報道されている。持続可能な開発委員会――ブレア政権にエコロジー問題について助言する――の委員長であるジョナサン・ポリット卿[訳注]は、イラクの石油へのアクセスを得るという展望は、三月にイラクを攻撃するという同盟国の決定における「非常に大きな要因」であったと公言し、「もしイラクに世界第二位の石油埋蔵量がなかったら、戦争が起こったとは思わない」と付け加えた。ブッシュ政権の元財務長官ポール・オニールは、ブッシュ政権は当初からイラクを攻撃する計画を持っていたが、その大きな理由は石油だと述べた。[原注28]

訳注　ポリット（一九五〇年生まれ）は日本でも有名な英国の環境活動家で、邦訳にジョナサン・ポリット編（芹沢高志監訳）『地球を救え』（岩波書店、一九九一年）などがある。

　石油が圧倒的な重要性を持っていたという事実は、ステファン・ゴーワンが言う次のような事実によって示されている。

ペンタゴンの行動計画のトップは、いったんバグダッドに進軍する命令を発したら、イラク南部の油田を確保することだった。そしてバグダッドが混乱状態になったとき、米軍は略奪者や放火犯の連中が「計画省、教育省、灌漑省、貿易省、産業省、外務省、文化省、情報省」などを荒らすのを放置した。しかし、石油省――そこにはワシントンが手をつけたくてうずうずしていた石油資源に関連したあらゆる保存記録や情報文書がある――では、すべてが静穏だった。というのは、石油省を包囲していたのは戦車や武装人員輸送車の密集した部隊だったからである。(原注29)

イラク攻撃の主な理由は公言された目的［大量破壊兵器の除去］ではないという疑いは、ブッシュ政権が九月十一日以降の「対テロ戦争」を他の国への攻撃の口実として使おうと計画したという証拠によっても示唆される。たとえば、『ニューズウィーク』誌のあるリポートは、イラク攻撃に先立って、ブッシュのアドバイザーの何人かが、サウジアラビア、イラン、北朝鮮、シリア、エジプトへの攻撃も提案した、と述べている。英国のある高官は、こう言ったと伝えられている。「みんなバグダッドに行きたがっている。本物の男たちはテヘランに行きたがっている(原注30)」。

そうした「本物の男たち」のひとりであるリチャード・パール――ＰＮＡＣの創設者のひとり――は、アメリカの「対テロ戦争」を次のような言葉で説明したと報じられている。

これは全面戦争だ。われわれは様々な敵と戦っている。たくさんの敵がいる。まずアフガニスタンに行って、次はイラクだというような考えは、まったく間違ったやり方だ。世界についての計画を前進させようとするなら、全面戦争しかないのだ。何年もあとで、われわれの子どもたちは、われわれを褒め称えるだろう。(原注31)

こういった考えがあるから、狂信主義には悪いイメージがつきまとうのであろう。米国が対テロ戦争を行っている限りにおいて、「テロリズム」という言葉は非常に選択的に、自分に都合がいいように定義されているという認識が広がりつつある。メサンは言う。「ブッシュにとって、テロリズムはアメリカの指導的地位に何らかの形の暴力的行為で反対することと定義されているように思われる(原注32)」。リチャード・フォークは同様に、「対テロ戦争はアメリカの地球規模の権益に敵対的とみなされるすべての非国家的革命勢力に対して行われてきたことがすぐに明らかになった」と言っている。

言い換えると、いま実際に進行中のものは、「地球規模のテロに対する戦争という煙幕の背後で行われている米帝国構築プロジェクト」である。(原注33)フィリス・ベニスも同意して次のように言う。「対テロ戦争は決して誰かを法に基づいて裁くといったものではなく、それは米国というグローバルパワーによる征服と、その急速な膨張にかかわるものであり、すべては正当な復讐という名目で行われたものである(原注34)」。チョスドフスキー、マハジャンその他数え切れない批判者たちが同じ点を指摘している。

いずれにせよ、ブッシュ政権が（ブレア政権も同様に）イラク攻撃の理由について嘘をついたことについては、いまでは幅広い同意がある。この疑問を九月十一日の出来事自体についても嘘をついたのではないかという問題に拡張すべき時期ではないだろうか？　九月十一日の事件がアフガニスタンとイラクに対する戦争と、ブッシュ政権のさらに大きな行動計画さえ正当化する主要な理由として使われたのだから。

新しい真珠湾が助けになる

このより大きな計画については、アーメドとトンプソンはどちらも元国家安全保障担当補佐官ズビグニュー・ブレジンスキー(訳注)の一九九七年の著書『大きなチェスボード　アメリカの優越性と地域戦略的責務』に言及している。ユーラシア大陸を世界覇権への鍵として描きながら、ブレジンスキーは中央アジアをその膨大な石油埋蔵量とともに、ユーラシア支配への鍵として描いている。

彼の議論を要約して、アーメドとトンプソンは、この地域を支配することによって「アメリカの優越性」を確保することは、アメリカ国民の「外交政策についての合意を必要とするだろう」というブレジンスキーの発言を指摘する。しかしそのような合意を得ることは難しいだろう。なぜなら、「海外で独裁的にふるまうには、アメリカは国内では民主的すぎるからである」。これは「アメリカの力の行使、特に軍事的脅迫能力の使用を限定する」要因である。アメリカ的性質の欠点を分析しながら、ブレジンスキーは「力の追求は、国民の情熱をかきたてるような目標ではない。例外は、国民の安寧が突然脅威にさらされるか、あるいは挑戦を受けるという状況のときだけだ」と説明している。(原注35)

したがって、彼は、「外交政策について必要な合意を得ることは、直接の非常に大きな外的脅威が広範に認知される状況下以外では難しいであろう」と忠告した。(原注36) アーメドはこの一節をもっと前の部分――そのなかでブレジンスキーは「外国に対するアメリカの力の行使」について相反する感情を持つアメリカの市民が「主として日本の真珠湾攻撃のショック効果ゆえに第二次大戦へのアメリカの参戦を支持した」と述べている――と結びつけている。(原注37)

訳注　ブレジンスキーはカーター大統領の国家安全保障担当補佐官だった。

アーメドのポイントは、もしこの二つの文章を一緒に読むならば、必要だと述べられている「広範に認知される直接的な外的脅威」とは、真珠湾攻撃タイプの出来事であろうということである。元国家安全保障担当補佐官であるブレジンスキーが書いた本は、政府に助言を提供する何百冊もの本のなかの一冊にすぎないと考えることはできない。ブレジンスキーは民主党の大統領（ジミー・カーター）に助言したのであるが、彼はブッシュ政権にも高く評価されていると報じられているタカ派の論客である。

したがって、真珠湾攻撃タイプの出来事に対するブレジンスキーの明白な願望が公表されてから三年後に、新しいアメリカの世紀のためのプロジェクト（ＰＮＡＣ）の前述の出版物に同様の文章が含まれているのは、おそらく単なる偶然ではないだろう。この文章は前に引用したが、「軍事における革命（ＲＭＡ）の完遂」――それを通じてパックス・アメリカーナ、すなわち「アメリカの平和」(訳注)はより効果的に確立されうる――を求める呼びかけの文脈のなかにおかれていることを強調することは重要であろう。残念ながら、この文書の著者たちによると、この必要な変革は、「新しい真珠湾のような何か破局的で触媒的な出来事がない限り、ゆっくりとしかすすまないだろう」とのことである。(原注38)

言い換えると、もし新しい真珠湾のような出来事が起こるならば、軍事的な革命がもっと迅速に完遂されうるだろう。なぜなら、必要な巨額の予算を得ることができるからである。

この予言に対応して、ジョン・ピルジャーは本書の序論で引用した「二〇〇一年九月十一日の攻撃は新しい真珠湾をつくりだした」という主張をしたのである。（原注39）どのような種類の変化をアメリカによる支配の唱道者たちは思い描き、そして新しい真珠湾はその成就を助けたのだろうか？

訳注　パックス・アメリカーナは、パックス・ロマーナ（ローマ帝国の平和）、パックス・モンゴリカ（モンゴル帝国の平和）、パックス・ブリタニカ（大英帝国の平和）と同様に、覇権国家のもとでの「平和」を意味している。

ミサイル防衛と宇宙の真珠湾

「軍事における革命」の目玉的存在が宇宙の軍事化と、それによる宇宙支配計画であることを認識するのは重要だ。（訳注）この計画は、国防予算の大幅な増額――ブレジンスキーと新しいアメリカの世紀のためのプロジェクト（PNAC）はそれを求めてきた――を要するであろう。この計画の目的は、「二〇二〇年のビジョン」と呼ばれる文書に極めてはっきりと表明されている。その文書は冒頭で、次のようにこの使命を述べている。「米国の宇宙軍は、米国の利益と投下資本を守るために、軍事作戦による宇宙的支配をするものである」（原注40）。言い換えると、その主要な目的は、アメリカ本土を守ることではなくて、アメリカの海外投資を守ることである。それは今日の宇宙軍の重要性を、かつての時代に諸国家は商業権益を守り高めるために海軍を建設した事実と比較することによって、この点をより明確にできる。アメリカのエリート階級の商業権益を守るために宇宙を支配するには、現在の見積もりによると、アメリカの納税者に一兆ドル以上が要求されるであろう。(原注41)

訳注　いわゆる宇宙の軍事化については、藤岡惇『グローバリゼーションと戦争　宇宙と核の覇権めざすアメリカ』（大月書店、二〇〇四年）などを参照されたい。

「二〇二〇年のビジョン」という文書は、民主主義を広めるためとか、あるいは人類に貢献するために、米国が宇宙を支配する必要があるといったセンチメンタルなプロパガンダではまったくない。むしろそれは、たとえ軽率であるにしても、率直にこう述べている。「世界経済のグローバル化は、持てる者と持たざる者の格差を広げ続けるであろう」。言い換えると、世界経済のアメリカによる支配が増大するにつれて、貧しい者はさらに貧しくなると同時に豊かな者はさらに豊かになり、「持たざる者」はますますアメリカを憎むようになるだろう、だからわれわれは彼らをコントロールできるようにする必要がある、というわけである。

われわれはこれを、この計画の提唱者がもともと「地球規模の戦闘空間の支配」と呼んだものを通じて達成できるだろう。一部の人たちはこの用語があまりにあからさまだと考えたので、今日より好まれる言葉は、「全領域の支配」（それは先に引用したラフール・マハジャンの本の表題となった）である。この用語は米軍がすでにそうであるように陸海空における支配だけでなく、宇宙空間をも支配することを意味している。この「宇宙の軍事化と結びつけられた地球規模の支配というアメリカのプロジェクト」を論じて、リチャード・フォークはこう言う。「そのような恐るべき力を持つ帝国構築の探求は、最悪の場合は地政学的な貪欲の前例のない誇示となるので、手遅れにならないうちに暴露し、放棄させる必要がある[原注42]」。

このプログラムのなかで広範な国民的議論を引き起した唯一の部分は、その防衛的側面であり、それはレーガン政権においては戦略防衛構想（ＳＤＩ）と呼ばれ、現在ではミサイル防衛の盾と呼ばれる。これらの名称は宇宙におけるアメリカの目標が純粋に防衛的なものであることを示唆するが、このいわゆる盾は三部門から成るプログラムのうちの一部門にすぎない。他の部門のひとつは、宇宙に監視テクノロジーを配置することであり、地球上のいかなる場所でもあらゆる米軍の敵を同定できる正確さで、照準をあわせることができることを目標にしている。この部門はすでにかなり実現への途上にある[原注43]。

プログラムの第三の部門――このプログラムの非公式の名称が「スターウォーズ」であるが、その方が実際の名称より正確である――は宇宙にレーザー砲を含め実際の兵器を配置することである。これらのレーザー砲は、ある評論家が言うように、「巡航ミサイルを爆竹に見せるような」潜在的攻撃能力を持っている[原注44]。人工衛星にレーザー兵器を配置するならば、米国はいかなる敵国が送り出そうとする軍事衛星をも破壊できるであろうし、これは実際に表明された「他国が宇宙を利用することを拒否する」という意図の一部である。米国宇宙軍は、それによって全面的で恒久的な支配を維持できるだろう。米国宇宙軍の攻撃的な目的は、その部門のひとつにある「宇宙からあなたの目の前に」というロゴにあらわされている[原注45]。

そのような攻撃的な目的があけすけに語られているのはこの文書だけではない。マハジャンが指摘するように、新しいアメリカの世紀のためのプロジェクト（ＰＮＡＣ）の文書は次のような「注目すべき告白」をしている。

ポスト冷戦の時代において、アメリカとその同盟国は……抑止力の主要な対象となり、抑止能力の開発を最も望んでいるのは、イラク、イラン、北朝鮮のような国々である。本来は弱いはずの〝ならず者国家〟が共同して最小限の弾道ミサイル戦力を急いで作り上げ、アメリカ本土が攻撃にさらされるようなときに、従来の軍事力で対応することはずっと複雑で制限の多いものになるだろう。効果的なミサイル防衛システムを構築することが、アメリカの優位性を維持するための前提条件である。(原注46)

言い換えると、「ミサイル防衛の盾」という名称からはこのシステムがアメリカを攻撃から防御するために設計されているように見えるが、その本当の目的は、他の国がアメリカの攻撃を抑止するのを、阻止することである。この声明はさらに、イラン、イラク、北朝鮮が、米国の軍事力行使を抑止する能力を開発するという邪悪な意志を持つがゆえに、後にブッシュ大統領によって「悪の枢軸」の称号に値すると決めつけられたことも示唆している。プロジェクト（ＰＮＡＣ）が米軍の役割をこのような攻撃的な言葉で記述していることは、ブッシュ政権が二〇〇二年に公表した『国家安全保障戦略』――それは『アメリカ国防の再建』の勧告をほとんど取り入れていることに加えて、「われわれの最良の防衛は有効な攻撃である」と言っている――の内容と完全に一致する。(原注47)この攻撃の最も重要な新しい構成要素は、アメリカの陸海空軍を本格的な宇宙軍で補完することによって可能になる「全領域の支配」ということである。

二〇〇一年一月に国防長官になる少し前に、ドナルド・ラムズフェルドは、「米国の国家安全保障からみた宇宙の管理と組織を評価する委員会」の議長としての仕事を完了した。この通称「ラムズフェルド委員会」は、一月の第二週に報告書を公表した。(原注48) その提案の目的は、「米国の戦力と他の軍事大国の戦力の不均衡さを増大させることである」と述べていた。一九七二年のＡＢＭ（ＩＣＢＭ迎撃用ミサイル）制限条約の破棄（それをブッシュ政権は素早く実行した）を提唱すると同時に、この報告書は、他のすべての軍事力と情報機関の宇宙軍への従属を含めて、根本的な変革を勧告した。軍事力と情報機関のそのような劇的な再編成が通常は大きな抵抗を呼び起こすであろうということを考慮して、報告書は次のように付け加えた。

歴史のなかには、外からの予期せぬ出来事が、抵抗する官僚機構に対応措置をとることを強制するまで、警告の兆候が無視され、変革に対する抵抗が続くような事例がたくさんある。問題は米国が宇宙での無防備状態を減らすために責任を持って十分迅速に行動するほど賢明かどうかということだ。さもなければ、過去におけるように、我が国と国民を無力にするような攻撃――「宇宙の真珠湾攻撃」――のような出来事によってのみ、国民を奮起させ、米国政府に行動を取らせることができるだろう。(原注49)

したがってわれわれは、ブッシュ政権の中心人物のひとりによって、「国民を奮起させる」ためにもうひとつの「真珠湾攻撃」が必要かもしれないという、さらなる示唆を与えられたのである。

この報告書は二〇〇一年一月十一日、すなわち米国が自らの防衛力がそれを防止するにはあきらかに無力であることを示した空からの攻撃をこうむるちょうど九カ月前に公表された。そしてこの攻撃によって呼び起こされた主要な反応は、アメリカの無防備性についての感覚であった。さらに、前述の報告書を公表した委員会のラムズフェルド議長は、それらの攻撃およびそれによって生じた「米国の宇宙における無防備性」の感覚をうまく利用できる立場にいたのである。

メサンが指摘するように、九月十一日の午後六時四十二分に始まった記者会見で、いまや国防長官となったラムズフェルドは、民主党上院議員カール・レヴィン――当時上院軍事委員会の委員長であった（ブッシュ政権になってからまだ民主党が上院で優位にあった短い期間のあいだである）――を脅すのにその攻撃を用いたのである。中継カメラの前で、ラムズフェルドはこう言った。

> レヴィン上院議員、連邦議会におけるあなたと他の民主党員は、特にミサイル防衛のための軍事費の大幅増額をするには十分な予算がないという懸念を表明しました。あなたがたはその費用を調達するために社会保障の予算を削らなければならなくなるだろうと恐れています。この種の出来事は、防衛費を捻出するために――もし必要なら社会保障の予算を削ってでも防衛費を増額させるべき緊急事態がこの国に存在することを納得させるのではないでしょうか？[原注50]

九月十一日の攻撃がラムズフェルドに「宇宙の真珠湾」として通用しうるようなものを明らかに提供したように思われるし、彼はそれを利用する準備が実によく整っていたように思われる。

さらに、もし米国の高官が九月十一日の攻撃に関与していたとしたら、ラムズフェルドは宇宙軍に多大な関心を抱いていた唯一の人間ではない。他の主要な提唱者のひとりは、その宇宙軍の現在の司令官であるラルフ・E・エバーハート将軍で、NORAD（北米航空宇宙防衛司令部）の司令官として九月十一日に航空管制を担当していた。(原注51) また、リチャード・マイヤーズ将軍は統合参謀本部の新議長になりつつあるところで、九月十一日には議長代理であったが、その前には米国宇宙軍の司令官であった。一部の人々のあいだでは「スターウォーズ将軍」として知られており、彼は「二〇二〇年のビジョン」の作成中はその責任者であり、世界の「持てる者」と「持たざる者」の格差が拡大するなかでペンタゴンがアメリカの商業権益を守ることができるように、宇宙の絶対的支配をすべきだ、という内容のまったくあからさまな表現も、彼の貢献である。そのようなわけで、米国宇宙軍の推進運動に最も力を入れているとされているこの三人の男たちは、九月十一日の「警戒態勢解除」命令——もしそういうものがあったとするならば——の発信と監視に最も直接的に関与できる立場にあった三人でもあるのだ。

本章で要約した証拠は、ペンタゴンとブッシュ政権の高官たちが、九月十一日の攻撃をたとえ計画したのではないにしても、黙認する多くの理由——アフガニスタンとイラクについての計画から、宇宙の軍事化への巨額の予算の願望まで——を持っていたであろうことを示している。この証拠のいくつかは、少なくとも七番目の可能性――ホワイトハウスが攻撃についての明確な事前知識を持っており、たとえば、冬の降雪シーズンが始まる前にアフガニスタンに侵攻するのに間に合うようにそれが起こることを知っていた――の真実性を示している。証拠のいくつかは、八番目の可能性――それによると、ホワイトハウスは計画に関与した――さえ示唆するものである。もちろん、ブッシュ政権の中心人物たちは明らかに「新しい真珠湾攻撃」を望んでいたが、彼らが攻撃を計画したのではなく、単に他者によって攻撃が計画されていることを知っただけだ――彼らがしなければならないのは、攻撃が阻止されないように手配することだけであるように――ということもありうる。しかし、新しい真珠湾攻撃の発生にかかっていたすべてのことを考えると、理性的な人々ならばホワイトハウスがその発生を偶然に委ねるようなことはしなかっただろうと結論するのではないか。

ある前例：ノースウッズ作戦

これまでに要約してきたすべての情報は、九月十一日の攻撃における米国政府の共犯性――米国の情報機関、ペンタゴン、ホワイトハウスが関わっている――を強く指し示す証拠を提示するものといえよう。しかし、この証拠がいかに明らかであると考えることができたとしても、多くのそしてほとんどのアメリカ人は、この「アメリカに対する攻撃」が、アメリカの指導者たち自身によって行われた内部犯行でありえたという考えには、抵抗するであろう。

大統領と副大統領、彼らの閣僚、米国の情報諸機関、米国の軍指導者の主要な責任は、アメリカおよびその市民を守ることである。たとえ九月十一日についての公式説明が多くの未解明の疑問点を残しているとしても、まさかアメリカ政府と軍の指導者が共謀して九月十一日の攻撃を策謀したとは言わないまでも許したなどということが本当の話だ、ということはありえないと、多くのアメリカ人は想定するであろう。もし「新しい真珠湾攻撃」が起こった場合に予測できる利益があったとしても、われわれの軍と政治の指導者は、そうした出来事をもたらす計画に参加することはないであろう。われわれはこのタイプのすべての陰謀説は虚偽である、なぜならアメリカ政府と軍の指導者がそんなことをするのはありえないからだ、ということを先験的に知っているように感じている。

しかし、一九六二年にひとつの先例となるようなある計画が作成された。われわれは最近、機密解除された文書によってその計画の存在を知ったのだ。この計画の背景は、アイゼンハワー大統領が政権の終わり近くに、ＣＩＡにキューバに侵攻する口実を考え出すように要請したことであった。ＣＩＡは「カストロ体制に対する秘密作戦計画」を作成したが、その目標は「米国の介入とはわからないやり方で、カストロ体制をもっとキューバ国民の真の利益に貢献するような、そして米国にとってもっと受け入れやすい体制に置き換えること」であった。[原注52] アイゼンハワーはこの計画を承認した。

しかし次のジョン・Ｆ・ケネディ大統領が後にピッグス湾侵攻の大失敗に帰結することになるＣＩＡの計画を受け入れたあと、彼はキューバについて政策を立案する権限をＣＩＡから取り上げ、国防総省に割り当てたのである。一九六二年のはじめに、統合参謀本部議長のライマン・レムニッツアー将軍は、ケネディにノースウッズ作戦と呼ばれる計画を提示した。[原注53]

訳注　一九六一年にカストロ政権打倒をめざす亡命キューバ人が米国政府の支援のもとにピッグス湾に上陸したが

惨敗した。

統合参謀本部の全員によって署名された「国防総省のための覚書」という表紙によると、この計画は、最高機密（トップ・シークレット）に指定され、「米国のキューバへの軍事介入を正当化する口実」について書かれている。(原注54)「作戦参謀のための覚書：キューバ・プロジェクト」によると、「米国とキューバ間に緊張が高まって、米国内に当然ともいえる不満が起き上がった時期に、介入する意思決定がなされるであろう」ということだ。覚書は「究極の目的をカモフラージュすること」が重要だと言っている。アイデアの一部は、「キューバ政府は無分別で無責任であり、西半球の平和に対する憂慮すべき予測不能な脅威だというイメージを作り上げることによって、世界世論一般および特に国連に影響を与えること」であった。(原注55)

計画はそれから、このイメージを作り出すための一連の可能な行動を列挙する。たとえば、「われわれはマイアミ地域において、フロリダ州の他の都市やワシントンにおいてさえ、共産主義キューバ人の恐怖についてのキャンペーンを展開することができるだろう。……われわれはフロリダに向かう（実際にあるいはそのふりをしている）キューバ人の乗ったボートを沈めることができるだろう」(原注56)。九月十一日に「実際に起こったこと」に関して提案されたシナリオの一部に照らして（第一章の原注三二を見よ）特に興味深いのは、次のようなアイデアである。

キューバの飛行機が、チャーターされた民間旅客機を攻撃し撃墜したともっともらしく示せるような出来事を作り出すことが可能である。……目的地はフライト計画がキューバ上空を横切るようにするためにのみ選ばれるだろう。乗客は休暇中の大学生の一団であってもよい。……

a．エグリン空軍基地で、ある飛行機がマイアミ地域でＣＩＡが所有する組織に属する民間機として登録された飛行機の複製として使えるように正確に同じ塗装と番号をつけられるだろう。指定された時刻に複製の飛行機が本物の飛行機と置き換えられ、選択された乗客が乗り込むが、全員が注意深く準備された偽名で乗り込むものとする。本物の登録された飛行機は無人飛行機に転換される。

b．無人飛行機と本物の飛行機の離陸時刻は、フロリダ南方でランデブーできるようにスケジュールが決められる。ランデブー地点から乗客を乗せた飛行機は最小高度まで下降し、エグリン空軍基地の補助滑走路に進入して、そこで乗客を退避させ、飛行機を当初の地位に戻すための手配がなされるだろう。そのあいだ無人飛行機は予定されたフライト計画にしたがって飛び続けるだろう。キューバ上空に来たとき無人飛行機は国際救援信号メイデイを発信して、キューバのミグ戦闘機によって攻撃されていると伝える。発信は無線信号によって引き起こされる飛行機の破壊によって中絶されるだろう。(原注57)

これと他のいくつかの計画では、犠牲者名簿は「国民的憤激の波を引き起こすために」米国の新聞に掲載されることになるが、(原注58)このでっちあげの計画は実際に生命の損失をもたらすことはないであろう。しかし、これはすべての計画について言えることではない。「キューバ人が乗ったボートを沈める」ような計画は生命の損失がありうる。さらに、少なくともひとつの計画は、実施されればアメリカ人の生命を奪ったことであろう。「メイン号を忘れるな」事件[訳注]と呼ばれるこのアイデアによれば、「われわれはグアンタナモ湾で米国の船を爆破して、キューバに責任を負わせることができる[原注59]」。

訳注　一八九八年に米海軍メイン号が沈没した原因は不明であったが（現在では事故説が有力である）、米国政府はスペインの仕業だと主張して、米西戦争に突入した。

統合参謀本部の全員が支持したにもかかわらず、ケネディはこの計画を拒否した。軍の指導者たちがそうした計画を作成したとしても、アメリカの大統領は決してそのような卑劣な計画に同意しないだろうと言う人々は、この拒否がその証拠だと指摘できる。しかし、別の大統領が、違った状況のもとで、違った決定をすることがある。たとえば一八九〇年代初頭に、ハワイを併合する計画がグローヴァー・クリーヴランド大統領によって拒否された。彼の政権の国務長官がそれは「多くの冒険家の利己的で恥ずべき計画だ」と考えたのである。しかしこの計画は次の大統領、ウィリアム・マッキンレーによって受け入れられた[原注60]（マッキンレーはまた、キューバ、プエルトリコ、フィリピンを獲得するためのスペインとの戦争を正当化するためにメイン号事件を利用した人物でもある）。

したがって、ケネディが特定の時期――ピッグス湾の失敗で恥をさらした少し後のことであった――に特定の計画を却下した事実は、すべての状況においてすべての大統領が、無実の生命、とりわけ無実のアメリカ人の生命を奪うような「事件」を通じて地政学的（訳注：領域的政治的）目標を達成するための計画を却下することを必ずしも意味するものではない[原注61]。

本章で紹介した証拠はいずれにせよ、先に一部を引用したミシェル・チョスドフスキーの「九月十一日以降のアメリカの戦争は国際テロに対する作戦ではない。それは征服戦争であり、アメリカ国民は政府によって意識的かつ意図的に欺かれてきたのである(原注62)」という結論に、さらなる支持を与えるものである。次章では、この結論を支持する反論者によって提示された別の種類の証拠を検討することにしよう。

第8章
米国政府は九月十一日の後に逮捕と調査を妨害したのか？

反論者たちは九月十一日に起こった「新しい真珠湾攻撃」があらかじめ決められていた計画を実行する口実として役立ったと示唆し、それから、九月十一日以降の米国の行動もこの観点を支持すると論じている。この行動の一部——すなわち、アフガニスタンとイラクに対する戦争——は前章で言及している。本章では、九月十一日以降の米国の行動のその他の事例——反論者たちによれば、公式説明の虚偽性を示している事例——についての証拠を要約する。

オサマ・ビン・ラディンとアルカイダを泳がせ続けること

アーメドとトンプソンは、アフガニスタンにおける戦争はアルカイダとビン・ラディン——ブッシュの言葉によれば「生死にかかわらず」彼を捕捉すること——を根絶するためのものであると想定されているが、実際の目的は何か他のものであったに違いない、ということを示すかなりの証拠を提示している。ビン・ラディンとアルカイダが逃げるのを黙認するのに政府と軍事司令官たちが苦心しているように見える事例がいくつもあるからだ。

たとえば、カブールの多くの住民によると、アルカイダ勢力の隊列——最高指導者たちも含むと思われる——が二〇〇一年十一月上旬のある晩、画期的な逃走をしたという。地元のある実業家は次のように述べた。

> どのようにして彼らが全員前の晩に殺されずにすんだのか、わからない。なぜなら彼らは少なくとも一〇〇〇台の自動車とトラックの隊列でやってきたからだ。非常に暗い晩だったが、アメリカのパイロットにとってはヘッドライトを見つけるのは容易だったに違いない。幹線道路は晩の八時から午前三時まで車両でいっぱいだった。

トンプソンはコメントする。「当時のカブール地域に対する衛星画像や集中的な捜索を考慮すれば、このような隊列が米軍に気づかれずにどうやって都市を脱出できたのだろうか？(原注1)」

また十一月上旬に、米国の情報機関が、アルカイダの戦士や指導者たちがジャララバード方面へ移動するのを監視していて、ビン・ラディン自身が到着したと報告した。『ナイトーリッダー新聞』によると、次に起こったのはこういうことだ。

アメリカの情報分析官は、ビン・ラディンと退却する彼の兵士たちが国境を越えて逃げようと準備していると結論した。しかし、米国の中央軍司令部――この戦争を指揮している――は、彼らの逃走を阻止するための行動を起こさなかった。「少なくとも十一月の上旬からこの地域がパキスタンへの脱出の基地であることは明白だった」と匿名を条件にある情報機関高官は述べた。「これはすべて知られており、正直言ってわれわれはそのための準備がなされなかったことに驚いた」。(原注2)

少しあとの十一月十四日に、北部同盟がジャララバードを占領した。その晩、明らかにビン・ラディンも含む一〇〇〇人かそれ以上のアルカイダとタリバンの戦士たちを乗せた「数百台の車」の列が、ジャララバードから逃げてトラボラの要塞に到着した。米軍はジャララバード空港の近くを爆撃したが、明らかに車列は爆撃しなかった。(原注3)

十一月十六日に多くの上級指導者も含む約六〇〇人のアルカイダとタリバンの戦士たちが、トラボラ地域の空爆を避けるために長い経路をとりながら、アフガニスタンから脱出したと報じられた。トラボラ地方からパキスタンへ行くには二つの主要な経路があるが、米国の飛行機はこれらの経路のうちのひとつだけを爆撃した。六〇〇人の男たちが他の経路を使って無傷で逃げられるように、である。次の数週間のあいだ、さらに数百人がこの逃走経路を使い続けたと報じられている。彼らはおおむね、米軍の爆撃やパキスタンの国境警備隊に悩まされることはなかったという。(原注4)あるアフガニスタンの情報部員は、アメリカ人が最も明白な脱出経路を遮断するために兵力を配置しなかったことに驚いたと語った。『テレグラフ』は後にこう報道した。「振り返ってみると、居合わせた者たちの何十もの証言を考慮する限り、トラボラでの戦闘は、大芝居のように見える」。目撃者たちは、米軍がタリバンとアルカイダの勢力――多くの上級指導者を含むと思われる――を三方面からのみ包囲し、パキスタンへの退路をあけておいたことにショックを受けたと語った。アフガニスタンの新政権のある情報機関の高官は次のように言ったと伝えられている。「パキスタンとの国境は重要だったが、誰もそれに注意を払わなかった」(原注5)。

ノースカロライナ州ファイエットヴィルに本拠をおく特殊部隊のある兵士は、十一月二十八日に、米軍はビン・ラディンがトラボラの洞窟に隠れているのを突き止めたが、行動しなかったと後に述べた。それによれば、特殊部隊の兵士たちが命令を待っているあいだに、二機のヘリコプターがビン・ラディンがいると考えられている地域へ飛んでいき、乗客を乗せてパキスタン方面へ飛び去るのを見守った、と言った。匿名を条件になされたこの発言は、これとは別に『ニューズウィーク』が、多くのトラボラ住民は「奇妙な黒いヘリコプターがやってきて、夜間に山の上を低空飛行し、アルカイダの最高指導者たちを乗せていった」と主張したと報じている事実によって、さらに信憑性を増すとトンプソンは指摘する(原注6)。

トンプソンは付け加える。「単なる偶然かもしれないが」この話が報じられたのと同じ日に、ファイエットヴィルの五人の兵士――そのうちの少なくとも三人は最近アフガニスタンから帰還した特殊部隊兵士であった――とその妻たちが六月以来、明らかに殺害された後に、自殺して亡くなったと報道されていることを、トンプソンは付け加えている(原注7)。

二〇〇一年十二月下旬に、新しいアフガニスタンの内務大臣ユニス・カノーニは、パキスタン統合情報部（ＩＳＩ）が、ビン・ラディンがアフガニスタンから逃げるのを助けたと主張した。(原注8) ブッシュ政権がパキスタンを九月十一日以降の対策におけるパートナーとみなしているという事実を考慮すると、公式説明の反論者たちにとってこの主張は重要である。

二〇〇二年三月に、ビン・ラディンを殺害あるいは逮捕することに対する明らかな関心の欠如は、大統領自身によって言葉で表現された。ビン・ラディンについて、「彼はいまでは社会的に無視してよい人間だ。……彼のことでそんなに時間を使おうとは思わない。……彼のことはもう関心がない。」

戦争は決してビン・ラディンをめぐるものではなかったという疑いは――ブッシュの言明はそのような含意を持つと受け取ることができる――一カ月後にリチャード・マイヤーズ将軍によってはっきりと表明されたとトンプソンは指摘する。将軍は、「目標は決してビン・ラディンを捕捉することではなかった」と言ったのだ。(原注9) 別のアメリカの高官は、さらにあからさまな発言をしたと報じられている。彼は「われわれの目的をあまりに狭く限定することは、もし何かの幸運な偶然でビン・ラディン氏が捕まえられたときに、国際的な取り組みが途中で崩壊する危険を犯すことになる」と述べたのだ。(原注10) これらすべてについての筋の通った解釈は、ジョージ・モンビオットが提示している。彼は九月十一日の一週間後にこう書いたのである。

もしオサマ・ビン・ラディンが存在しなかったなら、彼を創り上げる必要があるだろう。過去四年のあいだ、彼の名前は、米国大統領が防衛予算の増額を求めたり、兵器規制条約から抜け出そうとするときにはいつでも、引き合いに出されてきた。彼はブッシュ大統領のミサイル防衛計画を正当化するためにさえ使われた。……いまでは彼は、善のための十字軍を開始するために必要とされる悪の化身となった。顔のない恐怖の背後にある顔である。欧米の政府にとっての彼の有用性は、恐怖を呼び起こす彼のパワーにある。数十億ポンドという巨額の軍事支出の是非が問題になっているとき、ならず者国家やテロリストの首領たちはまさに彼らが負債であるがゆえに財産となるのだ。(原注11)

モンビオットの言明は、「国際的な取り組みが途中で崩壊する」ことについてのアメリカの高官の心配とあわせて考えると、「ビン・ラディン狩り」が成功しなかった理由についてもっともな説明をしている。

パキスタン統合情報部（ＩＳＩ）の役割の隠ぺい

先に見たように、ＣＩＡとそれに対応するパキスタンの機関であるＩＳＩ［統合情報部］は、一九九〇年代後半に連携してタリバンを作り出し、その勝利を確実なものにした。チョスドフスキーはこの点を補強して次のように言う。「パキスタンのＩＳＩを通じて供与された米国の援助がなければ、タリバンは一九九六年に政権を握ることはできなかっただろう」(原注12)。さらに彼は、ちょうどＩＳＩがなければカブールにタリバン政権は存在しなかったのと同様に、「米国政府からの断固たる支援がなけ

れば、パキスタンに強力な軍事情報機関が存在することはなかっただろう」と言う。(原注13)
　ＣＩＡとＩＳＩの密接な関係は一九八〇年代までさかのぼる。そのころＩＳＩは地方機関であり、それを通じてＣＩＡがアフガニスタンでの一九七九年に始まった秘密作戦を行っていた。ＣＩＡとＩＳＩは急進的なイスラム教徒を世界中から集めて、ソ連軍と戦うためのムジャヒディンを作り出した。(原注14)オサマ・ビン・ラディンは当初この活動を助けるためにパキスタンに連れてこられた。彼はＣＩＡとの契約のもとにあったが、「ＣＩＡはウサマに、パキスタン情報部の将軍たちにしたのと同様、アフガニスタンでの無制限な自由を与えた」――アーメドはジョン・クーリーの以上のような言葉を引用している――そしてビン・ラディンはこの無制限の自由と蓄積した富を用いて、一九八五年にアルカイダを組織し始めた。(原注15)
　一九八〇年代後半に、パキスタンのベナジル・ブット大統領はムジャヒディン運動が非常に強くなりつつあるのを見て、ブッシュ（父）大統領に言った。「あなたはフランケンシュタインをつくっていますよ」。(原注16)それから一九九〇年代後半に、ＣＩＡがＩＳＩと協力してタリバンをつくったあと、東南アジア地域研究の専門家セリグ・ハリソン――ＣＩＡエージェントともつながりがある――は、彼らが「怪物をつくりつつある」とＣＩＡに警告したと報告している。(原注17)
　そして、もしアルカイダとタリバンの両者が怪物になりつつあると報じられていたとしたら、ＩＳＩ自身にも同じことが言えただろう。ソ連のアフガニスタンからの撤退のあと、ＩＳＩ――それはＣＩＡの強い勧めで、ソ連兵を中毒患者にするためにヘロインの製造を始めていた――は西洋諸国にヘロインを密輸し始めたが、その巨大な利益を自らの組織強化に用いていた。その結果、あるアナリストが言うように、ＩＳＩは「政府のあらゆる面に多大な影響力を持つ独立の組織」になったのである。

『タイム』誌は後にこの分析を追認して、「悪名高い」ＩＳＩは「国家の中の国家あるいはパキスタンの見えない政府と一般に陰口を言われている」としており、『ニューズウィーク』の記事はＩＳＩを「独自の並列政府」と呼んだ。[原注18]

このＩＳＩの歴史は、一方でＣＩＡとつながり、他方でアルカイダやタリバンとつながっているのであるが、これらのつながりが決して切れていなかったという証拠を考慮すると重要なものである。チョスドフスキーは、「オサマとＣＩＡのつながりはソ連とアフガンの戦争という過ぎ去った時代だけのことである」という見方を否定して、「ＣＩＡはイスラム戦士ネットワークとのつながりを決して切断したことはなかった」と主張している。[原注19] そしてアーメドは二〇〇一年三月のセリグ・ハリソンの「ＣＩＡはまだＩＳＩと密接な関係を持っている」という発言を引用している。[原注20]

これらのつながりの存在は、アーメドやチョスドフスキーとは非常に違った政治的観点を持っている研究者、ジェラルド・ポスナーによっても支持されている。私は先にアブ・ズバイダの尋問についてのポスナーの報告を、アルカイダの活動をサウジの高官のために行ったというズバイダの主張との関連で引用した。ズバイダはまた、それはパキスタンの高官のためだったとも言ったと報じられている。ポスナーは報告している。

ズバイダによると彼は一九九六年にパキスタンにいた。そのときビン・ラディンはムシャフ・

アル・ミル――ISIのなかの最も親イスラム的幹部と密接な関係を持つ軍の高官――と協定を結んだ。その関係はまだ生きていて、ビン・ラディンやアルカイダに保護、兵器、補給品を与えていた(原注21)。

ポスナーはまた、ちょうどズバイダによって確認されたサウジ人のうち三人が四カ月以内に死んだのと同じように、七カ月後に同じ運命がムシャフ・アル・ミルにも降りかかったと報告している。二〇〇三年二月二十日、彼とその妻と多くの親友を乗せた最近検査を通過したばかりだった空軍機が、好天の中で墜落して死亡した(原注22)。したがって、ポスナーはほとんどの論点についてはアメリカ政府の公式説明を受け入れているけれども、ビン・ラディンやアルカイダを悪として描くとともにパキスタンを善として描いて両者を引き離そうとする米国政府の試みに反駁する証拠を提示している。

いずれにせよ、ISIがCIAとアルカイダの両者と密接なつながりを持ち続けていたという事実の重要性は、九月十一日の少しあとでなされたある発見によって示されたと言えるかもしれない。これはISIエージェントのサイード・シェイクがフロリダのモハメド・アタの銀行口座に一〇万ドルを電子送金し、彼がこの送金を他でもないISI長官マームード・アーマド将軍の指示で行ったという事実である(原注23)。つまり、CIAと密接な協力関係を保っていたISIが、九月十一日のテロリストの首謀者とみなされている人物に秘密裏に送金をしたことが発覚したのである。

これをフランス通信（AFP）は「犯罪的なつながり」と呼んだが、このことは最初インド政府によって米国政府に知らされたと伝えられている(原注24)。

この送金の発見は、マームード・アーマド将軍が九月十一日にワシントンにいた——実際、九月四日から、九月十一日の七日後までそこに滞在していた——ことがわかったときに、さらなる重要性を帯びることになった。この期間のあいだ、彼は九月九日までCIAのジョージ・テネット長官と会っており、それからペンタゴン、国家安全保障会議、国務省や、下院と上院の情報委員会の委員長と会ったと報じられている。パキスタンの代表的な新聞『ニューズ』は、九月十日に次のような重要なコメントをしている。「アーマド将軍の訪問を興味深くしているのは、そうした訪問の歴史である。彼の前任者が最後にワシントンにいたとき、パキスタンの国内政治は数日のあいだに混乱状態になっていた。」ここで言及されているのは一九九九年十月十二日のクーデタのことで、そのときムシャラフ将軍が政権を握った——そのあと彼はクーデタ成功の功労者であったアーマド将軍をISIの長官にした——とトンプソンは指摘する。(原注25)

しかしこの訪問の際にも九月十一日の攻撃だけでなく、いくつかの出来事が起こった。九月九日には北部同盟の指導者アーマド・マスードが暗殺の犠牲になったが、北部同盟はそれがISIの仕業だと宣言した。この暗殺がISIの長官とCIAの長官のあいだの会談の延長の直後に起こったということは、米国が長年のあいだ、「ナショナリストの改革派とみなされていたマスードの弱体化」を求めてきた事実に照らすと特に重要であると、チョスドフスキーは示唆する。この暗殺は「米国の利益に奉仕するものだった」と示唆しながら、チョスドフスキーは、「マスードが死亡したあと、北部同盟は異なる派閥に分裂した。もしマスードが暗殺されていなかったならば、彼は米国のアフガニスタン空爆のあとで形成されたタリバン後の政府の首班になっていたであろう」と付け加えている。(原注26)これらの考察によって、第六章（一六五頁参照）で論じた国防情報局（ＤＩＡ）がジュリー・シアーズをどう扱ったかを説明することができるであろう。

マスード暗殺の重要性は、おそらくジョン・オニール――アルカイダ調査の試みを妨害されたあとでＦＢＩを辞職した捜査官――によってほのめかされていた。マスード暗殺の翌日である九月十日に、オニールは新しい勤務先である世界貿易センターのノースタワーに移動し、そこでセキュリティの主任となり、九月十一日の犠牲者のひとりとなって殉職した。九月十日の夜に彼は同僚にこう語ったと報じられている。「何か大変なことが起こるだろう。アフガニスタンで起こりつつある事態がどうも気に入らない」(原注27)。

九月十一日の公式説明の反論者の観点から見ると、ＩＳＩの長官がワシントンを訪問しているあいだにマスードが暗殺されたという事実は、ワシントンがこの訪問を内密にしておこうとする理由のひとつかもしれない。いずれにせよ、二〇〇二年五月十六日のコンドリーザ・ライスの記者会見の筆記記録と比べてみると、ブッシュ政権がアーマド将軍のワシントン滞在が広く知られることを望んでいなかったことを示していると、チョスドフスキーは考えている。連邦ニュースサービスから得た筆記記録（訳注：トランスクリプト）は、次のようなやりとりが行われたことを示している。

質問　あなたはその時点で、ＩＳＩの長官が九月十一日にワシントンにいて、そして九月十日にパキスタンからこの地域のグループに一〇万ドルが電子送金されたという報告を知っていましたか？　そしてなぜ彼はここにいたのですか？　彼はあなたあるいは政府の誰かと会っていたのですか？

ライス　私はその報告は見ていませんし、彼は確かに私には会っていませんでした。

パキスタンの情報機関の長官が国家安全保障会議には参加したが、大統領の安全保障担当補佐官には会わなかったということが信用できるかどうかという問題はひとまずおくとして、他の疑わしいことは、チョスドフスキーが指摘するように、この記録のホワイトハウス・バージョンが次のような文章で始まることである。

質問　ライス博士、あなたはその時点で（一部聞き取り不能）が九月十一日にワシントンにいたという報告を知っていましたか……？

記録のこのバージョン――それは連邦ニュースサービスからの記録と違って、議論されていた人物が「ISIの長官」だったという情報を含んでいない――は、その日の遅い時刻にCNNの「政治の内幕」で報道されたものだった。(原注28)

米国政府高官がISIとのつながりを隠したがっているという疑いは、チョスドフスキーによって提示された、FBIがパキスタンとのつながりについて報告するときに、アーマド将軍、サイード・シェイク、あるいはISIに言及していないという事実によっても示唆される。たとえば、AB

Cニューズのブライアン・ロスは、連邦当局から、FBIが「パキスタンの銀行からの一〇万ドル以上の送金を追跡してきた」と言われたと報じた。ロスはまた、『タイム』誌によると、「その金の一部は、オサマ・ビン・ラディンとつながりのある人々まで直接たどることができる」とも報じている。(原注29) FBIがその話を報告するやり方は、金が「オサマ・ビン・ラディンとつながりのある人々」から来たと言うことで、アーマド将軍、サイード・シェイク、そしてISIから注意を逸らしたのである。実際、このように都合の悪い部分はきれいに隠されて、資金の移動について困惑をもたらしたであろう発見が、公式説明——攻撃の主要な責任はオサマ・ビン・ラディンに属するというもの——を確証するために用いられたのである。

その後の証拠は、サイード・シェイクがもっと沢山の金をアタに送金していたことを示している。トンプソンは明らかに一〇万ドルが二〇〇〇年に送金され、さらに一〇万ドルが二〇〇一年八月十一日に送金されたと言い、そして十月に発覚した事実がこれらの資金移動のうちのどちらに言及しているのかということは明らかでないと言う。(原注30) また、『ニューヨーク・タイムズ』は、総計約三二万五〇〇〇ドルが「ムスタファ・アーマド」という人物によってアタのフロリダの口座に送金されており、この名前は『ガーディアン』(原注31)とCNNを含む一部のメディアによって、サイード・シェイクの別名とみなされている、と示唆した。この人物からアタの口座への最後の送金は、九月八日および九日になされた。(原注32)「これら土壇場の送金は、九月十一日へのアルカイダの関与の決定的証拠だと大袈裟に宣伝されている。というのは、サイードはビン・ラディンの財政マネージャーとして知られているからだ」。とトンプソンは報告する。しかし、トンプソンはこう問いかける。「サイードはISIの仕事もしているのだから、これらの送金は同時にＩＳＩが九月十一日に関与している決定的証拠ということにもなるのではないだろうか？」(原注33)

チョスドフスキーはこの考えをさらにおしすすめて、ＩＳＩのアタへの送金のストーリーを、その週におけるＩＳＩ長官のワシントン滞在と結びつけて、「九月十一日の背後にある失われた環」と呼んでいる。彼が要約した説明によると、

九月十一日のテロリストは彼ら自身の意志で行動したのではない。自爆攻撃のハイジャック犯たちは注意深く計画された情報作戦の道具だった。証拠はアルカイダがパキスタンのＩＳＩによって支援されていたことを確証しており、ＩＳＩがその存在をＣＩＡに負っていることは文書によって十分に示されている。(原注34)

したがって、チョスドフスキーはこの証拠が「米国の軍事・情報体制のなかの重要な人物たち」による共犯の可能性を示唆していると考え、「これがブッシュ政権の関与を意味するかどうかは、まだ確実に立証されていない。この段階では少なくとも調査が必要だということは言える」と付け加える。(原注35)

この送金が九月十一日の計画における米国の直接的関与を指し示しているかもしれないと考えているのはチョスドフスキーだけではない。アーメドとジャレッド・イスラエルはどちらもＣＩＡとＩＳＩの長年にわたるつながりは、米国の財政援助がＩＳＩを通じてアルカイダに流れていることを意

味しているのでないかと問いかけている。[原注36]

この可能性は、『ピッツバーグ・トリビューン・レビュー』に掲載された次のようなストーリーによっても示唆される。「サイード・シェイクの力がＩＳＩからではなく、ＣＩＡとのつながりから来ているのではないかと信じている人がムシャラフ政権のなかにはたくさんいる。サイード・シェイクは買収され、資金を供与されているという説である[原注37]」。

アーメドはＣＩＡが資金援助しているという示唆は推論だということは認識しているが、次に起こったことは少なくとも、ワシントンはアルカイダとＩＳＩとの継続的なつながりが調査されることを望んでいないことを示したと考えている。

アフガニスタン空爆が始まる直前の十月八日に、アーマド将軍はパキスタン統合情報部（ＩＳＩ）長官の地位を辞任した。引退する時期だと彼が判断したためと報道されていたが、『タイムズ・オブ・インディア』の記事は「真相はもっとショッキングだ」と述べた。このもっとショッキングな真相とは、インドが米国の高官にアーマド将軍の命令による送金の証拠を伝えると「米当局が彼の解任を求め」、そのあとで彼はひっそりと解職されていた、というものであった[原注38]。アーメドにとって、この行動は隠蔽を示唆する。

米国は――ＩＳＩの役割について本格的な調査の陣頭指揮をとっていると思われているが――実際は背後からＩＳＩの長官に静かに退任することを求めることによって調査を妨害したのである。

米国は、当時のＩＳＩ長官に組織改造という口実でスキャンダルなしに辞任するように圧力をかけることによって――同時に彼がハイジャックの主犯とされているモハメド・アタに送金していることに注目が集まることを回避しながら――この問題へのいかなる調査も効果的に阻止したのである。それはこれらの事実が広まることを阻止し、そしてＩＳＩ長官――九月十一日のテロ攻撃に明らかに共犯関係にある――が責任を問われることなく退場することを許したのである。

こうした皮肉な政策の背景にある動機が何であるにせよ、米国の対応は、少なくとも政府側のかなりの間接的な共犯性を示唆していることは疑う余地がない。米国政府は世界貿易センターやペンタゴンの攻撃におけるハイジャックの主犯に資金を供与した軍事情報機関の調査と訴追よりも、その保護により大きな関心を持っているように思われる。(原注39)

チョスドフスキーも同様に、「ブッシュ政権がこれらのＩＳＩとの関連の調査を拒否した」のは非常に気がかりなことだと思っている。(原注40)

ＩＳＩと九月十一日のもうひとつのつながりの可能性は、シャイク・モハンメドだ。彼は米国政府によって九月十一日の攻撃の首謀者と特定された（同様にプロジェクト・ボジンカ、一九九三年の世界貿易センター爆破、米海軍コール号の爆破の計画者のひとりでもある）。

いくつかの報告によると、一九九九年に彼はアタのハンブルクのアパートを繰り返し訪れていた。(原注41)

われわれが先に見たように、九月十一日の前日に、ＮＳＡ（国家安全保障局）によって傍受されていた電話連絡で、彼は明らかにアタに最終承認を与えた。これらすべては一般に知られている（しかし、ＮＳＡによると、その電話の内容は九月十一日のあとまで翻訳されなかったという但し書きつきで）。

しかし滅多に言及されないのは、パキスタン人であるシャイク・モハンメドがＩＳＩとつながりを持っていたという証拠である。この沈黙を破った少数の例外のひとりは、テロと非通常戦争に関する議会対策委員会の委員長であるジョセフ・ボダンスキーで、彼は二〇〇二年に「モハンメドはＩＳＩと関係があり、ＩＳＩは彼を保護する行動をしていた」と述べた。(原注42) もしこれが正しかったら、九月十一日の前日にモハメド・アタはＩＳＩのエージェント（サイード・シェイク）によって資金を供与され、別のＩＳＩエージェント（ハリド・シャイク・モハンメド）によって最終承認を与えられたことになる。さらに、われわれがこれから見ていくように、サイードとモハンメドは別のＩＳＩ関連作戦で密接な協力関係にあったという証拠がある。

パキスタンのＩＳＩ（統合情報部）を調査すべきさらなる根拠

九月十一日についての公式説明の反論者たちは、米国の高官たちが米国におけるＩＳＩとアルカイダ工作員たちのつながりを明らかに隠蔽しようとした事実に加えて、九月十一日を本当に理解するために焦点をあてる必要があるＩＳＩについてのストーリーがまだ他にもあることを報告している。これらのストーリーのいくつかは調査報道ジャーナリストたちに関連している。

二〇〇一年十一月に、クリスティナ・ラムはパキスタンにいて、ISIとタリバンのつながりを調査していたが、ISIは彼女を逮捕して国外追放した(原注43)。

二〇〇二年一月下旬に、『ウォール・ストリート・ジャーナル』の記者のダニエル・パールは、『ワシントンポスト』の記事によると、パキスタンで「パキスタンの過激派と、アメリカの旅客機をスニーカーに隠した爆薬で爆破しようとしたことで訴追された英国人リチャード・C・リードとのつながり」を調査しているときに誘拐された。

リードがアルファクラと呼ばれる宗教グループとつながりを持っていたかもしれないと示唆する『ボストン・グローブ』の記事を読んだパールは、彼が誘拐されたとき、明らかにそのグループの指導者アリ・ジラニに会いに行っていたのである。

ジラニはサイード・シェイクおよびISIとつながりを持っていたと報じられた。『ワシントンポスト』の記事は続けている。「調査の過程で、パールはパキスタンの秘密情報機関に関係する地域に迷い込んだのかもしれない(原注44)」。米国の報道陣はしたがって、早くからパールの行方についてはISIに責任があると疑っていた。

誘拐者が単なる普通のテロリストではなかったということは、彼らの要求、特に米国がF―一六戦闘機をパキスタンに売却することを求める要求によって示唆された。トンプソンがコメントするように、「これまでいかなるテロリスト集団もF―一六戦闘機に関心を示したことはないが、この要求およびその他の要求は、パキスタン軍部とISIの願望を反映している(原注45)」。実際、一月の終わりにUPIによって、米国の情報機関は誘拐者がISIとつながりがあると考えていると報じた(原注46)。このあと、パールについての記事は滅多にＩＳＩに言及していない。

　パールが殺害されたことがわかったあと、サイード――モハメド・アタに一〇万ドルを送金したＩＳＩのエージェント――が誘拐に関与していたこともわかった。ＩＳＩはサイードが一週間のあいだ隠れるようにしたが、そのあと、サイードもＩＳＩもこの一週間に起こったできごとについて話していない。パキスタンの警察はそのときパールの殺害容疑を彼に向けていた。サイードは最初は自白したが、絞首刑の判決を受けたあと、自白を撤回した。トンプソンは問いかける。「サイードはＩＳＩの保護のもとでの失われた一週間のあいだに軽い刑で済ませてもらうために秘密の取引をしたが、その後約束を破ったのか？」(原注47) いずれにせよ、サイードの逮捕と有罪判決のあいだに、何かの記事が彼のアルカイダとのつながりに言及し、誰かが彼とＩＳＩのつながりに言及し、少数の人が彼が両方のグループに関係しているかもしれないことに言及したが、多くの記事はどちらのつながりにも言及しなかった、と報告している。さらに、二〇〇二年七月のサイードの有罪判決までには、「米国の新聞でサイードとアルカイダあるいはＩＳＩとのつながりを報じたものはひとつもなかった」。トンプソンは問いかける。「メディアはＩＳＩと九月十一日のつながりをほのめかすようなニュースを報じることを恐れているのだろうか？」(原注48)

　さらに同じ疑問は、ハリド・シャイク・モハンメドがパールの事件に関与したことについて報じることに関しても言える。一九九七年に元ＣＩＡエージェント、ロバート・ベアは、カタールの元警察長官に――モハンメドはフィリピンでのボジンカ謀議が暴露されたあと同国に逃げていた――モハンメドはビン・ラディンの側近のひとりだと言われた(原注49)。ベアはそれからパールに、モハンメドについて語った、それでパールはリードとモハンメドのつながりを調べようとしていたのかもしれない。調査者たちは後に、いずれにせよリードはモハンメドの監督のもとで活動をしたのだと考えるようになった(原注50)。彼らはまた、モハンメドが誘拐の首謀者だと考えるようになった(原注51)。さらに、ジョセフ・ボダンスキー――二〇〇二年にモハンメドはＩＳＩとつながっていると主張した人物――もそのときモハンメドがパールの殺害を命じた人物だと主張し(原注52)、二〇〇三年十月にはリポーターのジョン・ラプキンが米国の高官は「いまでは［モハンメドが］パールを殺したと信じさせるに足る新しい情報を持っている」と述べた(原注53)。

しかしこのストーリーにおいて、ＩＳＩの関与の可能性についての言及はない。パールは「イスラム戦士たちのストーリー」について調査していたと言われている。そしてモハンメドがつながりを持っていた唯一の組織はアルカイダである。

いずれにせよ、九月十一日の首謀者とみなされているハリド・シャイク・モハンメドは、ダニエル・パールの誘拐と殺害の背後にもいたと考えられている。もしそうならば、パールが九月十一日についての真実を発見するかもしれないという恐れから殺されたのかもしれないと推論することは、大きな飛躍ではないだろう。そしてもしモハンメドが本当にＩＳＩとつながっていたのなら、これはＩＳＩの九月十一日への関与を疑うさらなる理由にもなるだろう。

しかしパキスタン政府が、二〇〇二年二月に『ニューズ』がサイードとＩＳＩとのつながりについてのストーリーを記事にするのを阻止できなかったときに、ＩＳＩとジャーナリストたちにかかわるさらにもうひとつのストーリーが浮かび上がった。サイードはインド議会攻撃への関与を認めただけでなく、ＩＳＩがその攻撃の資金、計画、実行の面で彼を支援していたと述べたことも、そのストーリーは明らかにした。そのすこしあと、ＩＳＩは『ニューズ』にその記事を書いた四人のジャーナリストを解雇するように圧力をかけ、さらにその新聞の編集者に謝罪を要求した。ジャーナリストたちは解雇され、編集者は国外に逃げた。[原注54] これらの報道を要約したあと、トンプソンは付け加える。「この情報は、ダニエル・パールの殺害には表に出ているよりもたくさんのことが隠されているという表題の記事から得ているが、確かにその記事の言う通りだと思われる[原注55]」。

ＩＳＩには明らかにたくさんの隠すべきことがあるという事実と、あるアメリカのジャーナリストがモハメド・アタに送金したのと同じＩＳＩのエージェントによって誘拐され、おそらく殺されたと報じられている事実をあわせると、米国の情報機関はＩＳＩについてのすべてを知るために、サイードとのインタビューを切望するようになったと考えられるであろう。たとえば、『ワシントンポスト』はこう言った。「それ（ＩＳＩ）は恐怖の館であり、暴かれるのを待っている。サイードが語り手だ[原注56]」。

しかし二〇〇二年二月下旬に『タイム』誌は、米国が身柄を拘束しているタリバンで二番目に地位の高い高官であるムラー・ハジ・アブドゥル・サマト・ハクサルが、数カ月の黙秘のあと「ＩＳＩのエージェントがまだタリバンやアルカイダのなかに混じっている」という情報を進んで提供しようとし、ＣＩＡの尋問を待っていると報じた。何カ月も後に『インディアン・エクスプレス』は、パキスタンの刑務所にいるサイードが、なぜまだ米国の情報機関の尋問を受けていないのかと疑問を呈している[原注57]。

このように好奇心が欠けているのは、米国の情報機関はこれらの男たちが未知の情報を語ってくれることはないと想定しているからだと、公式説明の反論者たちは考えている。

実際、ＩＳＩとのつながりを追及するどころか、ワシントンはつながりを否定することに熱心であるように思われる。二〇〇二年三月にパウエル国務長官は、パールの殺害と「ＩＳＩの幹部」のあいだにつながりはないと宣言した。主要な容疑者であるサイード・シェイクがＩＳＩのために働いていたという圧倒的な証拠に照らしてみると、パウエルの否認は「ショッキング」だと『ガーディアン』は述べた。(原注58) そのすこしあと、アシュクロフト司法長官がサイードに対する刑事訴追を発表したときには、彼が九月十一日の攻撃に資金提供したことへの言及はなかった。(原注59)

ＩＳＩの関与を隠蔽したい当局の願望を示唆するこれらの出来事には、報じられたところによると、さらに一九九九年に驚くべき前例があった。後の報道によると、米国政府への情報提供者であったランディ・グラスが、彼自身と何人かの非合法兵器商人と、ラジャ・グルム・アッバスという名前のＩＳＩエージェントのあいだのディナーでの会話を録音した。一九九九年七月十四日に行われたこのディナーは、近くのテーブルに客を装ってすわっていたＦＢＩのエージェントによって監視されており、世界貿易センターが見えるレストランで行われたものだった。

アッバスは、ビン・ラディンに供与するために、盗まれた米国の兵器を一隻分買いたいと述べるとともに、世界貿易センターを指さしてこう言った。「あのタワーが崩れるだろう」。(原注60)

二〇〇二年六月に、アッバスは米国の兵器を非合法に買おうとした容疑で、秘密裏に訴追された。しかしこの訴追が二〇〇三年三月についに明らかになったとき、「パキスタンや、以前のアフガニスタンのタリバン体制とのつながりや、兵器の最終的な行き先についての言及はなかった」[原注61]。

もしこのストーリーのツインタワーについての部分が真実なら、それは明らかに、世界貿易センターを攻撃する計画が、ブッシュ政権の成立よりずっと前に、さらに二〇〇〇年九月――このとき新しいアメリカの世紀のためのプロジェクト（ＰＮＡＣ）はその宣言を公表して、「新しい真珠湾攻撃」によってもたらされる可能性のある利益に言及した――より前に、論じられたことを示唆している。そしてもし真実なら、さらに、九月十一日の計画へのＩＳＩの関与を示す状況証拠はいっそう強いものとなり、ブッシュ政権が九月十一日についてのあらゆるストーリーからＩＳＩの名前を消そうとしている事実への関心をさらに高めるであろう。

飛行学校調査から逃避したＦＢＩ[訳注]

攻撃の背景についての好奇心が欠けていることは、ＦＢＩの次のようなストーリーによっても示された。それは九月十一日の四日後に知れわたった、いわゆるハイジャック犯の多くが米軍の施設で飛行訓練を受けていたということに関連する。これらの施設には、ペンサコラの海軍航空基地、サンアントニオのブルックス空軍基地、アラバマのマクスウェル空軍基地、カリフォルニア州モントレーの防衛言語研究所が含まれる[原注62]。

訳注　「逃避」と「飛行」はどちらもflightである。

ペンサコラの基地は、男たちのうち三人の自動車運転免許証の現住所としてさえ使われていた[原注63]。

これらの報道について尋ねられたとき、米空軍のスポークスパーソンは、名前は似ているが、「たぶん同一の人々について話しているわけではないだろう」と述べた(原注64)。

テレビプロデューサー、著述家、調査報道ジャーナリストであるダニエル・ホプシッカーは、彼が空軍の広報事務所のある少佐にこのストーリーについて尋ねたとき、彼女が「履歴書によれば、彼らは同一人物ではありません。年齢のいくつかは二十歳若く記述されています」と言ったと報告している。

しかし、ホプシッカーが自分はモハメド・アタにだけ関心があるのだと答えて、彼女に「マクスウェル空軍基地の空軍国際将校学校に出席していたモハメド・アタの年齢が報道されたテロリスト、アタの年齢と違っていたと言うのか」と尋ねると、彼女は答えた。「ええと、そうではありません」。それからホプシッカーがマクスウェルの学校に出席していたモハメド・アタについての情報を知りたい、彼に接触できるように、と言ったとき、少佐は彼がその情報を得られるとは思わないと述べたと伝えている。

九月十六日に、ニュース報道は米軍の学校に出席していたと伝えられているアタと他に二人の男たちに関して、「当局は三人の個人について、年齢、出身国、その他の詳細を公表しない」と述べた(原注65)。

米国の上院議員たちでさえ、はっきりと妨害された。フロリダの上院議員ビル・ネルソンはハイジャック犯のうちの三人がペンサコラの海軍基地で訓練を受けたことを知って、アッシュクロフト司法長官に手紙を送って、それは本当かどうか尋ねた。ホプシッカーの報告によれば、ネルソン上院議員のスポークスマンがこれについて尋ねられたとき、彼が「われわれは司法省から確定的な回答は得られませんでした。それでわれわれはＦＢＩに答を求めました。……これまでの彼らの回答は、複雑で困難なことをかきわけて調べようとしている、というものでした」と言った。

この「複雑で困難な」問題は未解決であり、何十もの他の事実が広範で徹底的な捜査を求めて大声で叫んでいるようにみえるにもかかわらず、十月十日、ミュラーＦＢＩ長官は、ＦＢＩの一カ月にわたる九月十一日に関する捜査を「歴史上最も徹底的な捜査」と呼び、その終了を宣言した。政府高官たちは、ミュラーの態度は彼の捜査官たちがいまでは「九月十一日の出来事についての広範な知識」を持っているから、「いまや先に進むべきときだ」というものだったと述べたと報じられている。(原注66)

『ワシントンポスト』によると、ミュラーは「ハイジャック犯のうちの数人が米国で飛行訓練を受けたという報告をこれは明らかにニュースだと述べた」。しかし彼はこのニュースについて捜査していた捜査官たちを配置転換した。(原注67)ある法執行官が「捜査スタッフたちに、われわれはいま犯罪を解決しようとしているのではないということを理解させなければならなかった」と言っていたと報じられた。(原注68)

公式説明の反論者たちによれば、隠蔽はＦＢＩがこのストーリーを捜査するのを拒んだことによってだけでなく、ハイジャック犯の一部がフロリダ州ベニスの二つの航空学校で訓練を受けたことを以前に隠そうとしたという証拠によっても、示唆される。ホプシッカーは男たちの多くがこれらふたつの学校で訓練されたことを報告し、また九月十一日のちょうど十八時間後——午前二時——にＦＢＩの捜査官たちが両方の学校に来て学生名簿を抜き取ったことも報告している。(原注69)

このストーリーは、ペンタゴンで激突が起こった直後にその向かい側のガソリンスタンドからＦＢＩが監視カメラのフィルムを押収したストーリーと同様に、ＦＢＩがむしろ詳しい事前知識を持っていたという容疑をさらに深めるものである。

オマル・アル・バユミを早期釈放したＦＢＩ

公式説明の反論者たちが重要と考える、九月十一日以降の捜査についてのひとつの事実は、ハイジャック犯と明らかな関係がない多くの人々が逮捕されて、長期間拘留される一方で、明らかにつながりのあるように思われる人々が、仮に逮捕されたとしても、すぐに釈放されたということである。たとえば、一九九九年にさかのぼるが、ナワフ・アルハズミとハリド・アルミドハル――後にハイジャック犯のうちの二人であると名指しされることになる――が最初に米国に入国したとき、彼らはロサンゼルスの空港でオマル・アル・バユミというサウジ人と会った。彼は車を運転して二人をサンディエゴに連れていき、アパートを提供した。彼はまた、二人が銀行口座を開き、自動車保険を契約し、社会保障カードを取得し、フロリダの航空学校に電話するのを援助した[原注70]。

後に連邦議会の［上下院］合同調査でわかったように、「サンディエゴにおけるＦＢＩの最良の情報源のひとりは、局［ＦＢＩ］に、アル・バユミ――多額の資金にアクセスできるように見えた――はサウジアラビアの情報部員に違いないと思うと伝えた[原注71]」。

九月十一日の二カ月前に、アル・バユミはイギリスに移った。九月十一日、彼はＦＢＩと協力関係にある英国の捜査官によって逮捕された。しかし、ＦＢＩは、彼がアルハズミとアルミドハルに偶然会ったという供述を表向きは受け入れて、「一週間後に訴追せずに」彼を釈放することによって、英国を怒らせた。トンプソンはこうコメントしている。「アル・バユミの迅速な釈放は、いかなる種類のテロとも関連がないにもかかわらず、九月十一日以降に何カ月も氏名を公表されないまま拘留されている数百人の米国人イスラム教徒と鋭い対照をなしている(原注72)」。

国家安全保障局での隠ぺい？

二〇〇一年十月下旬に『ボストン・グローブ』は何人かの政府の情報機関の高官が、九月十一日に関連した情報が国家安全保障局（ＮＳＡ）によって破棄されたと言って激怒していると報じた。彼らはまた、ＮＳＡの協力がないのでいくつかの有力な手がかりがフォローされていないとも主張した(原注73)。トンプソンが明らかに関連があると考えている、あるストーリーでは、調査報道記者でＮＳＡに詳しいジェームズ・バンフォードが、特定されたハイジャック犯のうち少なくとも六人――ワシントンからの第七七便に乗っていたとされる全員を含む――が八月から九月十一日まで「たまたまＮＳＡの本拠地でもあるメリーランド州ローレルで生活し、働き、すべての活動を計画し発展させていた。だから彼らはこれらのことを謀議しているあいだ、実際にＮＳＡ職員の目と鼻の先で生活していたのだ」と報じた(原注74)。この事実は単に偶然の一致かもしれないが、ＮＳＡ高官による隠蔽の告発は、人に疑問を抱かせるものであろう。

ムサウィにかかわるその後の展開

二〇〇二年七月二日に、ザカリアス・ムサウィからの申し立てが連邦の法廷で公表された。ムサウィは米国政府が九月の攻撃が起こるのを望んだことを示す情報を持っていると主張して、彼が大陪審と連邦議会での証言を望んでいることを表明した。[原注75] これまでのところ、彼が何を言おうとしたのかは明らかになっていない。

二〇〇二年九月に、調査報道記者のセイモア・ハーシュ[訳注]は、ムサウィが前年の十一月に訴追されて以来、連邦の検察官が彼と司法取引を議論していなかったことを明らかにした。「ムサウィの弁護士たちとＦＢＩの何人かの高官たちは、政府が司法取引を追求していないことに困惑し続けている」と報じて、ハーシュは連邦の国選弁護人の言葉を引用した。「共謀事件において政府が、被告が何か情報を持っているかどうかに関心を示さない――共謀について何か隠されていないか知ろうとしない――のは、私はこれまで一度も見たことがない[原注76]」。

訳注　セイモア・ハーシュはベトナム戦争のソンミ村ミライ地区虐殺事件（一九六八年）やイラク戦争のアブグレイブ刑務所虐待事件（二〇〇三年）などの調査報道でよく知られている。邦訳にセイモア・ハーシュ著（伏見威蕃訳）『アメリカの秘密戦争　9・11からアブグレイブへの道』（日本経済新聞社、二〇〇四年）などがある。

七月にＡＰ通信が配信した記事には、次のような内容が含まれていた。

司法省は月曜に、法廷命令に逆らって、テロ容疑者ザカリアス・ムサウィについて証言できるアルカイダ証人を出頭させないつもりだと言った。これが、告訴が却下されることを意味するのを検察官が理解していたにもかかわらず。

もしレオニー・ブリンケーマ連邦地方判事が事件を却下したなら、米国で九月十一日の事件を訴訟に持ち込む唯一の方法は軍事法廷しかないだろう。……

その却下は、九月十一日の事件を組織した容疑者のラムジー・ビナルシブの宣誓証言が行われないことを意味すると政府は認識している、と［担当者は］述べた。司法省の決定はまた「正義の追求が他の措置によっては達成できないことを法廷が証明できない限り、その告訴を却下することを法廷に義務づけている」と訴追書類は述べた。……

ブリンケーマ判事は、弁護人がついていないムサウィは衛星中継を通じてビナルシブを尋問することを許されるべきであると判断した。そのやり取り——それを政府は必死で阻止しようとしているのだが——は、もしムサウィの事件が裁判にかけられるならば、陪審員に見せることができるであろう。……

当初の議論を繰り返して、政府は月曜に次のように述べた。「その宣誓証言――テロリストと認められ悔悟の念が見られない人物（被告）がアルカイダの共犯者のひとりを尋問することにかかわる――は必然的に機密情報を無許可で開示することになる。そのようなシナリオを政府は受け入れることができない。政府は被告を訴追する責任を負っているだけでなく、すでに数千人の我が市民同胞を殺害した敵との戦いにおいて、我が国の安全を保障する責任もあるからである。(原注77)」

これらの話の内容は九月十一日についての公式説明の反論者の観点から見ると、司法省の主要な関心事は、何が本当に起きたのかを明らかにすることではなく、「二〇人目のハイジャック犯」として知られる男を告訴することでもなく、その男が公開の場でしゃべるのを阻止することであることを、示唆している。

処罰されるはずの担当官の昇進

われわれが見てきたように、九月十一日の攻撃を阻止できなかった理由を説明する二つの主要な理論は、米国政府の共犯説と無能説である。バリー・ズウィッカーが指摘するように、「無能にはたいていてい責任者の懲戒が伴う」。だから、懲戒がないことは批判者たちの目から見ると、無能説の弱点なのである。

たとえばトンプソンは、九月十一日のあと一年以上のあいだ、CIA、FBI、NSAの長官たちはみんな、連邦議会の委員会で、彼らの省庁の職員がひとりとして、九月十一日に関連した過失ゆえに解雇あるいは処罰されなかったことを認めたと報告している。(原注78)

反対に、彼らの何人かは昇進しているとトンプソンは付け加える。たとえば、マリオン・「スパイク」・ボーマン――ムサウィの所持品の捜査令状を求めるミネアポリスのFBI事務所の要請を改竄したFBI本部の捜査官――は二〇〇二年十二月に「特別に優秀な業績」でFBIの賞を与えられた。さらに、この賞が与えられたのは、連邦議会の報告書が「ボーマンのRFU（急進的原理主義者担当部門）がミネアポリスのFBI捜査官たちに弁解できないほど混乱した不正確な情報――明らかに虚偽だったのだが――を与えた」と述べたあとのことであった。(原注79)

このことと昇進を考察して、ある元司法省高官は、FBI長官が「まさに失敗の中心にいた当の人物たちを昇進させた」と述べた。(原注80) もちろんそのような措置は、FBIおよび一般にブッシュ政権の観点から見て、九月十一日の出来事は失敗ではなくて見事な成功を意味しているという反論者たちの主張を支持するものである。

公式説明の反論者たちにとって、本章で要約した九月十一日以降の米国政府の対応に関する証拠は、公式説明は虚偽であるだけでなく、真の説明は米国政府の共犯性を指し示しているという結論をさらに根拠づけている。ひとつには、米軍がオサマ・ビン・ラディンを逮捕しようと本気で努力しなかったということは、彼と米国の諸機関との長期にわたる関係が公式説明の主張とは違い、終わっていないことを示唆している。

本章であげた証拠は、実際、米国のどの政府機関が陰謀(訳注)に関与していたかについて、前章であげた証拠以上に、ＣＩＡの関与を示唆している。

本章はまた、少なくともＩＳＩの役割を隠蔽する試みに関して、ホワイトハウスの――したがってさらにＣＩＡの――関与による共犯性のさらなる証拠を提示している。ホワイトハウスが計画に関与していたかどうかについては、もし一九九九年のＩＳＩエージェントによる世界貿易センターのタワーについての予測が本当になされたもので、ＩＳＩとＣＩＡの共同計画を反映しているならば、その計画はジョージ・Ｗ・ブッシュが大統領になることが確実になるよりもずっと前に作成されたに違いないということになる。もし彼「ブッシュ」が計画に関与していたとするならば、彼は基本的な計画がすでに作成されたあとで加わったということになるであろう。

訳注　「陰謀説」の陰謀も、小泉政権から安倍政権にかけて話題になっている「共謀罪」の共謀も、conspiracy である。

第３部　結論

第9章　米国政府高官共犯説は9・11事件を最もうまく説明できるのか？

九月十一日事件の公式説明の反論者たちは、政府の説明が、メサンの最初の著書の英訳のタイトルのように「大嘘」であると考えている。少なくともこれらの反論者たちのほとんどは、九月十一日に関する修正主義者［異論派］であり、アーメドの言葉を借りると、「記録された事実を最もうまく解釈できる仮説は、二〇〇一年九月十一日の事件に対する米国の国家責任を直接指摘している」(原注1)と考えている。この時点でアメリカの市民にとっての最も重要な問題は、この修正主義的結論を支える議論全体に十分な説得力があるかどうか、あるいは少なくとも、それを支えている様々な考察の根拠を徹底的に調査するに足るほど、疑問に思わせるものかどうか、ということである。

誰の利益になったのか？

公式説明の反論者たちによれば、これらの考察の中心にあるのは、九月十一日の攻撃によって計り知れない恩恵が、攻撃への共犯性を疑われている諸機関にもたらされたという事実である。アーメドは調査報道ジャーナリストのパトリック・マーティンの発言を引用することによって、この問題についての議論を紹介している。

> いかなる犯罪を調べる際も、重要な問題は「誰の利益になったのか?」ということでなければならない。世界貿易センターの破壊の主要な受益者たちは、米国にいる。すなわち、ブッシュ政権、ペンタゴン、CIA、FBI、軍需産業、石油産業である。この悲劇からこれほど大きな利益を得た者たちが、悲劇の発生に貢献したかどうかを問いかけることは、妥当である。(原注2)

具体的にこうした事例のひとつをあげてみよう。CIA長官ジョージ・テネットは、世界中での秘密作戦を拡大する計画への承認と資金調達を望んでいた。「世界規模の攻撃マトリックス［基盤］」と呼ばれるテネットの計画について、ボブ・ウッドワードは「それは進行中あるいは彼がいま推奨している八〇カ国での秘密作戦について記述しているものである」と報道した。九月十一日の四日後、キャンプ・デーヴィッドでの会合において、テネットは承認を受けた(原注3)。そのすこしあと、「CIAの予算は四二%増額され、世界規模の攻撃マトリックスをうまく遂行できるようになった」とメサンは指摘している(原注4)。

ペンタゴンと軍需産業については、大統領は「いかに費用がかかろうとも、この新しい戦争に勝つのに十分なほど米国の軍事力は増強されるだろう」と断言して、冷戦の終結以来最大の軍事費増額を実現できたということをあげておく。九月十一日がなければ、そのような増額はまずありえなかったであろう。フィリス・ベニスが指摘するように、「二〇〇二年一月にブッシュ政権が要求した軍事費の四八〇億ドル増額は、それだけでいかなる他国の年間軍事費よりも大きな金額である」(訳注)(原注5)。言い換えると、より平穏な雰囲気であったなら、連邦議会は米国がすでに十二分の軍事費を支出していると判断したであろう。

訳注　米国の年間軍事費は、二〇〇一年度の約二八〇〇億ドルから二〇〇六年の五二〇〇億ドル以上へと増えていくが、二〇〇二年の増額は重要なステップであった。米国の軍事費の年次推移および他国との比較については、戸田清『環境学と平和学』（新泉社、二〇〇三年）八七頁、および高野孟『滅びゆくアメリカ帝国』（にんげん出版、二〇〇六年）六六頁を参照。なお二〇〇一年の軍事費二位はロシアの四三九億ドル、二〇〇五年の軍事費二位は英国の四八三億ドルである。

九月十一日の攻撃は特に、ドナルド・ラムズフェルド、エバーハート将軍、マイヤーズ将軍が主導する宇宙軍予算の大幅増額を可能にした。これらの人たちにとって「ミサイル防衛システム」への新しい支持は、九月十一日から生じた最も重要な利益であったかもしれない。二〇〇一年七月の時点では、ギャラップ社の世論調査で国民の五三％だけがこのシステムを支持したのに対して、十月二十一日に公表された世論調査は支持率が七〇％に急増したことを示したのである(原注6)。

ブッシュ政権自体にとっての利益に関しては、アーメドは、九月十一日以前にはブッシュ政権が危機にあると広範に認識されていたことを想い出させてくれる。多くのアメリカ人はブッシュが不正行為によって大統領の地位を獲得したと思っていた。国内的にも地球規模でも経済危機の増大があった。「ブッシュ政権はその外交政策によってますます孤立しつつあった（訳注）……国連安全保障理事会やその他の国際機関での決議を通すことで失敗していた」。

訳注　二〇〇一年三月の気候変動条約京都議定書離脱、五月の国連人権委員会メンバー国選出落選、七月の小型武器規制国連会議での消極姿勢、八月のＡＢＭ制限条約離脱表明、九月上旬の国連人種差別反対ダーバン会議途中退席、などをさしている。戸田清『環境学と平和学』（新泉社二〇〇三年）二六〇頁以下の年表を参照。

大規模な「反グローバル化」デモがあった。「ブッシュの支持率――個人的にも政治的にも――は急落しつつあった」。それで「ブッシュ政権が二〇〇二年の中間選挙ですでに不安になるほどぎりぎりの過半数になっている下院の現状を維持するのは極めて困難」であり、「ブレジンスキーの著書『偉大なチェスボード』（原注7）で概説されている戦略的および軍事的計画をこの時期に実現するのは不可能であろう」とみられていた。

しかし、「ブッシュ政権は、九月十一日の衝撃的な悲劇をめぐる国民の間に広がったショックと憎悪の感情を利用することで、長期にわたる地球規模の経済的および戦略的目標を前進させ」「それまで直面していたブッシュ政権の正当性（訳注）をめぐる危機を回避することができた」のである。（原注8）

訳注　ブッシュ大統領は不正選挙で選ばれたと考えるアメリカ人が増えていた。

その戦略的および軍事的計画を実施することに関しては、ブッシュ政権とその補佐官たちは、非国家テロリストによる攻撃を、攻撃リストにある諸国家に対する戦争をすすめるための根拠として利用する準備がよくできていたように思われる。九月十一日夕方の国民への演説のなかで、ブッシュ大統領は述べた。「われわれはこうした行為を行うテロリストと、彼らを匿う者たちのあいだの区別をしない」。

それから、序論で言及したように、大統領の演説が終わるとすぐ、ヘンリー・キッシンジャーが既に用意していた意見表明をインターネット上に掲載した。その表明のなかで、彼はブッシュの「区別しない」という点を事実上支持して、こう言っている。

真珠湾攻撃が大日本帝国の崩壊に終わったように、政府は、破壊を行った体制自体の崩壊を期待できるような体系的な対応を行う責務を負うべきである。その体制とは、いくつかの国の首都に匿われているテロ組織のネットワークだ。……この種の攻撃を行える集団を匿ういかなる政府も、その攻撃に関与したかどうかを示せるか否かにかかわらず、途方もない代償を払わねばならないのだ。(原注9)

一週間後、リチャード・パールは「テロの後援者となっている国家も一掃されるべきである」と題された論説で、同じ論点について述べた。

テロリストを匿う諸国――無実の市民を殺す手段を提供している(原注10)――自体も破壊されねばならない。テロに対する戦争とは、そうした体制に対する戦争でもある。

政府とその補佐官たちは、このメッセージで本格的に活動を開始する準備ができていたように思われる。

それはうまくいった。大統領がアメリカの世界規模の対テロ戦争の支援に「世界を結集させる」意図を表明したあと、フィリス・ベニスはこう言った。

世界の指導者たちと世界の政府は反対しなかった。九月十一日の前には、米国の権力が帝国主権者のように振る舞うことに対して、フランスの知識人のあいだで憤激が起きつつあった。九月十一日の前には、ABM条約を破棄するという米国の脅しに対してロシアははっきりと反対していた。九月十一日の前には、ヨーロッパ人やその他の人々は、ワシントンの国際共同体に対する説明責任の欠如を罰しようと慎重な動きを始めていた。

しかしあの九月の火曜日の午前十時までに、すでにためらいがちであったこれらの動きのすべては、急激に停止した。その代わりに、諸国の政府は米国に声援を送り、世界の大半が帝国の権利を主張する米国の側に立つと宣言したのである。(原注11)

特にアフガニスタンにおける以前から計画されていた作戦に関しては、メサンは次のような意見を述べている。「九月十一日の攻撃は、古典的な植民地侵略にすぎないものを正当な作戦として偽装することを許したのである」(原注12)

この国にとっての悲劇が政権にとってとてつもない好機をもたらしたという事実は、広く理解されている。たとえば、ジョン・ピルジャーは、「二〇〇一年九月十一日の攻撃は新しい真珠湾をもたらした」と述べたあと、これらの攻撃は「積年のチャンスのように表現された」と付け加えた(原注13)。ブッシュ政権自身がそうした言葉で表現したのだった。九月十一日夜の国家安全保障会議の会合で、ブッシュ大統領は攻撃が「大きなチャンス」をもたらしたと言ったと報じられている(原注14)。一カ月後、ドナルド・ラムズフェルドは、『ニューヨーク・タイムズ』に、「九月十一日は世界を作りかえるために、第二次大戦が提供したような種類の絶好のチャンスをつくりだした」と語った(原注15)。コンドリーザ・ライスは国家安全保障会議の幹部に、「これらの絶好のチャンスをどのように活用するかについて考えてください」と言った(原注16)。

この論点は、ブッシュ政権が二〇〇二年九月に公表した『アメリカ合衆国の国家安全保障戦略』においても述べられている。「二〇〇一年九月十一日の出来事は巨大な新しいチャンスへの突破口を開いた」と率直に宣言しているのだ(原注17)。

「再三再四」「九月十一日は絶好のチャンスとして表現されている」とピルジャーは指摘する。攻撃によって提供されたチャンスについては、他にも多くの人によってコメントされた。『USニューズ・アンド・ワールド・リポート』のある記事はこう言った。

> それから九月十一日がやってきた。世界規模で憎悪と脅威の感覚が共有され、国際政治を再編成する一生に一度のチャンスをワシントンに与えた。攻撃から十日後に、国務省の専門家は、

コリン・パウエルに一ダースもの政治戦略上の「希望の兆し」のカタログを提示した。（原注18）米国主導のグローバル経済を批判する代表的な第三世界の知識人として知られるウォルデン・ベロー（訳注）も同様に、こう述べた。

訳注　ウォルデン・ベローは一九四五年生まれの社会学者、フィリピン大学教授。邦訳にベロー（戸田清訳）『脱グローバル化　新しい世界経済体制の構築へ向けて』（明石書店、二〇〇四年）などがある。

アルカイダのニューヨークでの任務は、米国とグローバルな支配体制にとって、考え得る最良の贈り物であった。……米国の政治的統治能力の危機に関していえば、九月十一日はジョージ・W・ブッシュを、上院に対するコントロールを失った少数派の大統領から、おそらく近年で最も強力な米国大統領に変えた。（原注19）

国際平和と正義センターの代表であるカレン・タルボットの声明は、彼女がブレジンスキーの本を読んだことを示唆している。

九月十一日のテロ攻撃は、米国にとって質的に新しい絶好の機会を提供した。それは特に巨大石油企業に利益をもたらし、中央アジアの旧ソ連邦諸国とトランスコーカサス地域――「中東に次いで」世界第二位の膨大な石油埋蔵量を有する――に恒久的に軍事力を定着させることができたのである。いまやアフガニスタンとパキスタンを通る石油と天然ガスのパイプラインのプロジェクトを再開させる道が開かれたのだ。……米国にとっての大きな報酬は、石油の豊富な中央アジアにおける恒久的な軍事的プレゼンスを確立する黄金の機会である。(原注20)

よく知られた政治評論家のウィリアム・ファフはこう書いた。

多くのアメリカ人やその他の人々にとって、米国はすでに現代的バージョンの世界帝国の潜在的なボスである。……今後二十〜三十年間の根本問題は、不可避的に、米国がいま行使している驚くべき力をいかに使っていくかということであろう。九月十一日の前には、我が国は、……自己主張する政治的意志を欠いていた。九月十一日はその意志を与えたのである。(原注21)

アーメドはこうした議論を要約する社会哲学者ジョン・マクマートリーの発言を引用している。

「犯罪から最も利益を得るのは誰か？」という犯罪学の原理は、はっきりとブッシュ政権を指し示している。ブッシュ・ジュニアの派閥とその石油、軍需産業そしてウォールストリートの後援者たちが……この大量殺人の爆発から天文学的な利益を得ないと考えることは世間知らずであろう。この人々を麻痺させるような成り行きに乗じて、欲しい物のリストが何でも手に入るわけだ。アメリカ人は外国の悪魔を攻撃することで、急落する経済から目をそらされ、その間、ブッシュ体制の人気は急上昇する。軍部、ＣＩＡ、衛星で装備したあらゆる警備組織は、かつてないほどの資金と力を得て、すでにホワイトハウスによって宣言された「まったく新しい時代」において、市民に対して可能な限り支配的になるのだ。(原注22)

したがって、一般に犯罪が犯されたときには、それから最も利益を得る者が主要な容疑者とみなされるべきだという犯罪学の原理を考慮すれば、ブッシュ政権がこの特定の犯罪に関与したと想定する明白な根拠があるといえよう。あるいは、パトリック・マーティンの注意深い表現を繰り返すならば、「この悲劇からこれほど大きな利益を得た人々や組織が、悲劇の発生に貢献したかどうかを問いかけることは、妥当である」。

他の論点とあわせて、「誰が最も利益を得るのか？」という原理は、われわれを、ブッシュ政権の共犯性を疑う方向へと導くであろうと論じて、アーメドは次にこの容疑を裏付ける証拠を要約している。

政府の共犯性の証拠の要約二四項目

アーメドが自分の見つけた証拠を要約したものに、(原注23)チョスドフスキー、トンプソン、メサン、その他の研究者らが提示した論点を加えてまとめると、以下のような要素が含まれる。

(1)　アフガニスタンとイラクへの攻撃は地政学的理由によってすでに計画されていたので、九月十一日は戦争の理由ではなく口実を提供したにすぎない。
(2)　アルカイダとつながりをもつ男たちの米国入国が規定に反して許可されていた。
(3)　アルカイダとつながりをもつ男たちの米国の飛行学校での訓練が許可されていた。
(4)　ハイジャック対処の通常対応措置を一時停止させる米国政府高官の解除命令がなければ、九月十一日の攻撃は成功しなかったであろう。
(5)　ハイジャックへの対処について、米国政府および軍部の指揮官が誤解を招く、さらには虚偽の説明を行った。
(6)　ジェット戦闘機は緊急発進したが到着が間にあわなかったという現在の公式説明は、九月十一日より何日か後になって案出された。
(7)　世界貿易センタービルの崩壊は［おそらく］爆発物によって引き起こされたものであり、したがって破片とくに鋼鉄片の検査阻止に米国政府が関与したことは、証拠隠滅への関与にあたる。
(8)　世界貿易センターの第二［サウス］タワーおよびペンタゴンからの避難をさせないことによって、政府高官が死者の発生を確実にしようとした。
(9)　ペンタゴンに激突したのはボーイング七五七型旅客機ではなく、巡航ミサイルのようなずっと小さい航空機であった。
(10)　第九三便は、乗客が飛行機のコントロールを確保したことを知った政府の命令で撃墜された。

⑾　ラムズフェルド国防長官は、二つの攻撃についての事前知識を持っていた。
⑿　九月十一日に、ブッシュ大統領は攻撃の発生と深刻さについて無知を装っていた。
⒀　ブッシュ大統領と大統領シークレットサービスは、九月十一日に大統領が攻撃の標的ではないことを知っていた。
⒁　ＦＢＩ（連邦捜査局）は、少なくとも一カ月前に攻撃の時期と標的についての具体的な知識を持っていた。
⒂　ＣＩＡ（中央情報局）とその他の情報機関は、九月十一日の少し前のプットオプション（指定期間内の指定価格での売り付け権利）の監視によって、攻撃についての具体的な事前知識を持っていた（訳注　アメリカン航空とユナイテッド航空の株のみが対象になったことをさす）。
⒃　ブッシュ政権は、攻撃について事前警告はなかったと嘘をついた。
⒄　ＦＢＩとその他の連邦政府機関は、九月十一日の前にテロ計画の解明に結びついたかもしれない捜査を妨害した。
⒅　米国政府は九月十一日の計画におけるパキスタンＩＳＩ（統合情報部）の関与の証拠を隠蔽しようとした。
⒆　米国政府は九月十一日の週にＩＳＩ長官がワシントンに滞在していたことを隠蔽しようとした。
⒇　ＦＢＩとその他の連邦政府機関は、攻撃の後で真犯人の解明に結びついたかもしれない捜査を妨害した。

(21)　米国政府は攻撃の前にも後にも、オサマ・ビン・ラディンの殺害または逮捕を本気で追求しようとしなかった。

(22)　ブッシュ政権の中枢人物たちが「新しい真珠湾」を、それがもたらすと思われる様々な利益ゆえに願望していた。

(23)　ブッシュ大統領自身によって「二一世紀の真珠湾」と呼ばれたこの出来事がブッシュ政権に与えた予測可能な利益によって、(共犯の)動機が説明できる。

(24)　無能力をとがめられた政府職員(訳注　文民と軍人)が解雇されることなく、場合によっては昇進している事実によって、「無能力説」という共犯説に代わる説明は、反証されている。

共犯性を支持する議論を要約して(それにはここにあげた二四項目のすべてではないが、多くが含まれる)、アーメドは決定的真相を提示したふりをするつもりはないと付け加える。むしろ、彼は自分の結論が「これまでに発掘されてきた事実から得られる最良の推論結果にすぎない」と考えている。(原注24)

共犯説について想定しうる問題点

アーメドがこのように議論することは正しい。なぜなら、修正主義者によって論じられた事実を違う視点から位置づける別の事実は十分にありえるからだ。また、彼らが「事実」として提示した項目のいくつかは事実ではないかもしれない。それは、さらなる調査によってのみ判断できるだろう。

さらに、ある命題の主張が「結論的」だという判断は常に部分的には主観的なものであり、判断をする人の先入観次第である。したがって、問題は政府の共犯性の主張――アーメド、チョスドフスキー、メサン、トンプソン、その他の研究者の著作から構成できる最良の主張――が結論的なものかどうかということではない。問題はそれが結論的なものとして広範に認識されうるかどうか、ということである。

そうあるためには、この修正主義理論（訳注：いわゆる陰謀説）の批判者たちが要求しているように、修正主義者たちは「公式説明が正しいことはありえない」と示す以上のことをしなければならないだろう。彼らは現在利用できる関連した事実のすべてを盛り込んで、何が起きたのかについて代替的な説明を、納得できる方法で提示しなければならない。

さらに、修正主義者に再反論する人たちは、その代替的な説明が少なくともそれとなく修正主義者の著作にすでに含まれている限り、それに対して多くの答えようのない質問――それに対する安易な回答はすぐにできないように思われる――を浴びせることができる、と主張するだろう。

たとえば、そのような質問のひとつは、次のようなものかもしれない。もしブッシュ政権のメンバーが新しい真珠湾攻撃を望んだのなら、なぜ彼らは九月十一日に起こった一連の出来事を選んだのだろうか？　それには少なくともホワイトハウス、司法省、ＦＢＩ、ＣＩＡ、ペンタゴンのメンバーにかかわる大がかりな共謀が必要であるにもかかわらず（ここで「選ぶ」というのは攻撃計画への参加を意味する必要はない。それは単に「事件が起こるのを黙認することを選ぶ」という意味でもよい）。

さらに、ハイジャックされた飛行機に対する通常の対応措置を考慮すれば、そうした飛行機が世界貿易センターおよびペンタゴンに衝突するのを許すためには、通常対応措置への明白な違反が必要となり、共謀者たちが気づかれずにそれを行うことをほとんど期待できない［つまり手順違反がばれる可能性が大きい］。彼らは確かに、攻撃のショックとそれに引き続く圧倒的な愛国主義の噴出のおかげで、その計画がばれずにやってのけることがしばらくは可能であると想定できただろう。しかし彼らはどうやって、自分たちのストーリーの矛盾で結局は共謀がばれてしまう結果にはならないと信じることができただろうか？　つまり、はるかに単純なでっちあげ——非常に少人数の犯人によって実行できる化学兵器や生物兵器による攻撃のような——によってほとんど同じ効果が達成できるはずだというのに、そのような矛盾に満ちた説明を必要とする複雑な計画をなぜつくりあげたのだろうか？　結局、新しい真珠湾攻撃は、飛行機による攻撃というところまで、元の一九四一年の日本軍の攻撃を真似る必要はなかったのだ。

さらに、たとえ政権に九月十一日に起こったような攻撃を選ぶ合理的な理由がいくぶんあったと想定するとしても、なぜ彼らは世界貿易センターへの攻撃が爆発物による建物の崩壊による内部犯行であったという事実がばれるような危険を犯したのであろうか？　数千人の人命を確実に犠牲にするために、これがばれてしまうという余分な危険を犯す価値があったのだろうか？　そしていずれの場合にせよ、世界貿易センター第七ビルをなぜ解体したのだろうか？　それによって、ツインタワーが旅客機の衝撃とジェット燃料火災の複合作用で崩壊したという主張がくずれてしまうおそれがあったのに。

また、修正主義者の陰謀説を前提として議論するのだが、容疑がかかっている共謀者たちの行動には結果的には信じがたいほどの無能さを示す多くの特徴がある。たとえば、ペンタゴンが激突されるまでいかなる飛行機もスクランブル発進〔緊急発進〕しなかったのであれば、これには明らかに通常の対応措置を解除する命令が必要であったわけであり、なぜ共謀者たちは最初にこのストーリー（訳注：スクランブルしなかったこと）を語ったのだろうか？　それから、このストーリーが彼らの関与をほのめかすことに気づくと、なぜ彼らは同じように不合理な第二のバージョン——わざわざ遠くの空軍基地に発進命令を出し、その飛行時間は時速わずか数百マイルという遅い速度で飛んだことを示す——をつくりだしたのだろうか？

作戦全体には膨大な計画が必要だったに違いないということを考慮すれば、なぜ最初から全員が語れるように注意深く組み上げられた、つじつまが合うもっともらしい表向きの話がなかったのだろうか？

さらに、〔陰謀説の〕批判者たちは問いかけることができるだろう。なぜ共謀者たちは不必要な嘘や愚かな声明によって余分な疑いを招くようなことをしたのだろうかと。たとえば、どんな駆け出しのリポーターでもそうでないとわかるのに、ハイジャックされた飛行機を迎撃（スクランブル）するだけのために大統領の命令が必要だと言ったのだろうか？

それが嘘だとばれることが確実にわかっているのに、なぜ彼らは攻撃について事前警告を受けていなかったと主張したのだろうか？　そうした事態の通知を直ちに受けることがよく知られているのに、なぜ彼らはブッシュ大統領が我が国が明らかに攻撃されているという事実を知らないように見せたのだろうか？　現代の真珠湾攻撃が展開しつつあるという報告を受けた後でも、なぜ大統領は小学生との朗読会を続けたのだろうか？　彼とスタッフが自爆攻撃の対象にならないことを知っていることを明らかに示してしまうのに、なぜ大統領はおおっぴらに公開された行動日程の場所に居続けたのだろうか？　共謀者たちは、シークレットサービスがもっともらしく気にかけ、大統領が真に大統領らしく振る舞うように見せるような場面をお膳立てしなかったのだろうか？

さらに、もしも彼らの「新しいアメリカの世紀のためのプロジェクト（ＰＮＡＣ）」が二〇〇〇年の文書を作成したときにチェイニー、ラムズフェルド、ウォルフォウィッツ、リビーがこの事件を計画していたのならば、なぜ彼らは誰もが読める文書に「新しい真珠湾攻撃」の願望と読めるような文章を含めることを許したのだろうか？　そしてなぜラムズフェルドは（ここではコックス下院議員の報告が真実であると想定する）世界貿易センターへの攻撃の直前に、そしてペンタゴン攻撃の直前にもう一度、アメリカへのさらなるテロ攻撃が起こることを予測したのだろうか？　それによって彼が事実について、さらに攻撃の時刻についてさえ事前知識を持っていたという疑いに根拠を与えることになるというのに。

別の一連の理論的な質問が、ペンタゴンに対する攻撃についての修正主義的説明によって誘発されうる。ひとつの質問は次のようなものであろう。ペンタゴンはミサイルによって防衛されているというよく知られた事実と、それは地球上で最もよく防護された場所に違いないという一般的な想定を考慮するならば、なぜ共謀者たちはそれを標的に含めたのだろうか？　あるいはもし彼らが標的を選んだのではなくて、単に激突されるのを許したのであれば、なぜ——当初の計画はハイジャックされた旅客機をペンタゴンに激突させることであったと想定する——共謀者たちはペンタゴンが実際に激突されるのを許すことを計画したのだろうか？　特に攻撃してくる飛行機を撃墜することは防衛する意図の証拠を提供するというのに。あるいはもし理論として、計画全体がペンタゴンに軍用飛行機を激突させておいて、ハイジャックされたボーイング七五七型機だったと主張することであったならば、なぜ翼のついたミサイルと思われるようなはるかに小さな飛行機を用いたのだろうか？　多くの人が目撃するだろうし、ペンタゴンに大きな穴をあけることもないし、大きな金属破片を見えるところに残すこともないだろうというのに（今日では、誘導ミサイルだけでなく、飛行機もパイロットなしで飛ばすことができる）（訳注）。

訳注　ペンタゴン激突物体については、ミサイル説のほかにグローバルホーク（代表的な無人飛行機のひとつ）説もある。

あるいはもしそれに代わる理論が、このはるかに小さい飛行機の使用は、第七七便が予想外の墜落をしたという事実（おそらく乗客たちがハイジャック犯に抵抗したために）によって必要となった即興の手段であったというものならば、なぜもっと良い予備の計画が準備されていなかったのだろうか？　あるいは、もっと言えば、なぜ共謀者たちは遠くフランスにいる人にまでそのばかばかしさがわかってしまうような即興のシナリオに置き換えるのではなく、計画をそのまま単純に成り行きに任せなかったのだろうか？　いずれにせよ、なぜ火災があまりに高温で飛行機の鋼鉄もアルミも蒸発してしまったと言ったあとで、犠牲者の身元はそれでも判明できたなどとまったくばかげた主張をしたのだろうか？　さらに、テッド・オルソンの役割については、どんなもっともらしい説明が提示できるだろうか？　彼の上司たちによって画策された作戦で彼の妻が殺されたばかりだということを知ったうえで、彼が上司たちを救うために進んで嘘をつくと信じろというのだろうか？　あるいはストーリー全体がでっちあげだと——バーバラ・オルソンは、本当は殺されていないし、彼女は残りの人生を偽名で過ごさなければならないと——いうことなのか？　そしていずれにせよ、なぜこの信じがたいストーリー——あらゆる乗客が家に電話できるはずなのに、彼女だけが電話をかけている——をつくったのか？　第七七便は墜落しなかったし、ワシントンに戻りつつあるかもしれないという印象を伝えるためにもっと良い方法は考えられなかったのだろうか？　最後に、もしボーイング七五七型機である第七七便がどこか他の場所で——たぶんオハイオかケンタッキーで——墜落したのなら、なぜその発見についての報道がないのか？

修正主義者の仮説にそれとなく言及されている九三便についての説明——それによると、政府高官は乗客が飛行機のコントロールを確保したとわかったあと、撃墜したのだという——によって、さらに多くの理論的な疑問が間違いなく誘発されるだろう。たとえば、秘密作戦の経験を持つ軍とＣＩＡの最良の頭脳を利用できる共謀者たちがなぜ、無線コントロールで爆破できる爆弾を設置するというようなもっと良い予備計画を思いつかなかったのだろうか？　なぜそんなにたくさんの秘密を暴露するサイン——特にジェット戦闘機の目撃——を提供しそうな処理方法に頼るという危険を犯したのだろうか？

最後に、共犯説の批判者たちはまさに無能説の批判者たちによって強調された何の処罰もないという事実から、最も打撃を与える理論的疑問が生じると考えるかもしれない。もし九月十一日が陰謀だったのならば、陰謀説の批判者たちは、なぜスケープゴートがないのかと問いかけるだろう。たとえ間接的にだけだとしても、公式説明はおそらく歴史上最も大がかりな無能説を主張しているのである。なぜなら、このストーリーはＦＢＩの捜査官、ＦＡＡの航空管制官、ＮＭＣＣの高官、ＮＯＲＡＤの高官、ジェット戦闘機のパイロット、その他によって示された信じがたいほどの無能ぶりを含んでいるからである。スケープゴートになれるものはたくさんおり、そのうちの若干名を実際の陰謀者たちを容疑から守るために犠牲にできたはずである。しかし、ほとんどすべての過去の出来事とは反対に、これはなされなかった。(訳注) 実際、もしも公式説明が正しいとするならば、まったくの無能ぶりを露呈したに違いない人々のうち、明らかにひとりも解雇されたり公式に懲戒されたりしなかったし、彼らの何人かは昇進さえした。それによって彼らは上司の望むように行動したのだという疑いを増大させたのである。

しかし、それほど明らかな愚行を、報道機関の盲目的従順さに頼って信じさせようというのは、あまりにも大胆すぎないだろうか。もしブッシュ政権の指導的な人物たちが九月十一日に共犯関係を持っていたのなら、彼らは少なくとも若干名の人々をまったくの無能さゆえに処罰したはずだと想定してはいけないのだろうか？

訳注　たとえば、イラン・コントラ事件ではノース中佐（シロではないが役者のひとりにすぎない）がスケープゴートになってレーガン大統領などが責任を免れたことなどを想起しているのであろう。

これらは、公式説明の反論にほのめかされている共犯説を、想像を巡らせて具体化しようとしたとき、少なくとも私の頭に浮かんだ理論的な疑問点である。これらすべての理論的な疑問点をつき合わせてみると、われわれは単に無能説と共犯説との選択に直面しているだけではないように思われる。

むしろ選択は、一方にある、一時的に信じられないほど無能だった部下たちについての説と、他方にある、陰謀をつくりだすうえで信じられないほど無能ぶりをあらわした高官たち［つまり稚拙な陰謀しかできない高官たち］についての説とのあいだにあるように思われる。そしてこの無能ぶりを「信じられない」と表現することは、それを信じるのは困難であることを示していることになる。したがって、共犯説の批判者たちは、非常にだまされやすい人しかこの説を受けいれないだろう、と言うことができる。

高官レベルの共謀説を受けいれる人は、確かに、「大嘘」に関する説——それによると、大衆はまさに誰かがそんなに無謀なストーリーで事を運ぼうとするとは想像できないがゆえに、小さな嘘よりも大きな嘘を信じやすい——によって計画の明らかな無能さを説明できるだろう。たとえば、ゴア・ヴィダルはこう言う。「ヒトラーの一味は、嘘が大きいほどそれは信用されてしまう傾向があると言ったのだが、そうした人間のだまされやすさを正しく見抜いていたように思われる(原注25)」。しかし、この説明が、政治、情報、軍の世界で頂点にのぼりつめた人々が、明らかにありそうにないつじつまを合わせるための作り話を必要とするような計画を、考え出すだろうかという多くの人々の疑念を解消するのには、役立ちそうもない。

少なくとも現在わかっている事実にもとづいて、広く受け入れられるようなもっともらしい政府共犯説を構築するのは難しいであろうということを示すのにあたって、私は決定的な事実を提示したわけではないと認めているアーメドの主張を拡張しているにすぎない。しかしこの点で、アーメド、チョスドフスキー、メサン、トンプソン、その他の公式説明に対する反論者たちは、要注意の言葉を差し挟みたいと思うかもしれない。回答できない疑問があるという事実は、われわれがその二つの仮説のどちらかをただ選ぶしかない、ということではなく、そのどちらにも重大な疑問が投じられなければならない、と付け加えるであろう。それよりむしろ、彼らが公式説明について提起している疑問点は、この説と知られている事実のあいだの対立にもとづいているのであり、他方、共犯説についてたったいま提起された疑問点は言葉だけの疑問点であり、それらに対して回答を与えることができないことをほのめかしている。しかしおそらく、少なくともそれらのうちのいくつかに対しては、回答を与えることができるのである。

たとえば、もっと容易にお膳立てできる他の形態のテロ攻撃ではなく飛行機による攻撃であったのはなぜかという論点については、回答はすでに暗示されてきた。もし攻撃の動機のひとつがミサイル防衛の盾に何百億ドルの予算を獲得することへの支持を得ることであったとするならば、攻撃は「宇宙の真珠湾攻撃」として認識できるような、空からのものでなければならなかったのである。化学的あるいは生物学的な攻撃のほうがずっと単純で、陰謀にかかわる人の数も少なくてすんだかもしれないが、それでは望む効果は得られなかったであろう。

それほど多くの共謀者たちが沈黙を守ることはありえるかどうかという疑問点に関しては、この疑問点を提起する人々はおそらく、個人に対する告訴やもっとひどい脅迫を一度も経験したことがないのであろうと、修正主義者は答えることができるだろう。

さらに、理論的疑問点のいくつかは、九月十一日についてわれわれがいま知らない多くの事柄があるという事実に依存していると、修正主義者は付け加えることができる。これらの疑問点は、徹底した調査を通じて答えられるだろう。限られた予算しかなく、証言者の召喚状を発する権限もない独立した研究者である修正主義者たちに、代替シナリオが提起するすべての疑問点への回答を期待することはできない。

たとえばメサンは、いくつかの場合に彼が発見した事実によって起こったことの真実を知ることができるが、他の場合には「われわれの疑問点は当分のあいだ答えられないだろう」と言っている。彼は最も答を望む一連の疑問点をあげて問いかける。「アメリカン航空第七七便はどうなったのか？　乗客たちは死んだのか？　もしそうなら、誰がなぜ殺したのか？　もし生きているなら、彼らはどこにいるのか？」

まだどれにも答が得られていないことを十分に認めつつ、彼はこう付け加える。「だからと言って役人が提示した嘘を信じる理由はまったくないのだ(原注26)」。言い換えると、政府の言うことが嘘であることに気づく人が増えて徹底した調査を要求できるようになるまでは、われわれは九月十一日に本当に起こったことについての説明を得ることはないだろう。

残っている理論的な疑問は、共犯説を受け入れることは、共謀者たちの想像以上の無能さを想定することを意味しているという問題である。しかし真実は、彼らが本当にまったく無能だったということなのかもしれない。イラク占領については、ブッシュ政権の計画の無能さ——当初の戦闘における勝利と油田および石油省の確保以外のすべての点に関して——がますます明白になってきた(訳注)。たぶん九月十一日についての彼らの計画の作成——つじつまを合わせるための作り話も含めて——には、同程度の無能さが伴っていたのだろう。ニュースメディアがアメリカの市民に公式説明と関連した事実のあいだの不整合性についてきちんと伝えていないというだけの理由で、たぶんこの事実はまだ広く認識されてはいない。

たとえば、マスメディアはハイジャックされた旅客機の迎撃のための通常対応措置について市民にちゃんと教えていない。メディアはハイジャックへの政府の対応についての公式説明としていま流布されているものが、九月十一日のあとの数日間に言われていたこととは大きく違っているという事実を重視しなかった。ジェット戦闘機があまりに遅く到着したので攻撃を防止できなかった理由についての説明が支離滅裂であるという事実を、メディアは強調しなかった。またペンタゴンへの激突についての公式説明と矛盾する多くの物理的事実について市民に伝えなかった。

これらやその他の関連した事実がひとたび広く知られたならば、ジャレッド・イスラエルのウェブサイト名が示すように、王様は裸だということが、誰の目にも明らかになるだろうと、公式説明の反論者たちは主張できる。(原注27)

訳注　イラクの「泥沼化」や米兵の死傷数の増大にあらわれたイラク政策の無能さに国民の審判が下って、二〇〇六年十一月七日の中間選挙では下院で民主党が圧勝し、上院でも民主党が過半数を制した。

偶発説［政府見解］の難点三八項目

さらに重要なのは、陰謀説の拒否には高価な代償が要求されると、公式説明の反論者たちは指摘できるということである。陰謀説はたいてい、パターンの認識および、このパターンの存在は二人あるいはそれ以上の人々の共謀を通じてもたらされたと想定することによって最もうまく説明されるという主張に依存している。こうした性質を持った特定の陰謀説を拒絶するためには、主張されたパターンの存在を否認するか、あるいはパターンの存在は純粋な偶然でありうると主張することが必要である。公式説明の反論者たちがあるパターンを識別していることを否定するのは難しいであろう。彼らは多くの不可解な出来事が――九月十一日の以前、最中、以後の――米国政府の高官たちが共謀して攻撃が起こるのを許し、それからその事実を隠蔽したという説によって説明できることを示した。このパターンを考慮すれば、この陰謀説を拒絶することの代償は、偶発説を受け入れることであることがわかる。そして、受け入れるために必要な偶然の一致の数が莫大なものであることを、公式説明の反論者たちは指摘できる。その完全なリストには、次のような偶然の一致が含まれるであろう。(訳注)

訳注　ここでいう偶発説（公式説明）とは、アルカイダのテロが単一原因であり、政府の事前知識もテロ支援も一切なくて、不思議、不自然な現象はすべて偶然の一致によって説明できるという説である。

(1)　数人のFAA（連邦航空庁）の航空管制官が九月十一日のみに極度の無能力を露呈した。
(2)　NMCC（国家軍事指揮センター）とNORAD（北米航空防衛司令部）の担当官たちも九月十一日に限って無能力を露呈した。
(3)　NMCCとNORADの担当官たちがニューヨークとワシントンの防衛にジェット戦闘機の緊急発進をやっと命じたとき、近隣のマクガイア基地とアンドリュース基地でなく、それぞれわざともっと遠方の基地に命令を出した。

(4)　アンドリュース空軍基地にはワシントンを防衛する待機中のジェット戦闘機がなかったという公式説明の後で、それまで多くのジェット機が常に待機中だと述べていた同基地のウェブサイトの内容が改変された。

(5)　通常は三分以内に離陸して全速力で現場に急行できるはずの複数のパイロットが、九月十一日だけは長い時間がかかった。

(6)　このパイロットたちは、最高時速一五〇〇～一八五〇マイル（二四〇〇～二九六〇キロ）の航空機を操縦していたが、当日は時速三〇〇～七〇〇マイル（四八〇～一一二〇キロ）で（ハイジャック現場に）向かった。

(7)　世界貿易センターのビルの崩壊は、ほぼ自由落下の速度で起こったことの他にも、制御解体の兆候を示していた。鋼鉄溶解、地震記録、微細粉塵の発生など。

(8)　ツインタワーの崩壊原因は制御解体であったことを示すビデオや物的証拠とともに、爆発の音を聞き、感じ、見たというビル内の人の証言がある。

(9)　世界貿易センターの第一ビル（ノースタワー）と第二ビル（サウスタワー）の崩壊は第七ビルの崩壊といくつかの同じ特徴を持っているが、第七ビルの崩壊は航空機の衝撃やジェット燃料とは関係ない。

(10)　ノースタワーもサウスタワーも火災が鎮火してきたときに崩壊しているし、後で激突されたサウスタワーのほうが先に崩壊している。

(11)　政府は崩壊した世界貿易センタービルからの鋼鉄を含む破片を調査せずに撤去したが、もし政府が爆発の証拠の発見を防ぎたかったならばそうしたであろう。

(12) ペンタゴンに激突したのはボーイング七五七型機ではありえなかったことを示す物的証拠と、七五七型機よりずっと小さい飛行物体の激突についての複数の目撃証言がある。

(13) ペンタゴンに激突した飛行物体についての証拠に加えて、第七七便がケンタッキーまたはオハイオで墜落したという報道がある。

(14) この証拠に加えて、第七七便が激突したのではないという唯一の証拠は、ブッシュ政権に近い弁護士によって提供された。

(15) 第七七便がワシントンに引き返してペンタゴンに激突したのではないという証拠に加えて、飛行管制記録が公表されたとき、最後の二十分が抹消されていたという事実がある。

(16) ペンタゴンに激突した飛行物体が激突前に非常に困難な曲芸的飛行をしているという事実に加えて、ペンタゴンの激突された部位には幹部職員はおらず、激突による死者数と破壊も最小限だったという事実がある。

(17) ジェット戦闘機がペンタゴンを単一の飛行物体から防衛できなかったのと同じ日に、通常ならペンタゴンを防衛するはずのミサイルも［迎撃に］失敗している。

(18) 第九三便の機内の携帯電話からの、飛行機にミサイルが命中したと示唆する声は、地上での同様な多くの目撃証言と一致している。

(19) 第九三便が撃墜されたという証拠は、撃墜する意図があったという文民指導者と軍部指導者の報告と一致する。

(20) 明らかに撃墜された唯一の飛行機は、乗客が［ハイジャック犯から］コントロールを奪い取ったと思われる唯一の飛行機であった（訳注　つまり撃墜されるべきでない飛行機であった）。

(21) 乗客がコントロールを確保しようとしていた後で九三便が撃墜されたという証拠は、この飛行機の飛行管制記録が公表されなかった事実と符合する。

(22) この符合は、第九三便の操縦席記録が公表されたとき、最後の三分間が抹消されていた事実と合致する。

(23) 米国政府が九月十一日に起こるはずの出来事について、後に認めたよりもずっと多くのことを知っていたことを示す証拠は、攻撃を防ぎ得たかもしれない捜査が積極的に妨害された証拠と符号する。

(24) ミネアポリスのＦＢＩ捜査官の捜査が妨害されたという報告は、シカゴとニューヨークからの同様な報告と符合する。

(25) 九月十一日に先立つそうした捜査妨害の報告は、九月十一日以後の捜査妨害の報告と符号する。

(26) 捜査妨害の報告は九月十一日の前にも後にも米国政府がオサマ・ビン・ラディンを逮捕または殺害しようと本気で試みなかったことを示唆する多くの報告と合致する。数人の人が別々に米国政府はビン・ラディンの利益のために働いているに違いない、あるいはその逆である［ビン・ラディンが米国の手先である］、と示唆していることと符合する。

(27) これらの報告はハイジャック犯たちがテロリストとのつながり、あるいはビザ違反にもかかわらず入国を許されたことと符号する。

(28) 入国管理法違反についての報告は、これらの男たちのうちの数人が米国の飛行学校、特に一部は米軍基地の飛行学校での訓練を許可されたという証拠と符号する。

(29) 米国の様々な飛行学校での訓練の証拠は、米国政府職員がこの証拠を隠蔽しようとしたという報告と符号する。

(30) 九月十一日の悲劇的な出来事は、アメリカのための新世紀プロジェクト（ＰＮＡＣ）による文書公表のちょうど一年後に発生した。ＰＮＡＣの創設メンバーにはブッシュ政権の中枢に入った人々が含まれており、彼らは「新しい真珠湾攻撃」がもたらす利益に言及していた。

(31) 九月十一日の攻撃によって作り出された「真珠湾のようにアメリカ人を一致団結させ、大いに激怒させる事態」はブッシュ政権に多くの利益をもたらした（訳注　アフガニスタン侵攻やイラク侵攻の口実、愛国者法の制定など）。

(32) 米国政府は十月半ばまでにアフガニスタンを攻撃することを計画していたとブッシュ政権のスポークスパースンがテロの以前に公表していたという信頼できる報道は、九月十一日の攻撃がその日に起こることによって、アフガニスタン攻撃を十月七日に始めるための準備時間を米軍に与えた事実と符合する。

(33) その存在が米国のアフガニスタン攻撃計画のじゃまになっていた［北部同盟の］アーマド・マスードの暗殺が、報道によればＩＳＩ（パキスタン統合情報部）の部長マームード・アーマド将軍のＣＩＡ部長との数日間の会合の直後にＩＳＩの作戦によって行われた。

(34)　五月十六日のコンドリーザ・ライスの記者会見のホワイトハウスによる記録によれば、聞き取れない唯一の部分は、九月十一日にワシントンに滞在していた人物が「ＩＳＩ部長」と同定される部分であった。

(35)　ワシントンでのアーマド将軍の滞在を隠ぺいしようとする政府高官の対応は、アーマド将軍がモハメド・アタに一〇万ドル送金したことが明らかになった後で、米国首脳がＩＳＩに圧力をかけて将軍を秘密裏に解任させた証拠と符号する。

(36)　九月十一日の事件へのアーマド将軍の関与を隠ぺいしようとした証拠は、ＦＢＩとその他の連邦政府機関がアタへの送金を担当［実行］したサイード・シェイクがＩＳＩのエージェントだった事実をあいまいにしようとしている証拠と符号する。

(37)　九月十一日の発生を許し、真珠湾以来最大の情報活動の失敗と呼ばれる事態を引き起こしたＦＢＩ本部の高官が解雇やその他の処罰を受ける代わりに昇進した事実は、他の情報機関「ＣＩＡなど」も九月十一日に関連した無能力の処罰はなかったと報告している事実と符合する。

(38)　能力不足で処罰された人がいないという証拠は、九月十一日に関連した捜査を熱心に行おうとした情報機関員が上司から否定的な扱いを受けたという報道と符号する。

見るとわかるように、一部の反論者たちが無能説と呼ぶものは、より大きな偶発説の一部にすぎないものとして理解できる。なぜならそれには、ＦＡＡの担当官、ＮＭＣＣとＮＯＲＡＤの高官、パイロット、入国管理官、アフガニスタン駐在の米軍司令官、そして多くの米国情報機関がみんな偶然に、九月十一日に関連した事柄を扱うときには、極度の異例な無能さを露呈しながら行動したことを意味するからである。

しかし偶発説にはさらに大きな軽信（訳注：軽々しく信じること）が必要とされる。それを受け入れるためには、上述のリストにある出来事のそれぞれの同時発生が——それについて陰謀説はそれぞれを計画された出来事のパターンの一部とみなすことによって説明できる——純粋に偶然の一致だと考えることが必要になるだけではない。また、九月十一日に関連したそれほどたくさんの偶然の出来事——少なくとも三八のそうした出来事——が偶然に起こった事実自体も純粋な偶然なのだと考えることが必要になる。

こうした視点に照らして見れば、共犯説がこの時点でそれが提起するすべての疑問点に答えることができないという事実は、比較的些細な問題であると、修正主義者は言うことができる。ひとたびわれわれの前に関連した事実が提示されるならば、公式説明に伴う偶発説には、「陰謀説」について非難されているよりもはるかに大きな軽信が必要になるであろう。

さらに、修正主義者がすべての疑問点に答えることはできないという事実は、彼らが完璧な決定的事実を提示したと主張するときにだけ、重要となるであろう。しかし彼らはそう言っているわけではない。たとえばメサンは、読者に、彼の議論を「決定的な真実」として受け入れることを要求しているのではなく、読者が自分で証拠を検証するための参考資料として活用することを希望している。(原注28)アーメドは、彼の本の目的は決定的な説明を提示することではなく、「九月十一日の出来事について

の掘り下げた調査が切実に必要とされていることを明らかにすること」にすぎないと述べている。(原注29)

本書は、彼やその他の人々がただこのことをやったにすぎないと、比較的簡潔な形で示そうとしたものである。

第10章　徹底調査の必要性

私は、本書に要約したような種類の情報についての徹底した調査を言論界が行う必要がある、と論じてきた。たいていの場合、報道が先導するときにのみ公式調査が行われる。しかし最終的には決め手となるのは公式調査であろう。いま必要な種類の調査を考える際に、これまでに承認されてきた公式調査と、それらがブッシュ政権から受けた妨害を点検するのが有益であろう。

合同調査

われわれが見てきたように、米国の上院と下院の情報委員会が二〇〇二年に合同調査を行った。しかしまたわれわれが見てきたように、この調査によって公表された報告書は不十分であると考えるべき理由がたくさんある。たとえば、それは米国の情報機関が、差し迫る攻撃について詳しい情報を持っていなかったうえに、米国の国内で攻撃が起こることを予想してさえいなかったと結論している。その報告書は、連邦諸機関に過失があったと示唆している。実際、その報告書は報道によって情報機関に対する「痛烈な告発」であると説明された。しかし告発された諸問題――省庁間の不十分なコミュニケーション、分かり切った推論ができなかったこと、警告の重大性を十分受けとめなかったことなど――はいずれも無能説や偶発説の範囲におさまるものである。

本書で要約した証拠の視点から見ると、合同調査の根本的な弱点は、そのメンバーが、様々な目撃者の証言が明らかに額面通り受け取られた事実によって示されるように、最初から意図的な陰謀はなかったと単純に想定したことである。たとえば、もしＮＳＡ（国家安全保障局）の高官が、九月八日から十日までに傍受した明確な警告を攻撃のあとまで翻訳しなかったと述べたら、その証言は単純に真実として受け止められた。もしＦＢＩ本部の捜査官たちが令状発行についてのＦＩＳＡ（外国諜報活動監視法）基準を誤解していたと述べたら、意図的なサボタージュ（妨害行為）の証拠があるにもかかわらず、その証言は真実として受け止められた。

合同調査が不十分だった理由についてはいくつかの説明が可能である。ひとつは単に、公式説明の反論者によって提起された多くの疑問点の徹底的な調査は、この合同調査に配分された時間――わずか九回の公聴会と一三回の非公開セッションであったと報じられている――よりずっと多くの時間と資源を要するであろうということである。

しかし脅迫が一部のメンバーの調査の熱意をくじけさせたと信じるべき理由もある。トンプソンは、二〇〇二年八月にＦＢＩ捜査官が九月十一日に関連した情報漏れに関して、上院と下院の情報委員会の三七人のメンバーのほとんど全員を尋問したという報告を引用している。捜査官たちはこれらの上院議員や下院議員たちを嘘発見器にかけ、電話記録と会見スケジュールの記録を提出することさえ要求した。ある法学の教授は、この要求についてコメントして、こう述べた。「それはＦＢＩに批判的な人々に対して大きな萎縮的効果を及ぼすものだ」(原注1)。一部の上院議員や下院議員は権力分立の違反について大きな懸念を表明し、ジョン・マケイン上院議員はこう言っている。「ここにあるのは、自分たちの組織を調査する人々についての身上調査書を作成している組織である」(原注2)。ある上院議員は「ＦＢＩはわれわれの活動を妨げようとしており、それは成功すると思う」と述べた。

合同調査の諸問題を越えて、より大きな問題は、なぜ連邦議会は９・11についての本格的な調査を直ちに行わなかったのかということである。その仕事を単に情報委員会に割り振ることは、９・11の攻撃の成功が情報活動の失敗に他ならないことがすでにわかっていたことを意味している。連邦議会の指導者たちが調査の範囲を制約するようにというホワイトハウスの要求に同意したために、より徹底した調査は明らかに行われなかった。ブッシュ大統領とチェイニー副大統領の両人は、上院民主党院内総務トム・ダシュルへの個人的な要請で「下院と上院の情報委員会のみが、一部の国会議員たちが提案した、より幅広い調査よりもむしろ、テロ攻撃が起こるのを許した省庁の機能不全の可能性だけを調査することを求めた」と報じられている。ブッシュとチェイニーがこの要望をしたのは、より幅広い調査が「対テロ戦争から」資源と人員を奪ってしまうからだと、この二人は言った(原注3)。

ブッシュとチェイニーがいまや主要な容疑者のなかに含められなければならないという事実に照らしてみると、もし彼らが９・11の攻撃の原因を判定する――「共犯性」よりもむしろ「機能停止」

であると判定する――こと、したがって人民の代表によって行われる調査の範囲を制約することが許されるならば、明らかに問題であろう。われわれは通常の捜査において、容疑者たちがそのような判定をすることを許しはしない。

にもかかわらず、こうした問題点があるものの、合同調査の作業は無駄ではなかった。それは十分に打撃を与える暴露をしたので、いかなる特別調査機関の設置にも長らく反対していたブッシュ大統領にも、非公式には「9・11事件に関する独立調査委員会」として知られる「米国へのテロ攻撃に関する国家委員会」の設置を支持する以外の選択肢はほとんど残されていなかった。(原注4)

9・11事件に関する独立調査委員会

この委員会が最終的に設置されたことはよかったのだが、それには問題点もたくさんあった。ひとつの問題は、ブッシュ政権が最初からそれを妨害していたことである。最初の障害は、委員会の仕事に政権が配分した予算が非常にわずかだったことである。二〇〇三年一月の時点で、委員会はわずか三〇〇万ドルしか与えられていなかった。他方、対照的に、一九九六年に賭博合法化を調査する連邦議会の委員会には五〇〇万ドルが与えられた。(原注5)二〇〇三年三月に、『タイム』誌は、委員会がブッシュ政権に一一〇〇万ドルの追加予算を要望したが却下されたと報じている。ある委員は、その要望は決して過大なものではないと指摘して、スペースシャトル・コロンビア号の災害調査委員会は対照的に五〇〇〇万ドルを供与されたと述べた。犠牲者の遺族たちの代表のひとりであるステファン・プッシュは、この拒絶はブッシュ政権がこれを「委員会に失敗させるための便利な方法とみなしたことを示している。彼らは委員会の設置を望まなかったのだし、ホワイトハウスが殺戮兵器に手をふれずに委員会を殺す方法を常に模索してきたと私は感じている」と述べた。(原注6) さらに時間が経過した後、追加予算は最終的に承認された。

しかしもうひとつの障害は、委員会への委任状は二〇〇四年三月までに仕事を完了するように指示していたのに、ブッシュ政権は委員会のメンバーに必要な安全保障上の機密情報取扱許可を出すのが非常に遅かったことである。たとえば、情報問題について多くの経験がある共和党の元連邦上院議員スレード・ゴートンでさえ、二〇〇三年三月十二日まで安全保障上の機密情報取扱許可を受けておらず、委員会の副議長である元民主党下院議員リー・ハミルトンはこう述べるに至っている。「ゴートン上院議員のような人物が直ちに機密情報取扱許可を得られないのは、ある種の驚きである」。(原注7) こうした遅延の結果、二〇〇三年のなかばに委員会がようやく作業を始められるようになったときには、作業のための残り時間は一年以下になってしまっていた。

もうひとつの障害は、必要な文書や証人を得る際の障害である。ひとつには、この委員会は合同調査の最終報告書を出発点として用いることが想定されていたのだが、ブッシュ政権は二〇〇三年七月下旬までこの報告書の提出を許可しなかった。また、この報告書が公表される前に、委員会の議長トーマス・H・キーンは、司法省とその他の連邦政府機関が文書を抑えていると不満を述べた――もしホワイトハウスが提出を命じていたら、明らかにそんなことはしなかっただろう。連邦政府機関がその職員の誰かが証言を求められたときには、「付添人」をつけることを要求した。キーンは（もっともなことだが）そのことで、その職員を脅かそうとしているのだと解釈した。ホワイトハウスはまた、大統領自身は少なくとも宣誓証言をしないことを表明した。

9・11事件について提起された莫大な数の疑問点に照らしてみると、これらの障害はそれ自体が、ほとんどの疑問点に対して決定的な回答を委員会がするのを妨げるにはおそらく十分であったろう。たとえ委員会が残された時間に最も独立した、積極的な調査を行ったとしても。実際、二〇〇三年十月に、委員会のメンバーのひとりであり、元上院議員のマックス・クレランドは、『ニューヨーク・タイムズ』のリポーター、フィリップ・シェノンに「委員会は二〇〇四年五月までに作業を完了することはできないだろう」と語り、こう付け加えた。「ホワイトハウスがここで引き延ばし戦術を取りたいのは明らかだ。……われわれはまだこれらの文書の入手についてホワイトハウスの法律顧問と交渉中だ。うんざりするよ」。クレランドは民主党員であるが、この反応はどちらの政党でも同じだとシェノンは報告している。スレード・ゴートンもまた、「協力の欠如」によって委員会が期限までに作業を完了するのが「とても困難」になっていると不満を述べているのだ。(原注8)

しかし、ブッシュ政権によって作り出された障害だけが問題だったわけではない。委員会の報告書が多くの疑問点に答えるかどうかを疑うもうひとつの理由は、その指導者たちが任務について非常に狭い理解をしていることである。「委員会の焦点は将来についてのことになろう」と副議長のハミルトンは述べた。「われわれは責任を追及しようとすることに関心はないし、それが委員会の責任の一部だとは思わない(原注9)」。言い換えると、委員会は、明らかに、無能説の真実性を単純に前提として任務にアプローチしたのであり、したがって政府の共犯性の問題は検討さえされないだろう。実際、ハミルトンの言葉は、無能という意味での責任を追及することさえしないことを意味しているように思われる。委員会の焦点は「将来についてのことになろう」と言うことで、ハミルトンは明らかに、問題を、いかにして「機能停止」が再発しないようにするか、ということに厳密に限定しようとしていることを示していた。

いまや公式説明の反論者たちによって提起された疑問があるのだから、それらに含意される代替説［公式説明に代わる説］に沿うと、そうした限定された権限のばかばかしさを理解できる。九月十一日の攻撃がいかにして起こり得たのかについての説明には、米国政府上層部の共犯性か、非常に幼稚な形の攻撃に対する我が国の防衛能力の前例のない体系的機能停止——我が国の一兆ドル規模の年間予算の大きな部分が「防衛」および「情報活動」にあてられているという事実にもかかわらず——のどちらかを想定する必要がある。これら二つの説明のどちらかを選択せざるをえないような状況で、委員会が責任追及をしなかったことは、大きな職務怠慢であろう。われわれは責任の所在を明らかにするための調査を必要としている。われわれはまた、９・11事件が単なる大々的な無能よりもむしろ政府の共犯性から生じたかどうかを尻込みしないで問うような調査を必要としている。

ハミルトンおよびその他の委員会メンバーに対して公平であるためには、委員会の限られた調査範囲はおそらく強制されたものであったことを付け加えねばならないだろう。その調査範囲が、将来似たような機能停止が起こるのをいかにして防ぐかに限定されるという条件でのみ——言い換えると、委員会はその名前だけが「独立」であり、調査の性格と範囲を自ら決める自由はないという条件でのみ——ブッシュ大統領は九月十一日についての独立調査委員会の設置を承認したというリポートを、私は読んだことがある。

いずれにせよ、委員会の任務に関する事実がどうであれ、大統領は明らかに自分が議長を指名するということを、そうした委員会の設置を承認する際の条件にした(原注10)。ブッシュの最初の選択――多くの人が信じがたいと思った――はヘンリー・キッシンジャーであった。独立した公平なやり方で委員会を指導するキッシンジャーの能力については、多くの人が懐疑的であった(原注11)。『ニューヨーク・タイムズ』はこう述べた。「実際、キッシンジャー氏を選んだのは、長らく反対してきた調査を阻止するためのホワイトハウスによる巧妙な策略ではないかと思案したい誘惑にかられる(原注12)」。キッシンジャーの独立性についての懐疑は、部分的には利益相反(三二一頁に訳注)の可能性――それについては彼は明らかにホワイトハウスによって尋問されていない――についての報告にもとづいている。ひとつには、キッシンジャーはサウジアラビアに多大な投資をしている会社から多額のコンサルタント料を受け取っていた(原注13)。そしてもちろん、九月十一日のハイジャック犯の多くは同国出身とされたことに加えて、ジョン・オニールおよびその他の情報機関エージェントによれば、サウジアラビアはアルカイダへの主要な資金提供者であり続けた。キッシンジャーのユノカル――アフガニスタンを通過するパイプラインを建設する計画を持っていた石油会社――との関係も報じられた(原注14)。ここでの明らかな問題点は、九月十一日がアフガニスタン攻撃――そのあと米国は元ユノカル社員［ハミド・カルザイ］を首班とする傀儡政権をつくり、パイプラインの計画ルートに沿って軍事基地を配置した――の根拠［口実］を提供したということである。ブッシュがユノカルやサウジアラビアと財政的につながっているという評判のある人物を指名したという事実は、控えめにみても、委員会議長の公平性が彼の主要な関心事ではなかったことを示唆している。実際、ブッシュは、キッシンジャーが、彼のビジネス上の顧客を公表する必要はないと宣言したのだ。しかし、連邦議会調査サービスは、それを要求したので、キッシンジャーは公表よりむしろ議長辞退を選び、辞任した。(原注15)

トーマス・キーンが議長になったのは、この大騒ぎのあとだった。元ニュージャージー州知事であるキーンは、指名された時点ではドリュー大学の学長であった。彼はドリュー大学の学長職を続ける予定だったので、委員会にさける時間は限られていた。反論者たちはさらに、彼には利益相反の可能性もあると不満を述べた。主な問題は別の石油会社、アメラダ・ヘス——中央アジアで広範な投資をしていた——の役員会に名をつらねていることであった。アメラダ・ヘスはさらに、サウジアラビアのデルタ石油——セントガス・コンソーシアムの構成企業のひとつ——と組んでヘス・デルタをつくっていた。(原注16)さらに委員会の他のメンバーも全員、少なくとも一件の利益相反の可能性をかかえていた。(原注17)

また問題があったのは、大統領が委員会の事務局長をも指名したという事実である。指名されたフィリップ・ゼリコーはブッシュ政権と深いつながりがあった。彼は九月十一日のすこしあとで、ブッシュの海外情報諮問委員会のメンバーに任命されたのである。ジョージ・ブッシュ（父）の任期のときから、彼はコンドリーザ・ライスとともに国家安全保障会議に参画しており、その後彼女との共著も出版している。(原注18)「九月十一日の家族たち」の創設者のひとりであるステファン・プッシュは、「真に独立的な委員と事務局スタッフ」を得るという問題についてコメントした。彼は「フィリップ・ゼリコーがライスおよびその他の委員会が調査対象とする人々ととても親しい関係にある」という事実について警戒感をもっていることを示した。(原注19)「九月十一日の家族たち」[被害者遺族で作っている団体]の「九月十一日に関する独立調査委員会に関する運営委員会」は、実際、ゼリコーの辞任を求めた。(原注20)

したがって、委員会の構成を考慮すれば、問題点に気づいている人々は、ブッシュ政権自体が九月十一日の出来事に共犯関係をもつという証拠を公平に徹底的に検証することはないのではないかと疑うのも当然である。数人の問題のない人々も委員に任命され、様々な論点が多くの小委員会に割り当てられ、有能で献身的な事務局スタッフが配置された。報告書は、これらの委員会が、キーンの全般的な指導のもとに、ハミルトンの声明によって当初示唆された限られた調査範囲をいくぶん越える作業を行っていたことを示した。しかし明らかにあまり大胆なことはしなかった。二〇〇三年十月という比較的遅い時点でさえ、委員会のあるメンバーからの引用は、その最も重要な作業が「将来のための勧告をする」ことであることを示唆しているようであった。(原注21)

にもかかわらず、ホワイトハウスと諸政府機関による引き続く妨害のため、ブッシュ政権および諸機関が出さない証拠を得るために粘り強い努力をするつもりだという、キーンの声明が出されるまでに至った。実際、同じ月にキーンの委員会はＦＡＡ（連邦航空庁）に召喚状を出して、この召喚状は「われわれの文書請求が召喚状と同じように厳粛に受け止められなければならないことを他の諸機関に知らしめる」であろうと付け加えた。(原注22)彼はまたインタビューで、もし必要ならホワイトハウス自体に対しても召喚状を発する用意があると述べた。その時点までで最も強い声明において、キーンはこう述べた。

この調査とかかわりのあるいかなる文書もわれわれが入手できないということがあってはならない。……私は［妨害を］我慢しないつもりだ。……われわれはあらゆる文書を入手するためにすべての手段を使うつもりだ。……九月十一日については多くの説があり、それらの説にかかわる文書が存在する限りは、われわれは疑問点を解明していきたい。われわれは疑問点を不問に付すことはできないのだ。

様々な「説」を真剣に受け止め、それらに関連のある利用可能な文書を入手することにキーンが本当に真剣であったと想定すると、委員会が九月十一日は無能性よりもむしろ共犯性によって起こったことを示す証拠を発見できたかもしれない可能性があった。この可能性はマックス・クレランドの「日が過ぎていくにつれて、われわれには政府がこれらのテロリストについて、これまで認めてきたよりも多くのことを九月十一日以前に知っていたことがわかった」という声明によって示された。[原注23]しかしこうしたことが起こらない可能性――実際にはありそうなことだが――もあった。そして、キーンの誠実さについての人々の評価にかかわりなく、彼がブッシュ大統領によって指名されたという事実は残る。もちろん委員が選任された時点で、ブッシュ政権の共犯を指し示す証拠はごくわずかの人々にしか知られておらず、したがって自分で委員会の指導者を指名するというブッシュの主張に同意することは、とんでもないことだというようには見えなかった。しかしいまではこの証拠が広く知られているので、ブッシュによって委員長が指名されたという事実は、彼がキッシンジャーと同様に、調査を阻止するために選ばれたという疑惑を引き起こすだろう。

少なくともそれが、キーンが党と大統領への忠誠から意図的に共犯の証拠を隠すという疑いであるならば、この疑惑は筋違いのものだと言えるかもしれない。キーンは大統領と同様に共和党員であるが、彼は「その独立性で知られる穏健な共和党員」であり、(原注24)党が採用する方針に同意できないので米国上院選に出馬することを拒否したと報じられている。大統領はおそらく彼がほとんど同じくらい安全だからというのではなく、政権がまたきまり悪い思いをさせられるリスクを望まないがゆえに、キッシンジャーの代わりに彼を選任したのであろう。

にもかかわらず、キーンはゼリコーと同様に大統領によって指名されたがゆえに、ブッシュ大統領と彼の政権の不正行為を免責する委員会の報告書は、それがたとえ真実性のある証言を得たり、必要な文書にアクセスしたりするために、必要な圧力を行使しなかったということだけであるにしても、本書で報告されているような種類の疑問点を知っている人々には、隠蔽に寄与した疑いをもたれるであろう。

この種の任務の不履行は実際に、二〇〇三年十一月にキーンがPDBの略称で知られる「大統領への情報概況報告日誌」という大統領向けの情報機関の報告書について、ホワイトハウスの要求する制限に同意したとき、明らかになったのである。(その例は二〇〇一年八月六日のPDBであって、それには第5章で論じられた英国情報部からのメモが含まれており、それはテロリストがハイジャックした旅客機をミサイル代わりに使って米国内の標的を攻撃する計画を持っていることが示されていると報じられている)。キーンが受け入れた合意によれば、ホワイトハウスはこれらのPDBを委員会に送る前に手直しすることが許されることになっていた。そしてこの手直しされたPDBでさえ、委員会の限られたメンバーだけが、見ることを許されることになっていた。それから、この手直しされたPDBはメモをとることしかできないだけでなく、そのメモをホワイトハウスに見せなければならないのだ。(原注25)クレランドが、その取引についてこう述べている。

少数の委員たちが、関連性があるとホワイトハウスが決めた少数の文書［PDB］を見ることができるだけだろう。そしてその少数の委員たち自身が、ホワイトハウスが適切であると考えることについて残りの委員たち［PDBの閲覧を許されない多数の委員］に報告しなければならないだろう。……しかしまず、彼らはホワイトハウスに、他の委員に伝えようとする内容を報告しなければならないのだ。(原注26)

この合意は、委員たちが「連邦議会とアメリカ市民に対して負っている義務をまっとうできない」ことを意味していると、クレランドは続けている。委員たちは必要なすべての文書にアクセスできるはずになっているが、「米国大統領はどの情報をどの少数の委員に示すかを、入念に選ぶことができるのである」――クレランドが「ばかげている」と発言する状況であった。

この決定は委員会のなかに最初の公然とした分裂をつくりだした。民主党員であるクレランドはその取引を「ひどい取引」と呼び、こう付け加える。

この独立委員会は独立であるべきであり、誰とも取引すべきではない。……いかなる独立の委員会も政府機関やホワイトハウスに何人の委員が何を見ていいかを指図されるいわれがあるとは思わない。……われわれは取引をすべきではない。もし誰かが取引したいと言ったら、われわれは召喚状を出す。

最も強い告発のなかで、クレランドはこう述べた。「その決定がまさに九月十一日委員会の使命そのものを危険にさらした(原注27)」。同僚の民主党員ティモシー・ローマーもこの決定を拒否して、ホワイトハウスは「九頁の報告書からわずか二つか三つの項目だけしか出そうとしてないので、どんな決定的証拠でも隠せるだろう」と不満を述べた。

「九月十一日の家族たち」の「九月十一日に関する独立調査委員会に関する運営委員会」も、この決定は「受け入れられない」としており、次のように述べている。「委員会はアメリカ市民への声明を出して、CIAや行政府に召喚状を出す代わりに、なぜこのような取引をするのかを、十分に説明すべきだ」。スポークスパースンのクリスティン・ブレイトワイザーは付け加える。「これは透明性が求められているはずの独立委員会なのだ(原注28)」。

こうした展開を考慮すれば、大統領とその政権が九月十一日の出来事への共犯の疑惑から解放されることを熱烈に望んでいる人々も含めて、いまやすべての人が、その独立性にとりあえず疑いのない誰か——たぶん特別検察官——が率いる完全な調査の承認を支持すべきであろう(原注29)。9・11独立調査委員会の結論にかかわりなく、いまや誰もがこれに賛成すべきである。つまり、もし委員会の結論が、ブッシュ政権による共犯があった——あるいは少なくとも、あったかもしれない——というものであったならば、その結論はむしろ明白に、特別検察官の任命を求めることになるだろう。そうではなく、もし委員会が共犯性を否定するならば――たぶんそのような問題提起をすることさえできないと言う理由で――ブッシュ政権が委員長と事務局長の選任および調査妨害行為によって真実の発見を妨げたのではないかという疑いを多くの市民が抱いているのだから、新しい調査が必要であろう。（原注30）

最近の出来事

本書の原稿をほとんど書き上げたあとで、いくつかの出来事が起こったが、それらは新しい調査の必要性をいっそう明確に示すものであった。そうした出来事とは、複数の出版物［記事や単行本］、二人の大統領候補、ひとつの訴訟、9・11独立調査委員会にかかわるものである。

①出版物　最近のいくつかの出版物は、本書で扱ったような疑問を提示することによって、これらの厄介な疑問が消え去るどころか、信頼できる答が提供されるまで、提起され続けるであろうことを示している。

これらの出版物のひとつは、二〇〇三年九月に『ガーディアン』に掲載された記事で、筆者は英国の元環境大臣、マイケル・ミーチャーである。「新しいアメリカの世紀のためのプロジェクト」（PNAC）が二〇〇〇年に公表した文書が、その行動計画は「新しい真珠湾」なしに実施困難であろうと述べていることを指摘して、ミーチャーはこの文書が「九月十一日の前、最中、後で実際に何が起こったかについて、地球規模の対テロ戦争の主張よりもはるかに納得のいく説明を与えている」と述べている。九月十一日に先立つ出来事に関して、彼は「少なくとも十一カ国が米国に九月十一日についての事前警告を提供した」にもかかわらず、「米当局は九月十一日の事件を事前に回避するために、ほとんど何もしなかった」と述べた。[原注31] 彼は、アメリカに対する多くの9・11そのものに関する事前警告にもかかわらず、鈍い反応しかなかったことは「驚き」だと述べた。

第三の飛行機が九時三十八分にペンタゴンに衝突したあとまで、ワシントン特別区からたった一〇マイルの距離にあるアンドリュース米空軍基地から、状況を調査するために一機の戦闘機もスクランブル発進しなかった。[原注32] なぜだろうか？　九月十一日以前には、ハイジャック機についてのＦＡＡ［連邦航空庁］の通常の迎撃対応措置があった。いったん飛行機があきらかに予定の針路から逸脱したら、調査するために戦闘機を発進させるのは米国の法的義務である。

ミーチャーはそれから、重大な疑問を発する。

この怠慢は、単に当局が［針路逸脱の］証拠を軽視したり、知らなかったためなのだろうか？それとも、米国の航空安全保障の実施が、九月十一日に意図的に警戒解除されていたのだろうか？　もしそうであるなら、なぜ、誰の権限で解除されたのだろうか？

ミーチャーはそれから、元米国連邦犯罪検察官、ジョン・ロフタスの次のような発言を引用する。

九月十一日に先立ってヨーロッパの情報機関によって提供された情報はあまりに多岐にわたったものだったので、CIAあるいはFBIが無能を理由として弁解しようとするのはもはや不可能であろう。

九月十一日以降のアメリカの対応については、ミーチャーは次のように言う。

九月十一日はPNACの計画を実行に移すうえで、きわめて都合のいい口実を提供した。(原注33)

ミーチャーの記事は多大な反響を引き起こした。そのいくつかの本質は、『ガーディアン』の外交担当編集者イーウェン・マクアスキルが書いた「ミーチャーの主張をめぐる憤激」という記事の表題に反映されている。(原注34)マクアスキルが報告しているように、ロンドンの米国大使館のスポークスマンは、こう言った。

ミーチャー氏の奇抜な告発——特にテロリストがニューヨーク、ペンシルバニア、ヴァージニアで三〇〇〇人ほどの罪なき市民を殺していることを知りながら、その間、米国政府が傍観していたという彼の主張——は、それがまじめな、あるいは信頼できる人物からのものだとすれば、恐ろしいことであり、奇怪なほど攻撃的なものであろう。

そのような「奇抜な告発」をしたことで、ミーチャーは数年間、英国の環境大臣をつとめた（役職上、来るべき石油不足についての政府内部での議論について何か知っていただろう）にもかかわらず、まじめでないか信頼できないとして、片づけられてしまうだろう（訳注：ミーチャーの発言はこの本の出版直前のことで、実際、その後メディアがこのことをまじめに取り上げたことはなかった）。同じくらい軽蔑的なのは、ロンドンの『サンデー・タイムズ』に掲載された記事で、それはミーチャーが「トワイライト・ゾーン（訳注　超次元の体験、未知の空間。一九八三年上映の米国のSF映画のタイトルでもある）にさまよいこんでしまった」と述べている。(原注35)

同時に、ミーチャーの記事は驚くべき数の支持をも呼び起こした。アメリカから編集者に寄せられた手紙はこう述べている。「わが政府の代表たちから起こった憤激は、彼の観点がきわどいところを突いているという彼らの認識からきていることは、私の目には明白です」。別のアメリカ人はこう書いた。「彼の率直な分析に対する大きな怒りと拒絶にもかかわらず、われわれの多くは長らく同じ推論をしてきたことを、ミーチャー氏に知らせてあげてください。この記事を掲載した『ガーディアン』の勇気を讃えたいと思います」。英国のあるライターはこう述べた。「多くの人がずっと前から知っていることを明言した最初の著名な英国の政治家であることで、ミーチャー氏に賛辞を送りたい。でも他の労働党古参党員たちは、いつになったら彼を支持する勇気を持つのだろうか？」(原注36)

いずれにせよ、一週間後、ミーチャーは、たぶん受けた支持や中傷に反発して、第二の手紙を書いたが、その書き出しは次のようになっている。

私の記事についての一部の人びとの故意のねじ曲げとは反対に、私は米国政府が九月十一日の攻撃を黙認したとか、起こるのを意図的に許したなどということは、決して言っていない。どこかの政府がそのような残虐行為を起こすために共謀したなどと私が信じていないことは言うまでもないだろう。(原注37)

彼は、米国政府が9・11事件をイラクとアフガニスタンについてすでに策定されていた行動計画を実行するための口実として利用したと論じただけであると主張する。

しかし、米国の防衛軍が「意図的に警戒解除された」のかどうかという彼の疑問や、「無能」にもとづく抗弁を彼が否定したことを考慮すれば、読者は、彼が政府の共犯を告発したと考えることを許されるだろう。(原注38)しかしたとえ彼の最初の記事が「陰謀説を示唆する」ことを意図したものではないというミーチャーの弁明を受け入れるとしても、その中心的な論点——提起された疑問点について満足のいく回答を米国政府が与えていないことは、陰謀説を示唆する人びとに豊富な材料を提供するという主張——は依然として妥当だ。したがって、彼の記事は、それが呼び起こした肯定的な反応とともに、これらの疑問に答えるための調査が必要であるという意見が増大していることを示している。

ミーチャー騒動のすこしあとで、「9・11事件についての陰謀説をめぐりドイツで公聴会が開かれる」と題した記事が『ウォール・ストリート・ジャーナル』の第一面に掲載された。(原注39)そうした説を含む本がフランス、イタリア、スペインでベストセラーになったことを指摘しつつ、この記事は、そうした本がドイツでは特に受け入れられている——そこでは最近の世論調査により、市民の二〇％が「米国政府が攻撃そのものを命じた」と信じていることが示された——と述べている。この記事は特に、アンドレアス・フォン・ビュロウのベストセラー本に焦点をあてていた。(原注40) フォン・ビュロウは「西ドイツ国防省の高官のひとりであった」が退官後長らく国会議員をつとめたことを指摘して、この記事は彼の本が「この国の最も権威ある出版社のひとつから」出版されたことを付け加えている。

この記事の筆者であるイアン・ジョンソンは、ドイツは「ありそうにない乱暴な主張」をする九月十一日に関する陰謀説を特に快く受け入れている、なぜならドイツ人はアメリカの外交政策に対してますます敵対的になったからだ、とほのめかしている。ジョンソンの記事は、にもかかわらず、相当数の読者層に、ドイツの高い信頼性のある公人によって米国政府の共犯が告発され、広く信じられているという事実を警告した。

ミーチャーの最初の記事があらわれてから一カ月後、フリーランスのジャーナリスト、ポール・ドノヴァンが、ミーチャーを攻撃したジャーナリストに対する批判本を出版した。多くのジャーナリストが権力によってそのかされていると不満を述べ、ドノヴァンは「ジャーナリストの主要な役割は権力に対する監視であるべきなのに……多くは政府見解をオウム返しすることの方により大きな職業的満足感をおぼえているようだ」と不満を表明した。彼が「九月十一日の出来事についての驚くべき話」と呼ぶものについて手短に列挙したあと、ドノヴァンは言う。

当日のブッシュ政権の行動については何の理由も提示されていないし、誰も責任をとっていない。しかしその九月十一日という悲劇から、ブッシュは軍需産業と石油産業にいる後援者たちに利益を提供することができた。大統領はまた自らを戦時指導者として売り出すことができた。これはジャーナリストが調査し公表すべき真実の話であり、ミーチャーのように立ち上がって多くの人が疑ってきたことを口にする人を、少なくとも非難すべきではない。(原注41)

ミーチャー、ジョンソン、ドノヴァンの記事があらわれたのと同じ時期に、マイケル・ムーアの新しい本――『おいおまえ、祖国はどこに行ったんだ』(訳注：邦訳タイトルは『おい、ブッシュ、世界を返せ！』、黒原敏行訳、アーティストハウスパブリッシャーズ、発売角川書店、二〇〇三年)――が出版された。人々がムーアのことをどのように考えようと、彼の本は広範な読者層を引きつけている(彼の前の本『愚かな白人男性たち』(訳注：邦訳タイトルは『アホでマヌケなアメリカ白人』松田和也訳、柏書房、二〇〇二年)は二〇〇二〜三年のベストセラー・ノンフィクションだった)。彼の新著の「アラビアのブッシュ」と題された第一章で、ムーアはブッシュ大統領についての七つの疑問を呈している。そのひとつは九月十一日の教室でのブッシュの行動についてのものであるが、疑問のほとんどは彼とサウジの王家、ビン・ラディン家、タリバンとの関係についてのものである。実際に何が起こったかについてのムーア自身の直観は、ブッシュ大統領についての第三の疑問にはっきりと反映されている。「九月十一日に誰が米国を攻撃したのか――アフガニスタンの洞窟で腎臓透析を受けている男［オサマ］か、それともサウジアラビアのお友達かい？」(原注42)

マイケル・ムーアの最も強い言明は、なぜホワイトハウスが9・11独立調査委員会の邪魔をしてきたのか、またなぜ報道とアメリカ市民一般はそんなに消極的なのかという問いに回答を与える可能性がある。なぜブッシュは「真実があらわれるのを阻止するのをやめないのか」と問いかけて、ムーアはこう示唆する。

たぶんジョージ株式会社には、なぜ九月十一日の朝に十分早く、ジェット戦闘機を緊急発進させなかったのか、ということの他にも、隠すべきことがたくさんあるからだろう。そしてたぶんわれわれ市民は、本当のことを知るのが怖いのだろう。なぜなら、それは望まない方向へわれわれを連れて行ってしまうかもしれないから。

この後者の想定――それは報道に難しい疑問を投げかけるのを躊躇させるのは恐れであるというダン・ラザーの言明と一致する――はたぶん正しい。

たぶんわれわれの政府が、マイケル・ミーチャーがあとの声明で否定したにもかかわらず、「そのような残虐行為を起こすために共謀した」と考えることは、本当に恐ろしいことである。もしそれにFBI、CIA、司法省、ペンタゴンが含まれているなら、そうした陰謀が持つ意味を考えるのは特に恐ろしいことである。「眠っている犬たちをそのまま寝かせておくのが賢明であるように見えるかもしれない。しかし、もし疑惑が正しいとしたら、犬たちは眠っているのではなく、九月十一日の公式説明を様々な不埒な目的のために、我が国〔米国〕そして世界中で利用していることになる。また、もしわれわれが不正行為を疑うのではなく、恐れから黙っているとしたら、「自由の土地であり勇者の故郷」であるという見せかけに対して別れを告げることになるかもしれない。そして実際に民主主義国であることに対しても。われわれは「行きたくない方向へ連れて行かれ」なければならなくなるかもしれないのだ。

アメリカの報道界の一部の人たちは、そうしたこと〔大政翼賛的な報道自粛〕をする構えがあるかもしれないということが、『フィラデルフィア・デイリー・ニューズ』のウィリアム・バンチの「なぜわれわれは九月十一日についての疑問に対する答を持っていないのか?」という二〇〇三年九月十一日にネット上で公表された記事によって示唆されている。(原注43) これは本書の序論で参照した記事であるが、「なぜ事件から七百三十日もたつのに、当日実際起こったことについて、われわれはこんなにわずかなことしか知らないのだろうか?」と問いかけている。どれだけ多くのことがまだ知られていないかを示すために、バンチは二〇の疑問をあげているが、そのうちの約半数が本書で検討した主要な疑問と重なっている。彼はそれから、なぜ「従順な主流メディア」がこれらの疑問に対する答を要求しなかったかを問いかけている。おそらく米国での彼の記事は、英国でのドノヴァンの記事のように、報道が少し従順でなくなる用意があるという兆しであろう。

②「興味深い説」についてのある候補者の声明　二〇〇三年十二月一日のナショナル・パブリック・ラジオでのインタビューで、民主党の大統領候補ハワード・ディーンは「なぜ彼〔ブッシュ〕が

その［九月十一日についての］報告の発表を抑えているのだとあなたは思いますか？」と質問された。彼は答えて、「わかりません。それについては多くの説があります。私がこれまでに聞いた最も興味深い説は、……彼が事前にサウジ人に警告されていたというものです。本当の状況について誰にわかるでしょうか？」（原注44）

ディーンに規律を教え、他の人たちに同じような意見を公言しないように警告するという仕事は、チャールズ・クラウサマーによって行われた。『ワシントンポスト』の「妄想的なディーン」と題した記事で、クラウサマーはディーンの言明――「最も興味深い」説は、「ブッシュが事前に九月十一日のことを知っていた」というものだという――はディーンが我が国で広がっている新しい精神病的状態に陥っているという証拠だと述べた。クラウサマーはこの状態をＢＤＳ、すなわち「ブッシュ錯乱症候群」と命名し、「他の点では正常な人びとが政策、大統領としての地位、さらには、ジョージ・Ｗ・ブッシュの存在そのものに反応して、急性のパラノイア［偏執症、妄想症］を呈すること」と定義した。

クラウサマーの記事は公式説明の擁護者がとる普通の対応の一例である。公式説明の問題点に取り組むよりもむしろ、政府の共犯説はすべてあまりに明白にばかげているので、そうした説を真剣に主張する人は深刻な精神病的問題を抱えているに違いないと単純に宣言するのである。反論者が主張する公式説明の問題点――ブッシュ政権が認めているのとは違って攻撃についてもっと事前情報を持っていたという証拠のような――は優先して却下される。公式説明はその結果検証を免れ、他の人々は問題提起をしないように警告されるのだ。

クラウサマーの記事は明らかに巧妙なユーモアを意図したものであるが、その真剣な内容は次のような比較によって明らかになった。

シンシア・マッキニー下院議員（民主党、ジョージア州選出）が二〇〇二年の予備選挙の前に初めてこのアイデア［ブッシュが事前知識を持っていたという］を持ち出したとき、それはあまりにばかげているとみなされて、彼女を元下院議員マッキニーにさせる［落選させる］ことにつながった。現在では民主党の大統領選有力候補が、米国の大統領がサウジ人によって九月十一日についてこっそり教えられたかどうかについては、不可知論を明言しており、誰もそれに気づいていない。ウイルスは広がりつつある。(原注45)

ディーンの発言が報道されてから数日後に記事を書いたクラウサマーは、ディーンの発言がマッキニー下院議員に対して起こったのと同じ激しい抗議を呼び起こさなかったことについて危機感を抱いているように思われる。ちょうど彼女が報道と世論の法廷によって、あまりに「ばかげている」ので議席にふさわしくないという有罪判決を受けたのと同様に、クラウサマーは、報道と市民がディーンの発言を、彼もまた公務には不適任な証拠とみなすべきであると示していたのである。

マッキニーの二〇〇二年の落選をほのめかして、クラウサマーはそれから引き出されるべき「教訓」――すなわち、候補者は誰でも民主党の候補さえ、大統領が九月十一日の事前知識を持っていたかどうかについて疑問を提起することは、政治的な自殺行為であるということ――についての良識なるものを前提としていたのである。しかしマッキニーの落選をとりまく状況についての検証は、これが必ずしもあてはまらないことを示している。少なくとも三つの要因を考慮すべきである。

第一に、マッキニーの九月十一日についての疑問は、その後の戦争についての彼女の言明と、報道によって一緒に扱われたのであり、その結果、ほとんどの人々には、彼女が大統領は攻撃について特別な事前知識を持っていただけでなく、ある非常に特別な理由から攻撃が起こるのを許したとも告発したように見えたのである。たとえば、『オーランド・センティネル』のある記事は、マッキニーが「ジョージ・W・ブッシュ大統領は九月十一日の攻撃を事前に知っており、それを防ぐために何もしなかった。なぜか？　彼の取り巻きがその後の軍事費増大で儲けるためである」と主張したのだと報道した[原注46]。『ニューヨーク・タイムズ』のある記事はこう書いた。「マッキニー氏は、ブッシュ大統領は九月十一日の攻撃を事前に知っていたが、それを防ぐために何もしなかった、彼の支持者たちが戦争で儲けるためであると示唆した[原注47]」。しかしグレッグ・パラストやその他の人びとが示したように、マッキニーがこの理由で攻撃を許したとしてブッシュを告発したというとらえ方は、マッキニーの発言のいくつかを不当にごちゃまぜにしたことから生じている。パラストは同様の混乱がマッキニーはブッシュ政権が攻撃について特別な事前知識を持っていたとして告発したという認識の背後にもあると考えるべき正当な理由さえ提示している[原注48]。パラストは実際、マッキニーの本当の立場は彼自身のものに似ており、それによると、いくつかの事前警告が与えられていた、攻撃が予想できないので防げないものではなかったという事実が情報機関の大きな失敗を指し示すものであり、それに関して大統領の政策は少なくとも部分的には責任のあるものだった、と論じているのである[原注49]。いずれにせよ、マッキニーの実際の意図が何であったにしても、彼女はブッシュ政権が事前知識を持っていたかどうかについての調査がなされるべきだと単純に示唆したのだとは、市民が受け取らなかったのである。

さらに、彼女の選挙での敗北は、そのような示唆をすることが民主党員にとってさえ政治的自殺行為であることを必ずしも意味していないと考えるべき第二の理由がある。ジョージア州では、予備選挙の投票者は、「交差投票する」（訳注：クロスオーバー制度のこと。普通は民主党員しか民主党の候補者を選ぶ予備選挙には投票できないが、ジョージア州など一部の州では、共和党員でも登録をすれば民主党の予備選挙に投票できる。同様に民主党員も交差投票により共和党の予備選挙に投票できる）ことが許されており、たとえば登録した共和党員が民主党の予備選挙で投票できるようになっている。実際に起こったことについてのマッキニーの説明によると、共和党に近い立場をとる別の黒人女性が、予備選挙でマッキニーの対抗馬になるように共和党員によって促されたのであり、そのあと「共和党員は彼女に選挙運動資金を提供し、四万八〇〇〇人が交差投票して彼女に票を入れた」のである。[原注50]ジョージア州の投票法では、実際に何票の交差投票があったかを知ることはできないが、マッキニーの全面的な主張は、アトランタの週刊誌の主幹編集者であるジョン・サッグによって支持されている。彼はこう述べた。「共和党員は民主党の予備選挙に大挙して交差投票した[原注51]」。

さらに別の関連した事実は、『アトランタ・ジャーナル―コンスティテューション（ＡＪＣ）』によって四月十七日にアップされたオンライン世論調査にかかわるものである。この世論調査の質問は、マッキニーは大統領が攻撃についての事前知識を持っていると告発したという前提にもとづくものであった。人びとはこう質問された。「あなたはブッシュ政権が九月十一日の攻撃について事前警告を受けていなかったと確信していますか？」ＡＪＣはマッキニーへの攻撃を先導した新聞のひとつであったという事実を考慮すると、この世論調査の目的は、明らかにマッキニーの告発がほとんど世論の支持を受けていないことを示すことであった。しかし、NewsMax. Com——ＡＪＣと同様にマッキニーに敵意をもっているウェブサイト——によると、わずか五二％しかその通りと答えなかったという。回答者の二％は「確信はない。連邦議会は調査すべきだ」という選択肢を選んだ。「いや、政府は攻撃が来ることを知っていたと思う」の選択肢を選んだ回答者は四六％にも及んだ。だから記事の表題はこうであった。「世論調査の衝撃——半分近くがマッキニーの陰謀説を支持」。この記事——午後三時半のすこしあとにアップされた——の筆者は付け加えた。「二万三〇〇〇人以上の『アトランタ・ジャーナル—コンスティテューション』読者が昼下がりまでに回答したが、世論調査は不思議なことに新聞のウェブサイトから削除された[原注52]」。

もちろんそのような世論調査は厳正なものではない。しかしこれは興味深い疑問を提起している。米国で行われた厳正な世論調査の結果はどうだったのかということである。しかしそのような世論調査は行われていない。たぶん「もし答を知りたくないのなら、質問をしないことだ」という古くからの教えに従ったためであろう。しかしたぶん、もしそのような世論調査が行われるなら、ブッシュ政権の九月十一日との関係についてのアメリカの世論は、想定されているよりも、ドイツの世論に近いものであろう。少なくともそれは検証可能な興味深い質問である。

いずれにせよ、これら三つの事実——シンシア・マッキニーの「告発」が歪められたこと、交差投票がなければ彼女は落選しなかったかもしれないこと、そしてアトランタ地域の市民の相当部分がすでに二〇〇二年四月の時点で「政府はテロが来ることを知っていた」と明らかに思っていたこと――は、彼女の落選が必ずしも、ブッシュ政権が攻撃についての事前知識を持っていたと示唆することはいかなる政治家にとっても政治的な自殺行為であることを証明したとはいえないことを示している。

ともあれ、こうした事前知識の問題が大統領候補によって提起されたという事実――その問題がそれから著名なジャーナリストたちによって周知された――は、この問題そのものについての調査が必要であることのさらなる根拠を提供している。

③エレン・マリアニの訴状　さらに別の証拠が、最近の別の出来事によって提示された。シンシア・マッキニーが行った告発と大差ないような告発をしている訴訟である。(原注53)二〇〇三年十一月二十六日に、フィリップ・J・バーグ弁護士は、フィラデルフィアで記者会見を開き、エレン・マリアニ――その夫はユナイテッド航空第一七五便に乗っていた――がブッシュ大統領と数人の閣僚をRICO法（威力脅迫および腐敗組織に関する連邦法）にもとづいて連邦裁判所に訴状を提出したことを公表した。(原注54)この訴状はジョージ・W・ブッシュ（GWB）とその他の高官――ジョン・アシュクロフト、ディック・チェイニー、コンドリーザ・ライス、ドナルド・ラムズフェルド、ジョージ・テネットを含む――が、「原告の夫ルイス・ニール・マリアニの殺害を防止するための行動を、財政的および政治的理由でとらなかった」こと、そして「その犯罪行為と怠慢の結果、正義を妨げた」がゆえに有罪であると主張している。(原注55)この要約された告発を詳しく説明して、訴状はさらに次のように述べている。

被告ＧＷＢ（訳注：ジョージ・ウォーカー・ブッシュの頭文字をとって、こう表現されることがある）は原告だけでなく、アメリカ市民一般に対して、「９・11」に先立って被告ＧＷＢが知らされていた大量の情報にもとづいて、回避可能な攻撃から保護し防衛する「義務を負っていた」。「９・11」は原告の夫およびその他数千の罪なき犠牲者の死をもたらしたのである。……

被告ＧＷＢは「９・11」攻撃の可能性について彼の政権が持っていた事前知識に関して率直でも正直でもなかった。原告は被告ＧＷＢに、彼女の夫ルイス・ニール・マリアニがなぜ「９・11」に死ななければならなかったのかについての弁明を求めるものである。……本件で証拠開示、裁判所の権限による召喚状、法廷での証言を通じて提示される説得力のある証拠は、反駁できない結論に導くであろう。被告ＧＷＢは攻撃が我が国を「国際的対テロ戦争（ＩＷＯＴ）」をせざるをえないところに導くことを知りながら、「９・11」を防止するために行動しなかった。その国際的対テロ戦争は財政的および政治的理由から被告らに利益をもたらすものである。……

原告はこのように信じている。被告ＧＷＢらが、私的利益およびアジェンダ〔政策課題〕のために回避可能な攻撃が起こるのを許し、それによって市民の怒りと激しい抗議を呼び起こし、回避可能な国際対テロ戦争に我が国および兵士たちを引き込んだのである。

特別捜査官、ロバート・ライトは、二〇〇一年六月九日にメモを書いて、上司および被告DOJ［司法省］とFBI［上層部］にテロリストが飛行機をハイジャックして米国を攻撃する可能性について警告している。二カ月後に被告GWBの国家安全保障担当補佐官である被告コンドリーザ・ライスは、二〇〇一年八月六日に……彼女が被告GWBにテキサスの牧場で「OBL」［オサマ・ビン・ラディン］が米国の飛行機をハイジャックするかもしれないと警告する覚書を渡したことを認めた。原告は、これらの報告を提供された被告GWBが、真珠湾――9・11が我が国を終わりなき国際的対テロ戦争に引き込んだのと同様に、米国を第二次大戦に引き込んだ――以来最悪の我が国に対する攻撃を阻止するために行動しなかったのはなぜか、「知る権利」がある。多くの証拠と被告GWBの執拗な「秘密主義」そして9・11委員会への協力の消極性ゆえに、原告は自身および夫ルイス・ニール・マリアニのために正義をもたらし、被告らが「9・11」の前、最中、後の犯罪から生ずる、自由を愛する個々のアメリカ市民への最大の裏切り行為に関してアメリカ市民に「真実」を明らかにするために、RICO法にもとづく民事訴訟を提訴したものである。(原注56)

この訴状のコピーを配布した他に、バーグはエレン・マリアニから大統領にあてた公開書簡を記者たちに手渡した。この書簡で彼女はこう言っている。

もしあなたが何かを隠そうとするのでないのなら、9・11調査委員会が発見した証拠と文書の公表を阻止するのをやめなさい。それが九月十一日の攻撃を阻止するために行動するのを怠ったわけではないことを証明することになります。あなたがこれらの材料を公表しない理由は、それが「国家安全保障」の問題だからだというものです。……しかし……あなたが心配しているのは、あなたの個人的な信頼性／身分保障です(原注57)……

もしこの訴訟が進行することを認められれば――それはマリアニとバーグが召喚状の権限を持つことを意味し――それは9・11事件について提起された厄介な疑問点に回答を提供し始めるかもしれない。

この訴訟は、前述のディーンとクラウサマーのやりとりや、最近のいくつかの出版物とともに、これらの疑問がますます頻繁に集中して提起されるであろうことを示している。ますます多くの市民が、政府の説明は嘘であると思うようになるだろう。民主的な政府に適う唯一の解決策は、九月十一日に起こったことについて信頼できる説明を最終的に提供できるような調査である。それには新しい調査が必要であるということが、9・11独立調査委員会にかかわる最近の展開によってさらに示されている。

④9・11独立調査委員会　この委員会の進行を妨害する諸問題にもかかわらず、「九月十一日の家族たち」の「9・11独立調査委員会に関する運営委員会」の指導者たちを含む多くの人びとが、それが最終的には多くの未解明の疑問点のうちの少なくともいくつかに対しては答を与え

るのではないか、という期待を長らく持ち続けていた。しかしその期待はその後の展開によってくじかれてしまった。第一に、召喚状を出す権限を行使する代わりに、委員会はホワイトハウスとの取引で成立した前述の合意によって、「9・11日隠蔽委員会」と呼ばれるべきだという非難に裏付けを与えた。(原注58) 第二に、委員会は最も歯に衣を着せずにものを言う批判的なメンバーであるマックス・クレランドを失ったことである。(原注59) 第三に、委員会がメンバーの二人、フィリップ・ゼリコー事務局長とジャミー・ゴアリック委員（クリントン政権において司法省の高官であった）に尋問したという『ニューヨーク・タイムズ』の記事で、利益相反についての疑問が一月なかばに新たに浮上した。この記事による暴露は、ゼリコーとゴアリックが「ホワイトハウスの高度機密文書への幅広いアクセスを認められたただ二人の委員会メンバー」であったがゆえに、特に強い疑問を提起した。ゼリコーが尋問されたというニュースについて尋ねられて、クリスティン・ブレイトワイザーはこう述べた。「彼には大きな利益相反があります。これは私たちが最初から心配していたことです」。この心配を説明して、彼女は委員会報告書が「嘘で固めたものになっていく」ことを恐れていると述べた。(原注60)

もし調査期間の延長を求める委員会の請求が拒絶されるならば、委員会の報告書が疑問点の少なくともいくつかには答えるのではないかという期待への第四の打撃が加わることになろう。先に見てきたように、委員会のメンバーらは、ホワイトハウスによって作り出された障害が五月末の期限までに報告書を完成するのを不可能にするだろうと長らく心配してきた。一月下旬に、委員会は正式に調査期間の数カ月延長を要請したが、それはティモシー・ローマーの言葉によると「信頼できる徹底的な」作業にするためであった。しかしこの要請に対する最初の反応は否定的なものであった。政府の報道官は、委員会のメンバーは「締め切りに間に合うようにすべき」であると言った。なぜなら「政府が前例のないほどの協力をしてきたからだ」というのである。(原注61)

この応答についての記事（「ブッシュは9・11委員会に何を隠しているのか?」と題されている）のなかで、ジョー・コナソンは、最初から「ブッシュ氏は委員会とその重要な仕事を軽蔑的な態度で扱ってきた」、「彼の大統領任期中に起きた最も重大な出来事についての調査を妨害し、制限し、検閲」し続けてきたのであると述べた。政府が委員会に五月の締め切りを守るか、さもなければ報告書の公表を十二月まで延期する――それはもちろん十一月の中間選挙よりあとになる――という選択肢を与えたという『ニューズウィーク』の記事をさして、コナソンはコメントした。「ブッシュ氏は、彼の大統領再選の是非が、国と彼の大統領職を大きく変えた災害についての十分な情報にもとづく判断によって左右されることを望んでいないのだ(原注62)」。

にもかかわらず、執拗な妨害にもかかわらず委員会は、本書が印刷にまわされる時点での最近の報道によれば、ブッシュ大統領、チェイニー副大統領、その他の閣僚の宣誓証言を求めるための召喚状を出すことを計画していない(原注63)のである。

これら最近の展開は、少なくとも「九月十一日の家族たち」の「9・11独立調査委員会に関する運営委員会」の何人かのメンバーにとっては明らかに最後の一撃であった。『ワシントンポスト』のある記事によると、「締め切りについての委員会の扱いは、9・11事件の犠牲者の家族たちのグループを怒らせた。そのグループは、委員会が調査期間の延長を求めたり、ブッシュ政権に文書や証言を請求したりする際に十分に積極的でなかったと主張している」。記者はクリスティン・ブレイトワイザーの次のような発言を引用した。「もうたくさんです。……犠牲者の家族の顔を平手打ちしたのと同然です。彼らは無責任な行動によって死者の名誉を傷つけています」(原注64)。彼女の言葉の裏にあるのは、9・11独立調査委員会がその任期の最後の数カ月に態度と戦術を根本的に変えない限り、真実発見の希望を得るためには新しい調査が必要だろうという結論であるように思われる。

九月十一日の真実を求める候補者

十分な調査の必要性を強調する最近の出来事は、この問題をとりあげる大統領候補の出現である。この候補はジョン・ブキャナンという名前の共和党員で、街頭演説でこう述べた。

私は九月十一日の真実を求める候補としてここに立っております。一部の人たちは私を単一争点候補として退けるかもしれませんが、狭い意味ではそれは本当です。しかし、もしみなさんが九月十一日は私たちを財政的破滅、終わりなき戦争、憲法のたそがれに引きずり込んだと思っているのなら、私のかかげる争点はこの時代の重大な争点なのです。

「私たちはみんな九月十一日について嘘を教えられてきたのだ」と言いつつ、ブキャナンは本書で論じてきた事実の多くを列挙した。彼はそれから、聴衆にエレン・マリアニを「この問題に取り組む英雄のひとり」として支援し、ナフェズ・アーメドの『自由に対する戦争』とポール・トンプソンの九月十一日タイムラインを読むように促すことで演説を締めくくった。(原注65)

ブキャナンは主流の新聞が「九月十一日についての多くの嘘と矛盾」に疑問を投げかけないこと、そして「まだ未解明の疑問点」があることを市民に伝えさえしないことについて、きわめて批判的である。その同じ報道界は、「九月十一日の真実を求める候補者」の存在について今、市民に伝えることについても消極的かもしれない。しかし彼の存在そのものが、何百万人ものアメリカ人が他の情報源［独立系メディアやインターネット］を通じて彼のことを知るであろうという事実とともに、政府の共犯の証拠を検証するような十分な調査が必要だと結論すべきさらなる理由を提供するであろう。

訳注　利益相反　一人の人間が個人として有する利益と、その者が公職者として追求すべき公益とが衝突すること。9・11事件調査委員会ではブッシュ政権の責任の程度も調査対象となるはずであるから、ブッシュ政権の関係者が調査委員会の事務局員になったりすることは、利益相反の観点からみて不適切である。

第二版のあとがき

この第二版［二〇〇五年三月刊行］のあとがきには、三つのタイプの材料が含まれる。ここでは初版［二〇〇四年三月刊行］の文章に若干の変更を加える。また、疑問が提起された他のいくつかの論点について検討する。さらに公式説明の反証となる証拠および、政府の共犯の告発を支持する証拠を追加する。

「ハイジャック犯」と元々の9・11「陰謀説」

本書初版の序論で、九月十一日についての公式説明を受け入れている人びとがあらゆる「陰謀説」を拒否すると言うとき、公式説明そのものが元々の9・11陰謀説——オサマ・ビン・ラディンの率いるアラブ人イスラム教徒が攻撃の唯一の責任者である——だということを認識していないと指摘した。私はまた第六章の終わりで、一九人のうち少なくとも五人は生きており、モハメド・アタを含む数人は神に会う準備をしている敬虔なムスリムらしからぬ行動をしていたという証拠を考慮すれば、ハイジャック容疑者の身元に関しては本当に疑わしい(原注1)。

しかし、ハイジャック犯についての公式説明の基本的な諸問題についての私の議論は手短なものであり、十分であったとは言い難い。それに加えて、これらの問題点がいかに深刻に公式説明を危うくするものであり、それが言葉の最悪の意味での「陰謀説」であることを暴露するものだということを、明確に説明しなかった。ここでは、先の記述よりもさらに強く、アラブ人イスラム教徒ハイジャック犯説がいかに問題だらけのものであるかを、強調しておきたい。

明らかにすべきひとつのポイントは、問題の五人がまだ生きているのは単なる伝聞証拠ではないことである。たとえば、ワリード・M・アルシェーリは、私が述べたように、ロンドンのある新聞の取材を受けており、AP通信によると、彼はまた九月十一日の十一日以後にもモロッコ——彼はそこの航空会社で働いている——の米国大使館でもしゃべったという(原注2)。同様に、『テレグラフ』紙のデヴィッド・ハリソンは二〇〇一年九月二十三日に、サレム・アルハズミ——七七便のハイジャックの容疑者である——が、「ハイジャックが起こったとき、サウジアラビアでの休暇から東部の工業都市ヤンブーの石油化学コンビナートでの仕事に戻ったばかりだった」と報じた。さらに、五人のなかに含まれるサイード・アルガムディは、ハリソンに、FBIがハイジャック容疑者のひとりとして自分の名をあげているのを知ったときの反応を説明して、こう述べた。「私は完全にショックを受けました。過去十カ月のあいだ、私はチュニスで他の二二人のパイロットとともにエアバス三二〇型機の飛行訓練を受けていました。FBIは私が攻撃に関与したという証拠を示していません(原注3)」。

さらに、私がふれた五人の他にも、身元確認についての虚偽説明があるように思われる。九三便に乗っていたとされる容疑者のアーメド・アルナミの次のような発言をハリソンが引用している。「ご覧の通り、私はまだ生きていますよ。アメリカ司法省が私の名前をあげているのを見て、ショックを受けました。私がハイジャックしたとされる飛行機が［墜落した］ペンシルヴァニアなんて聞いたこともありませんよ」（原注4）。また問題なのは、七七便のパイロットとされているハニ・ハンジュールは、誰に聞いても、そんな飛行機の操縦などできなかったという事実である（一〇八頁を参照）。最後に、第六章で述べたように、サタム・アルスカミと、首謀者とされるモハメド・アタ自身でさえ、実際に飛行機に乗っていなかったと疑われる理由があるだけでなく、さらに多くのハイジャック容疑者の身元が間違っていると考えられる理由が示されている（原注5）。したがって、名前をあげられた［一九人の］男たちのうち誰ひとりとして実際には飛行機に乗っていなかったかもしれないという疑問が起きている（原注6）。

　米国が一九人のアラブ系イスラム教徒の自爆ハイジャック犯によって攻撃され、そのうち一五人がサウジアラビア出身だったことが「対テロ戦争」の根拠になったという重要性を考慮すると、政府がこれらの男たちが本当に攻撃の実行犯だったという証拠をもっと提示することをわれわれは期待すべきだったのではないだろうか？　少なくとも政府の陰謀説［アルカイダ単独犯行説］がさほど明らかな虚偽に見えないようにする説明や証拠を補足することを期待すべきではないだろうか？　そして報道が政府の主張の正確さをチェックし、不一致があれば報道することを期待すべきだったのではないだろうか？　これらのうちのどれもこれまでになされていないことを考慮すれば、報道機関が政府の陰謀説に異議申し立てする人びとを（まったくおかしな）陰謀論者として退け続けるよりも、最後には問題を検証することを期待すべきではないだろうか？

通常の対応措置の変更？

本書の初版で、一一便、一七五便、七七便の迎撃に失敗したことについての私の議論は、ハイジャックされた可能性のある飛行機に対応するための長年にわたる通常の対応措置がまだ維持されていると想定している反論者たちの著作が基になっていた。この改訂版では、必ずしもそのまま是認することなく、これらの反論者の主張を再度取り上げ、それから特に注において、(原注7) これらの対応措置が九月十一日に先立って変更されたかどうかの問題をこのあとがきで議論しようと思う。

これらの対応措置が変更されたことを示すように読める文書は実際に存在する。しかし、もしそのように読むとしても、この文書は世界貿易センターとペンタゴンへの攻撃が政府の共犯なしには成し得なかったのではないかと疑う根拠を減じることにはならないであろう。しかしその点を議論する前に、この文書は対応措置の実質的な変更を意味するものとして読まれるべきではないことを示そうと思う。

私が引用した反論者たちが有効であると想定した従来の対応措置は、一九九七年七月三十一日に発行されたＣＪＣＳＩ（統合参謀本部議長指示）三六一〇・〇一に説明されている。しかしこれらの手順は二〇〇一年六月一日に発表されたＣＪＣＳＩ三六一〇・〇一Ａ――直ちに施行された――によってとって代わられた。(原注8) 問題はこの新しい文書が9・11のようなタイプの緊急事態への対応措置を変えたかどうかである。

一九九七年七月三十一日の文書は、その年の二月十八日に公表されたＤＯＤＤ（国防総省指令）三〇二五・一五として知られる別の文書に言及していた。「即時対応」と題されたその文書のセクション四、七、一には、次のように書かれている。

即時対応（すなわち、差し迫った深刻な条件のもとで、生命を救い、人間の被害を阻止し、大きな財産損失を軽減するために国防総省の部局あるいは軍司令官によってとられる何らかの形の即時措置）の要請が、何らかの部局あるいは司令部に対してなされるかもしれない。差し迫った緊急事態において支援を求める文民当局からの口頭要請を受けた国防総省部局は、非公式の対応計画に着手し、さらに要請されれば、ＤＯＤＤ（国防総省指令）三〇二五・一五で承認されているように即時対応できる。

二〇〇一年六月一日の文書（ＣＪＣＳＩ三六一〇・〇一Ａ）に戻ると、それが実質的な変更を加えられたという主張は、「軍による飛行機の誘導」と題されたセクションにもとづいているようで、そこには次のように書かれている。

飛行機に対する海賊行為（ハイジャック）の緊急事態に関連して、軍による飛行機誘導の必要性が認識されたときは、ＤＤＯ、ＮＭＣＣ（国家軍事指揮センター）は該当する統一司令部あるいはUSELEMNORADに適切な飛行機を使用できるかどうかを判断し、DODD三〇二五・一五にしたがった承認を国防長官に求める要請を伝えるよう通知する。

この文章はそれ以前の一九九七年二月の文書——それは国防総省のいかなる部局あるいは司令部による即時対応も許可している——を参照しているが、この文書は、何らかの措置がとられる前に国防長官が要請を承認しなければならないと言うことによって、事実上、それまでの文書を再解釈するものであると一部の研究者は考えている。これらの研究者は、九月十一日の三カ月前に施行されたこの新しい文書が、対応措置をはるかに面倒で時間が掛かるものにしたと結論している。なぜなら、それは撃墜だけでなく、ハイジャックされた可能性のある旅客機を迎撃するためにジェット機を緊急発進させるためでさえ、国防長官の事前承認を必要とするからである。(原注9)

しかし、この新しい文書の「民間機および軍用機に対する海賊行為(ハイジャック)」と題されたセクションには、次のような文章が見つかる。

NMCCは支援を提供する国防総省内の中心母体である。ハイジャックが起こったとき、NMCCはFAA[連邦航空庁]から最も迅速な手段で通知を受けるであろう。NMCCは参照dによって承認された即時対応を例外として、DODの支援を求める要請を、認可を求めるために国防長官に伝えるであろう(強調は引用者)。

強調した部分に照らしてみると、「即時対応」の要請は、一九九七年の文書と同様に、国防長官の事前承認を必要としないように思われる。

もちろんこうした解釈は、「参照ｄ」の内容の検証によってぐらつくことがあるかもしれない。しかし参照ｄとは、すでに言及した一九九七年の文書である指令三〇二五・一五を見よということである。二〇〇一年の文書はそれによって、初期の文書のセクション四、七、一――それによると、「差し迫った緊急事態において支援を求める文民当局からの口頭要請を受けた国防総省部局は、非公式の対応計画と、さらにもし必要であれば、即時対応できる……(原注10)」――を再確認するものである。

実質的な変更を加えていると考えることができるもうひとつの文章は、セクション四、七、二、一で、それには次のように書かれている。「国防長官は法執行機関によってなされる……潜在的に死をもたらしうる支援要請に対して認可権限を持つ(原注11)」。しかし、これはセクション四、七、二――その主題は「法執行機関に対する装備、施設、人員の貸与」である――の付記である。これはハイジャックされた可能性のある旅客機を迎撃するためのジェット機の使用とは関係ない。

要するに、二〇〇一年六月一日に施行されたＣＪＣＳＩ三六一〇・〇一Ａは、旅客機がハイジャックされた兆候があった場合の通常対応措置を遅らせるような変更は何ら加えなかったように思われる。

しかし、ブッシュ政権が――もし仮にこれについて尋ねられることがあるとしたら――別の解釈をすると想定してみよう。ブッシュ政権は、新しい対応措置では迎撃要請が国防長官自身によって承認される必要があるというかもしれない。その場合、政権は、何らかの理由でラムズフェルドに連絡がつかなかった（別の「コミュニケーション問題」）と主張することによって、ジェット機を緊急発進させなかったことを弁明できるであろう。しかしもしこれが政権の解釈であるのなら、いかにしてそうした対応措置の変更――それによるとテロ攻撃に対する我が国の防衛が特定の個人に連絡できるかどうかに左右されることになる――を正当化できるだろうか？　さらに、たとえその言明がラムズフェルド個人ではなく彼の長官室であると理解されるとしても、九月十一日の攻撃のわずか三カ月前に対応措置がそのように変更されたことは、大いにあやしいのではないだろうか？　それはある建物の所有者が、その建物が不可解な状況で破壊される少し前に、非常に高額の保険に加入するようなもので大いに疑いをおこさせるものではないだろうか？

私はCJCSI三六一〇・〇一Aについて次のような結論を引き出した。第一に、それはハイジャックされた可能性のある旅客機の扱いについての通常の対応措置に実質的な変更を加えるものではなかった。第二に、それはせいぜい、別のことを別の場所で言っているように見えるせいで、「混乱［不明瞭］による抗弁」の根拠を提供する――その場合、担当係官は、どの指示が適用されるかについて混乱したために以前よりも対応が遅くなったと主張できる――かもしれないくらいである。第三に、このような弁解も難しいだろう。なぜなら、この文書は事前に読めていたわけで、そして「即時対応は例外とする」という条項が、ハイジャックの状況では明らかに優先されるはずだからである。第四に、もし仮に、この文書が通常の対応措置をスローダウンさせるような実質的変更をもたらしたとしても、９・11の攻撃における政府の共犯を疑う根拠は、弱くなるのではなくて、論点が変わるだけである。(原注12)

ペンタゴンへの激突

初版でのペンタゴンへの激突についての私の議論には、二つの間違いが含まれていた。(原注13) 私は間違って西棟で貫通されたすべての壁が強化されていたと述べたが、実際はいちばん外側の壁だけが強化されていた。そして、ボーイング七五七型機の機首だけがペンタゴンの内部に入ったはずだと結論するひとつの理由は、ペンタゴンの三層のリングだけが貫通されていたことだとメサンが言ったのだと思っていたが、特に飛行機が四五度の角度で突入した事実を考慮すると、実際には七五七型機の全長が入るだけの十分な空間が内部にはあった。(原注14)

この版では（一〇六頁）、強化工事についての説明を訂正したことに加えて、機首だけが中に入ったはずだと言える唯一の理由は、西棟の正面が崩壊する前の時点でとった証拠写真によると、穴があまりに小さいので飛行機の残りの部分が入ることができないし、実際、この穴の上側あるいは両側に損傷がなかったことであることを、より明確にした。

これらの訂正に加え、私はいくつか変更することで、メサンのミサイル説を必ずしも支持するものではないことを、以前よりも明確にした。メサンや同じ考えをもった研究者たちが強力な証拠を提示しているのは、ペンタゴンに激突したのはボーイング七五七型機では、な、く、てはるかに小さな飛行物体だったこと、そしてそれは、ペンタゴンのミサイルによって撃墜されなかった事実を考慮すれば、何らかの種類の軍用機（「友軍」の信号を出すトランスポンダーを搭載している）だったに違いないこと、という二つの要素からなる論点である。これらは重要な論点であり、その飛行機がミサイルだったのか、それとも小さな軍用機（訳注）だったのかという疑問は、二次的な問題である（また、その問題を解決するためにはいまのところ証拠が不足しているかもしれない）。

訳注　小型軍用機の候補のひとつは、無人偵察機グローバルホークである。

これらの訂正を指摘することに加えて、私はノーマン・ミネタ運輸長官が二〇〇三年五月二十三日の9・11委員会での証言で報告した興味をそそる会話にも言及したい。九月十一日の朝のペンタゴンが激突される少し前に彼がホワイトハウスに到着し、ミネタはシークレットサービスに護衛されて大統領緊急作戦センターに行ったが、そこではチェイニー副大統領が任務にあたっていたと報告している。リー・ハミルトンからの質問に対し、ミネタは次のように説明している。

飛行機がペンタゴンのほうへ向かっているあいだ、若い男が入って来て副大統領に次のように言いました。「飛行機は五〇マイル先にいます」「飛行機は三〇マイル先にいます」そして「飛行機は一〇マイル先」までできたとき、その若い男は副大統領にこうも言った。「命令はまだ有効なのですか?」そして副大統領は振り返って首を回し、こう言った。「もちろん命令はまだ有効だ。何かそれと逆のことでも聞いたのかね?」

ミネタ自身はその「命令」が飛行機を撃墜する命令をさすのだと推測した。しかし何人かの反論者たちは、特にその「飛行機」（それが何であろうと）が撃墜されなかったということ、そしてこの解釈のほうがその若い男の疑問をちゃんと説明できること、という二つの事実を考慮すれば、その命令は飛行機を撃墜せよというものではありえなかったと主張している。すなわち、もしペンタゴンに向かっている未確認飛行機を撃墜せよという命令だったのなら、特に先にニューヨークで起こったばかりのことを考慮するならば、その命令がまだ有効であることは、極めて明白ではないだろうか？　少なくとも、これは追及すべき争点であると思われる。

ミネタの報告はまた、飛行機がこっちに向かっていることに気づかなかったというラムズフェルドの主張（一一七頁を見よ）を疑うべきさらなる理由を提示している。ホワイトハウスにいたチェイニーとその他の人びとがこれを知っていたのに、ペンタゴンにいた国防長官がそれを知らないなどと言うことが、信じられるだろうか？

ツインタワーと世界貿易センター第七ビルの制御解体のさらなる証拠

第一章で、世界貿易センターのツインタワーと第七ビルが火災によって崩壊したのではなかったこと、そしてそれらは制御解体によって崩壊したことを信じるべきたくさんの理由を提示した。ここでいくつかの証拠を加えておこう。

①第七ビルについてのラリー・シルバースタインの発言

この追加の証拠の一部は、それ自体が十分に驚くべきことであるが、世界貿易センターの第七ビルを建設し、最近このビル群全体の賃貸オーナーになったラリー・シルバースタインその人によって提示された。ＰＢＳ（全米ネットの公共放送網）の「再建するアメリカ」と題するドキュメンタリー――当初は二〇〇二年九月に放送された――のなかで、シルバースタインはこう述べている。

消防署長から電話があったことを覚えています。火災を消し止められるどうかわからないと言っていました。私は言いました。「あれほど大変な人命の損失があったのだ。それを引き倒すのが最良かもしれない」。そして彼らは引き倒す決断をし、私たちは建物が崩壊するのを見守りました（原注15）」。

第七ビルの崩壊からほぼ五兆ドルの利益を得た（原注16）シルバースタインが、ビルが意図的に解体されたことだけでなく、彼自身がその勧告をしていたことを明らかにするのは、信じがたいように思われる。しかし、「引き倒す（pull）」は、ビルを解体するために爆薬を用いることをさして一般に使われる用語である。この用法およびシルバースタインが、消防署が「引き倒す決断」をしたあと、第七ビルが崩壊するのを見守っていたと語った事実を考慮すると、この言明について他の解釈をするのは困難である。

しかし不可能とは言えない。一部の人たちはシルバースタインが単に、彼と消防署がビルを解体する決断をしたのだが、そのあと、彼らが計画を実行する前に、ビルは自ら崩壊したことを言おうとしているのだと論じている。
しかしその解釈には問題がある。アレックス・ジョーンズ・ショーで的確に質問されているように「わずか二カ所の小さな火災［七階と一二階に］しか見えないというのに、そもそも引き倒すことさえ誰が思いつくだろうか？」(原注17)
さらに、消防署が、第七ビルが崩壊することを事前に知っていたという考えは、午後四時頃にビルの近くにいたカメラマンのトム・フランクリンの発言によって支持された。彼が後にいかにして旗をかかげる消防士の写真をとるようになったかを説明する際に、彼は最初に次のように述べた。「消防士たちは第七ビルを崩壊させる準備をしていたので、その地域から退避した」(原注18)。この発言は、アレックス・ジョーンズ・ショーでは次のようになっていた。

誰かが消防士たちに第七ビルは崩壊しようとしているのでそこから離れるようにと言ったことを強く示している。それが崩壊しようとしているのを知っているのでない限り、消防士たちはビルから離れるだろうか？　これまでに火災が鋼鉄のビルを崩壊させたことさえなかったし、そのビルでは二カ所に小さな火災が燃えていたにすぎないのである。(原注19)

第七ビルの崩壊についての消防署の事前知識についての証言は、実際、消防士たち自身によっても提供された。副隊長フランク・フェリーニが副署長ニック・ヴィスコンティに「世界貿易センターの第七ビルの崩壊が迫っています。人びとをそこから退避させなければなりません」と言ったと伝えられている。別の消防士ジョセフ・フィーファーは後にこう述べた。「私はニグロ隊長がそのとき戻って来て、誰もこれ以上殺させたくないので、ノースエンドとヴェッシーまで二ブロックの住民を全員退避させるのがいいだろう。われわれはそこに立って第七ビルの崩壊を見守った」(原注20)。

われわれが第一章で見たように、第七ビルが制御解体で引き倒されたという物理的証拠はかなりある。この証拠のひとつが崩壊を写したビデオであり、爆薬によって引き起こされた崩壊のように見えるという単純な事実である。実際、ダン・ラザーはその日の夕方のCBSニュースで、第七ビルの崩壊は「これまでテレビであまりにもたびたび見たような、巧妙に仕掛けられたダイナマイトでビルが意図的に解体されるときの映像を彷彿とさせるものだった」と述べた(原注21)。

いまでは、トム・フランクリンと消防士たちの証言をシルバースタインの証言と一緒に考慮すると、第七ビルが制御解体されたというこの物理的証拠は、口頭証言によって支持されているように思われる。もしこの解釈が正しいなら、それが意味することは驚くべきものである。ひとつには、もしシルバースタインがこの情報をもっと早く提供していたら、彼はＦＥＭＡ［連邦緊急事態管理庁］――彼の証言の四カ月前に世界貿易センターについての報告を出していた――を、大量の作業だけでなく、第七ビルの崩壊についての最良の説明として「起こる確率がほとんどない」事象についての仮説を提示する報告を出すというバツの悪さからも、救うことができていたであろう。

②崩壊の類似性

さらに重要なのは、もし制御解体が第七ビルの崩壊理由の真実の説明だったとすれば、この崩壊とツインタワーの崩壊の類似性が、われわれに、ツインタワーについても制御解体が真実の説明であると信じるべきさらなる理由を提供するということである。この三つのビルの崩壊は確かに、すべての点で同じというわけではなかった。第一章で言及したように、世界貿易センター第七ビルの崩壊だけが、典型的な解体のパターンにしたがっていた（そこでは崩壊が下で始まり、ビルが建っていた跡地にはまったく少量の瓦礫の山しか残らなかった）。しかしツインタワーの崩壊は、世界貿易センター第七ビルの崩壊を特徴づけるいくつかの特性を共有していた。次の諸点である。崩壊には粉末状の粉塵の（しかも一層大量の）発生が伴っていた。崩壊には検知できる地震学的振動（しかも一層大きな強度で）が伴っていた。崩壊には溶融した鋼鉄の生成が伴っていた。崩壊はほぼ自由落下の速度で起こった。[原注22]

それに加えて、これら三つの崩壊すべてにおいて、鋼鉄の梁と柱のほとんどは、ジム・ホフマンの言葉によれば、「長さ三〇フィートを越えない断片に切断されていたので、グラウンドゼロの片づけをしていた機械に容易に積み込むことができた」のである[原注23]。

コントロールド・デモリション株式会社――まさに世界貿易センターの瓦礫の片づけを発注された会社の社名が「制御解体」であったのだ――が次のように宣伝していることを考慮すれば、この最後の特徴は、特別な注目に値する。「我社のＤＲＥＸＳＴＭシステムは、……鋼鉄の材料を、使用機械のつり上げ能力にマッチするように裁断できます[原注24]」。

③粉塵の雲

いずれにせよ、これらすべての特徴を、シルバースタインが意図的に解体されたと明言した第七ビルと共有していることに加えて、ツインタワーにはそれらが爆薬で解体されたことを示す二つのさらに著しい特徴がある。すなわち、コンクリートの多くが粉々になって粉塵として空気中にばらまかれたこと、(原注25)そしてこの粉塵がビルから水平方向に放出されて、大きな粉塵の雲を形成したことである。(原注26)

さらに、現在では、粉塵の雲についてもっと情報がある。第一章で、粉塵の存在と挙動についてのエネルギー源の問題に言及し、それから、爆薬のみが必要なエネルギーを与えられたはずだというこの分野の研究者たちの見解を付け加えた。しかし私は定量的な分析は引用しなかった。そのような定量的な分析が、ジム・ホフマンによって、数学と「二、三の基本的な物理法則」だけを用いて提示されていることを、その後知った。彼の分析は、これまで受け入れられてきた説――それは、タワーから発生した粉塵の雲のエネルギー源は、一一〇階のビルの高さの質量から得られる重力による位置エネルギーだとしている――に対する強力な反証を提示している。(原注27)

ホフマンは、ノースタワーに焦点をしぼって、粉塵を生成し、崩壊の最中と後に作り出された粉塵の雲を膨張させるのに必要とされるエネルギーを計算した。彼はそれから、この数字を、一三六八フィート（四一七メートル）のビルのそれぞれにおいて得られる位置エネルギーについてのＦＥＭＡの計算――それは約一一万一〇〇〇キロワット時である――と比較した。その結果は特筆すべきものであった。

ホフマンはまずノースタワーの約九万トンのコンクリートを粉々にして六〇ミクロンの粉末にするのに要するエネルギーを計算した（「いくつかの報告によると、粉塵の平均の大きさは六〇ミクロンよりも一〇ミクロンに近かった」ので、非常に控えめな数字だと彼は指摘している）。彼はそれから、「粉塵の雲を崩壊の開始から三十秒以内に各タワーの体積の数倍に膨張させるのに要するエネルギー」を計算した（三十秒以降の継続的な膨張を無視しているので、この計算でも控えめな数字が出てくる）。二種類の選択的な計算（膨張の主要な原因についての異なる想定にもとづく）を提示して、彼は、エネルギー源は二六八万二〇〇〇キロワット時あるいは一一七〇万〇〇〇〇キロワット時を提供しなければならなかったと結論する。これは、彼の控えめな計算によってさえ、必要とされるエネルギーは、得られる重力によるエネルギーの量（一一万一〇〇〇キロワット時）の二十四～百六倍になるであろうということを意味する。もっともホフマンは、「最も控えめな予想値と重力のエネルギーのあいだには十倍以上の開き」があると単に指摘することで、結論をもっと控え目に表現している。

ホフマンはまた、研究の結論を淡々と述べて、そのような大きな開きは「定量的評価では不確定要素の範囲に入るものとして安易に無視することはできない」ので（特に彼の控えめな見積もりゆえに）、「ツインタワーの崩壊が重力による出来事だったという公式説明は、記録されたエネルギーの流れを説明するには不十分と思われる」と言っている。

もちろんその意味は、他のエネルギー源があったに違いないということである。そしてこれまで疑われてこなかったエネルギー源について十分な根拠が示されない限りは、唯一の候補は多数の爆薬の設置であるように思われる。そのような爆薬が、粉塵の雲の生成と膨張に必要なエネルギーを実際に提供したという結論は、もちろん、崩壊の原因として爆薬を示すノースタワー崩壊のその他の様々な特徴（サウスタワーについても同様）によって支持される。(原注28)

まとめると、第七ビルが爆薬によって引き倒されたというシルバースタインの明確な証言、三つのビルの崩壊の類似性、そしてタワーの崩壊理由として制御解体を指し示すその他の要因を考慮すれば、立証責任はいまや、ツインタワーは第七ビルと違って、制御解体によって引き倒されたのではないと主張する側にあることは明らかであろう。

④爆薬を設置する機会

この結論に対する可能な反論は、次のようなものであるだろう。われわれはシルバースタインがいかにして第七ビルを制御解体によって引き倒すことができたかを説明できる。一九八七年にそれを建設させた人物なので、彼は引き倒す作業が迅速にできるように、必要な配線を張り巡らせるようにすることができた。しかし他の人によってずっと前に建設されたツインタワーで、どうやって制御解体の準備をすることができただろうか？　これは良い質問だ。しかし手がかりを与えるかもしれないいくつかの情報が明らかになった。

関連がありそうなひとつの報告については初版で言及したが、注でふれただけであった。その報告は、「大統領の弟であるマーヴィン・P・ブッシュが、世界貿易センターのセキュリティ（警備管理）を担当していたセクラコムという会社の社長であった」というものである。(原注29) マージー・バーンズは、彼が一九九三年から二〇〇〇年までこの会社の社長だったこと、この会社が一九九六年から二〇〇一年九月十一日まで世界貿易センターのセキュリティを担当していたこと、そして一九九六年と二〇〇〇年のあいだに新しいセキュリティ・システムを設置したことを報告している。(原注30) ホワイトハウスは、大統領の兄弟と、世界貿易センターのセキュリティを担当していた会社のつながりを公表していなかったと、バーンズを指摘している。(原注31) 彼女はまた、二〇〇二年一月以来この会社のCEO［最高経営責任者］であるバリー・マクダニエルによると、そのセキュリティの仕事は、FBIあるいはその他の連邦政府機関による九月十一日に関連した捜査の対象になっていないと報告している。

ウェイン・マドセンによって報告されたもうひとつの興味深い事実は、ワート・D・ウォーカー三世――マーヴィン・P・ブッシュとジョージ・W・ブッシュの従兄弟――もこの会社の社長であり、そのあいだにストラテセックという社名に改称されたという。役員理事会で現在議長をつとめている他に、ウォーカーは一九九九年から二〇〇二年一月までCEOであった。(原注32)

この事実――ブッシュ大統領の兄弟と従兄弟が、九月十一日までの数年のあいだ世界貿易センターのセキュリティを担当していた会社の社長であったという事実――が当日起こったことと関連があるかどうかは、捜査によってのみ判断できるだろう。しかしこの事実は少なくとも公式記録のなかに記載されるべきである。

私はまた（同じ注で）世界貿易センターの何人かの職員が、「警戒態勢のために二週間のあいだセキュリティの特別班が十二時間交代シフトで働いたあと、九月十一日の五日前にセキュリティ警報――それは爆弾探知犬の使用を義務づけていた――が解除された」と報告したことに言及した。この事実は重要かもしれない。なぜなら、もし制御解体のための配線設置が早く行われていたとしたら、爆薬はその期間のあいだに仕掛けることができたはずだからである。

そのうちに、私はこの問題に関係があるかもしれない別の報告のことを知った。そのひとつは、一九九九年以来フィデュシアリー・トラスト（クリスティン・ブレイトワイザーの夫が働いていた会社）

で働いていたスコット・フォーブスという男によるものである。その後公表された私信のなかで、彼はこう言っている。

二〇〇一年にわれわれの会社はサウスタワーの九〇階と九四～九七階を使っており、八七人の従業員と多くの請負業者を失った。

［二〇〇一年九月八～九日の］週末に、世界貿易センターのタワー二、つまりサウスタワーで「電源を切る」という状態があった。この状態は、五〇階以上で約三十六時間のあいだ電力供給がなかったことを意味する。私はその週末は、すべてのコンピュータシステムがその前にちゃんと電源を切り……後で元に戻すことを確認するために、多くの人たちと一緒に仕事をしなければならなかったので、……このことは知っていた。世界貿易センターが電源を切る理由は、タワーのケーブル配線を新式のものに変えるためということだった。……もちろん電源なしではセキュリティの［監視］カメラは作動しないし、ドアのセキュリティ・ロックはかけられないし、［そのあいだ］たくさんの「作業員」がタワーに出入りすることになる（原注33）」

二〇〇四年六月二日に私宛ての電子メールで、フォーブスはこう付け加えた。

私の当初のウェブログ投稿（訳注）に対する反応には驚きました。……あなたに言えることは、私が言ったことはまったく真実であり、それを確認できる人の名前もあげられるということです。私を驚かせたのは、そして私の投稿の当初の動機は、九月八日から九日までの週末のあいだ、タワー二の上層半分で三十六時間電源を切っていたことを当局が認めようとしないという事実です。真実を認めさせ、調査させること以外に、私に隠れた動機があるわけではありません。

訳注　ウェブログとは、一つのウェブサイトに一定期間記録されていく、ある特定の話題に関する日記形式の投稿

フォーブスは、彼の説明を裏付けることができると彼が言っている他の人たちとともに、証言を求められるべきであると思われる。しかし、フォーブスは当初の発言のなかで、彼は「この情報を、九月十一日委員会を含む多くの人々と団体にメールで送ったが……誰もこの事実を気にとめて記録したようには見えない」と報告した。

またおそらくこの問題――タワーでどのようにして制御解体の準備をしたかという問題――に関連があるのは、サウスタワーで働いていた消防士基金の金融アナリスト、ベン・ファウンテンの発言である。ファウンテンは、九月十一日に先立つ数週間のあいだ、タワーでは「何回も」退避が行われ、それは「異例」のことだったと報告している。(原注34)

⑤ジュリアーニ市長の発言

もうひとつの興味深い事実は、ちょうど第七ビルの崩壊に関する事前知識についての口頭証言がラリー・シルバースタインによって明確に提供されていたように、ツインタワーの崩壊に関する事前知識についての口頭証言が当時NY市長のルドルフ・ジュリアーニによって明確に提供されていたと

いうことである。ＡＢＣニュースのピーター・ジェニングスに語るなかで、彼自身と、彼がつくった世界貿易センター第七ビルの二三階の「緊急命令センター」で働いていた他の人々について、こう述べたのである。

　われわれは、世界貿易センターがこれから崩壊すると言われたときに、あそこで作業していました。そしてわれわれがビルを出ることができる前に崩壊したのです。(原注35)

　ジュリアーニはここで「世界貿易センター」のことを語っているが、特にサウスタワーのことを念頭においていたに違いない。彼は明らかに第七ビルのことを言っていたのではない。なぜなら、それは午後五時二十分まで崩壊しなかったからである。そして彼がノースタワーのことを言っていたのでもありえない。なぜなら、彼と仲間たちには、サウスタワーの崩壊からほぼ半時間後にそれが崩壊する前に逃げる時間は十分にあったからである。

　いずれにせよ重要なポイントは、ジュリアーニが、ノースタワーが激突された午前八時四十六分と、サウスタワーが崩壊した午前九時五十九分のあいだのどこかの時点で、ツインタワーがこれから崩壊すると言われたことを示したことである。もっと一般的なポイント——彼が他の誰かに言われたかどうかという問題は別として——は、サウスタワーが実際に崩壊する前に彼はツインタワーがこれから崩壊することを知っていたと述べたことである。この発言は、ニューヨーク市の英雄とみなされるようになった男について、深刻な問題を提起している。アレックス・ジョーンズの言葉で言えば、

「もしそれが前例のない出来事だったならば、ツインタワーがこれから崩壊することを彼はどのようにして知ったのだろうか？」(原注36)

振り返ってみると、崩壊するタワーの映像を何回も繰り返し見せられ、なぜそれらが崩壊したかについては科学的な説明があると安心して、われわれは、いったんタワーが激突されたら、崩壊するであろうことは明らかだという理由により、ジュリアーニの発言［の重大性］を見過ごしてしまう傾向があるかもしれない。しかしあの時点ではそれはまったく明らかなことではなかった。消防士にとって、差し迫る構造物の崩壊の紛れもない兆候を探すように訓練された目を持つ彼らにとってさえも、それは確かに明らかなことではなかった。彼らにとってそれが明らかでなかった理由のひとつは、ジョーンズの発言がわれわれに想い出させてくれたように、歴史上いまだかつて、鋼鉄の骨組みを持つ高層建築物が火災で崩壊した事例はなかったことである。さらに、われわれが見てきたように、ビルは飛行機に激突されたあとでもすぐ安定していた。そして少なくともサウスタワー──最初に崩壊したビル──での火災は、おさまりつつあった。したがって、ジュリアーニの発言は、誰かが、たぶん彼自身も、ビルの中の消防士が知らなかった何か──それはおそらくビルに爆薬が仕掛けてあり、まもなく点火されようとしていたことであった──を知っていた証拠を提示したのである。

⑥世界貿易センターを破壊する可能な動機

しばしば寄せられるもうひとつの質問は、なぜ誰かが世界貿易センターを破壊したいと望んだのかということである。たとえブッシュ政権のなかの誰かが「新しい真珠湾のような、何か破局的で触媒的な出来事」を望んだことを認めるとしても、なぜ彼らは世界貿易センターを選んだのか？　そしてこれを選択するしかるべき理由が本当にあったとしても――アメリカ人には、アラブ人イスラム教徒のテロリストがアメリカの金融支配の象徴を攻撃したがるということは、ありそうに見えるだろうから――なぜ三つのビルの破壊を確実に行うために爆薬を用いたのだろうか？　この疑問に対して［もっともらしい］回答を想像できない限り、爆薬が実際に使われたことを示す物理的証拠を人びとは真剣にとりあげようとはしないのではないかと思われる。したがってここで考えられる動機について手短に論じておくことが適切であろう。

考えるべきひとつの可能性は、もし世界貿易センターの崩壊が内部の犯行なら、陰謀はブッシュ政権の諸機関に限定されないということである。したがって、ありそうな動機の考察には、ブッシュ政権の外部のひとつあるいはそれ以上の個人や集団にもたらされうると予想されていた利益も含むべきである。

憶測されているのはラリー・シルバースタインで、彼は二〇〇一年四月二十六日に世界貿易センターの賃貸（リース）契約を取得した。彼はまた、世界貿易センターが破壊されるような場合には多額の支払いを受ける保険契約も結んだ。最近の金融報道では、シルバースタインは保険会社に七〇億ドルを請求したのであるが、その額を受け取ることはなさそうだということがわかった。この数字の根拠は、保険契約は最高三五億ドルとしているが、テロ攻撃は二件のできごとであったというシルバースタインの主張である。この事件を扱っている法廷はシルバースタインの敗訴、シルバースタインが契約している保険会社のなかで最大のスイスＲｅ保険――ツインタワーへの攻撃は一件だけのでき

ことであると主張した――の勝訴と判示した。(原注37)

しかしこのストーリーよりたぶんもっと重要なのは、シルバースタインがこの倍額の保険金請求に先立って、非常に少額で短期の投資から、たとえ同じくらい巨額ではないとしても、巨額の利益を得るための事前計画を持っていたことである。二〇〇三年二月四日にスイスRe保険によって発表されたプレスリリースには、次のような文章が含まれていた。

「われわれの見解では、シルバースタイン不動産は承知のうえで意図的に、世界貿易センタービル群について、保険の対象の価値より低い保険金額を設定していた」とスイスRe保険アメリカ・ホールディングスの会長兼CEOのジャック・デュボアは述べた。「われわれは記録によって、保険の掛け金を節約するために、シルバースタインが意図的に三五億米ドルを越える損失のリスクに対する保険をかけることを拒んだことが証明されたと考えている。」……今日の概要で示した証拠によって、シルバースタインが実際は世界貿易センターに一五億米ドルを限度とする保険をかけたかったことが明らかになった。その金額は彼が結果的に購入した保険の担保範囲の半分以下である。彼は貸し手が貸出リスクを保護するために要求したあとで、より高い三五億米ドルの損失総額限界にしぶしぶ同意したにすぎない。「重要なことは、シルバースタインの貸し手が世界貿易センター取引において、シルバースタインの五〇倍以上のリスクを負っていたことであり、シルバースタインは有限責任投資としてこの取引に一四〇〇万米ドルの投資をしたにすぎないことである」と「スイスRe保険の顧問であるシンプソン、サッチャー&バートレット法律事務所の」［バリー・］オストレーガーは述べた。「取引は実際、シルバースタインに、壊滅的損失が生じた場合には単純にデフォルト（債務不履行）になって賃貸契約から手を引くことだけで済むように仕組まれていた。だから、彼が保険を購入した時点では、シルバースタインは保険金をさほど心配していなかったのだ」。賃貸契約の条件には、もし世界貿易センターが完全に破壊されて、シルバースタインとその他の保険契約者がビルを再建しないことを選んだなら、彼らは保険金の支払いを受け、賃貸契約を破棄できるという条項が含まれている。貸し手にローンの元金を払い戻し、港湾当局に一五億米ドルを支払ったのち、シルバースタインと彼の投資家たちは一〇億米ドル以上の差額をまちがいなく請求できるだろう。(原注38)

この言明は確かに、シルバースタインと係争中の保険会社の言い分を提示しているプレスリリースであり、だからその主張は公平な第三者によって確認されるまでは、単なる主張にすぎない。しかし、もしこの主張がそのように確認されるならば——少なくとも「契約破棄」条項がそうだったように(原注39)——シルバースタインが、ビルが完全に破壊されるであろうことを知ったうえで保険契約を結んだと考えている人びとに、状況証拠を提供することになる。

そのような状況証拠はもちろん、何らかの結論を引き出すための十分な根拠にはならない。この議論のポイントは単に、世界貿易センターの破壊は内部犯行であるという考えを、想定しうる動機がないという理由でアプリオリに退けることはできないということを示すことである。

⑦ジュリアーニの言う緊急命令センター

関連する可能性があるもうひとつの事実は、ジュリアーニが言及した第七ビルの緊急命令センターの設置にかかわるものである。この命令センターは、以前は第一ポリス・プラザにあったが、一九九六年に世界貿易センター第七ビルの二三階に移転された。ジュリアーニ自身が、他の人びともかかわっていたが、この新しい場所の選択は最終的には彼が行った、と最近述べた。(原注40) いずれにせよ、ジュリアーニはそのとき、この命令センターを完全に自立した危険から隔離されたものとするために、一五〇〇万ドルを費やした。このフロアに空気と水の自給供給システムをつくることに加えて、ジュリアーニは防弾と爆弾からの防護の機能を持たせた。彼はそれを防塵構造にさえした。したがって、彼が証言したように、もし彼と彼の仲間がサウスタワーが倒れたときにこの命令センターにいたならば、彼らはそのとき発生して街路をおおいつつあった粉塵の雲からも保護されていたであろう。

この命令センターは、第七ビルを爆薬で解体する動機の可能性についての問題に関連があるかもしれない。9・11を研究している人の一部は、このビルの二三階がツインタワー攻撃の作戦センターで、飛行機の飛行針路設定がこの命令センターから遠隔操作で行われたのではないかと推測した。(原注41) おそらくこの推測に関連があるのは、第七ビルに米国のシークレットサービスの大きな活動事務所があったという事実で、それはＣＩＡの秘密事務所であったことが九月十一日以降にわかった。(原注42) この問題についての議論は、「本当は何が起こったのか」という問題にあまりに深入りすることになるであろう。しかし私は、国内のテロリストがツインタワーだけでなく第七ビルを崩壊させる動機もあったことが完全な調査によってわかるかもしれないことを示すために、このことに言及したのである。

私が強調したように、本書の目的は、九月十一日に本当は何が起こったかについての説を発展させることではなく、公式説明の虚偽性と政府の共犯の可能性の両者を示唆する証拠を要約することである。しかし、いくつかの問題については、本当は何が起こったかという問題を完全に避けることはできない。そうした問題のひとつは、政府の共犯が考えられる動機の問題である。この節での諸論点から出てくるものは、世界貿易センターを破壊する計画が九月十一日よりずっと前に立てられたことだけでなく、ニューヨークの役人、私的団体、ワシントンの役人のあいだの協力にもかかわるものであった可能性である。

ブッシュ政権とオサマ・ビン・ラディン

第六章と第八章で、ブッシュ政権とオサマ・ビン・ラディンの関係は、大衆が思い描いているものとはまったく違うかもしれないことを示唆する証拠を提示した。特に私は、ブッシュ政権が9・11の前にも後にも、ビン・ラディンを本当は逮捕しようとしなかったことを示唆する証拠を指摘した。そのうち、メディアにかかわる二つの出来事が、外見と現実の違いの可能性についての市民の認識を高めた。

そのひとつは、マイケル・ムーアの映画『華氏九一一』の公開である。私が言及したように、(原注43)ムーアは9・11についての公式説明——それがオサマ・ビン・ラディンによって計画されたとしている

——に対する疑念が、ブッシュ政権が経済的にサウジアラビアと密接に結び付いていることに加えて、ビン・ラディン家のメンバーも含む多くのサウジ人が九月十一日の直後に米国を離れるのを助けたという証拠によって最初に呼び起こされたと報告した。

ムーアの映画のこの部分は、クレイグ・アンガーの『ブッシュ家とサウジ家』（訳注）にもとづいている（原注44）。アンガーは、サウジの乗客を運ぶ民間機が、民間機の飛行禁止命令がまだ出されていたというのに、九月十三日に飛行を許可されたという証拠を提示した。（そのとき国外にいたビル・クリントンとアル・ゴアでさえ、飛行機による帰国を許可されなかった（原注45））。この出来事はその少し後、『タンパ・トリビューン』で報道されたが、米国の他の新聞はこのストーリーをとりあげなかった（原注46）。しかしアンガーは、タンパ警察署の元署員ダン・グロッシと、元ＦＢＩ捜査官のマヌエル・ペレス——彼らは九月十三日に三人の若いサウジの男のタンパからレキシントンへの飛行に同行した——へのインタビューによってこのストーリーを裏付けることができた。この飛行——それを承認できたのはおそらくホワイトハウスだけであろう——が行われたことは、政府関係者によって長らく否認されてきた。しかし、二〇〇四年六月に、九月十一日委員会の催促により、タンパ国際空港はその飛行が実際に行われたことを確認した（原注47）。しかしこれに先立つほぼ三年のあいだ、ホワイトハウス、ＦＢＩ、ＦＡＡ［連邦航空庁］はすべて、その飛行が行われたことを否認してきた（原注48）。いまやこの三つの省庁がこの比較的些細な問題について真実を語っていなかったことがわかったのだから、もっと重大な疑問についての彼らの否認をどうして信用することができるだろうか？

訳注　邦訳は、クレイグ・アンガー（秋岡史訳）『ブッシュの野望サウジの陰謀　石油・権力・テロリズム』（柏

書房二〇〇四年）

いずれにせよ、アンガーはまた、その後数日間に出国を許可されたサウジの乗客について、重要な暴露を行っている。ブッシュ政権の声明は、そして9・11委員会の声明でさえ、ＦＢＩは出国を許可されたサウジ人への尋問を望まなかったと述べている。これらの声明は、飛行機にはＦＢＩの関心を引くべき人たちは乗っていなかったことを意味すると、広く受け止められてきた。しかしアンガーは、九月十六日に出国を許可された乗客のひとりは、アーメド・ビン・サルマン王子――第六章で議論した人物――に他ならないことを明らかにした。(原注49) われわれが見たように、アーメド王子は、六カ月後に、アルカイダ工作員アブ・ズバイダによって、アメリカが九月十一日に攻撃されることを事前に知っていたと言われた人物である。またわれわれが見たように、アブ・ズバイダの発言を信じるべき理由は、アーメド王子とアブ・ズバイダによって名前をあげられた他の二人のサウジ人がみんな、四カ月後に八日のあいだに死亡したという事実によって提供された。したがって、サウジの飛行機にＦＢＩの関心を引くべき人たちは乗っていなかったという主張は承認しがたいものである。

とりわけ米国ではムーアの映画に比べてあまり知られていないのは、ドイツのＺＤＦテレビによって二〇〇四年六月三日に放映されたひとつのレポートである。このレポートで、アフガニスタン系アメリカ人のビジネスマン、カビル・モハバットが、一九九九年に米国政府とタリバンのあいだでビン・ラディンについての会話を始めさせたのは自分だと述べていることが報道された。モハバットによると、タリバンは、米国主導のアフガニスタン製品ボイコットを解除することと交換条件で、ビン・ラディンを第三国あるいは国際司法裁判所に引き渡す用意があった。モハバットは、タリバンの外務大臣、ムラー・ワキル・アーメド・ムタワキルがビン・ラディンについて次のように述べたと報告している。「アメリカ人が準備できたら、彼をいつでも引き渡せる。国を指定すれば、そこへ彼を引き渡すだろう」(原注50)。

ドイツの欧州議会議員、エルマー・ブロックは、一九九九年にモハバットがアメリカ政府とコンタクトをとるのを助けたことを認めた。当初の会話は、二〇〇〇年十一月にタリバンと米国の政府関係者がフランクフルトで会合をもつことにつながり、そこでタリバンの政府関係者によって「いくつかの提案」がなされた。この会合の終わりに、パキスタンの米国大使館でさらに議論を続ける――そこで引き渡しの詳細を決めるとされた――ことが計画された。しかしこのさらなる話合いは、結局なされることはなかった。なぜなら、交渉を継続しないという「政治的決断」が米国の政府関係者によってなされたと思われるからだ、とブロックは言う(原注51)。

ブッシュ大統領が「生死にかかわらず」オサマ・ビン・ラディンをとらえたいと言ったことは有名であるが、これら二つのメディアの出来事は、ブッシュ政権がビン・ラディンは死んだり逮捕されたりしないほうが有用だと考えたのではないかという疑念を増大させるであろう。

ありうる動機としての愛国者法

第七章で、ブッシュ政権が、もし九月十一日の出来事を計画したか、あるいは少なくとも便宜を図ったとすれば、期待できたかもしれないいくつかの便益について論じた。私は9・11がこの政権に次のことを可能にしたことを指摘した。①アフガニスタンを攻撃してタリバン政権を転覆し、アフガニスタンを通過する石油と天然ガスのパイプライン建設を促進するような親米政権をうちたてること、②この政権のメンバーが長らく望んできたイラク攻撃、③とりわけ米国スペースコマンド（米国空軍宇宙部隊）のために、より多くの軍事予算を獲得すること。

序論の最初の頁で、私は9・11のさらに別の効果に言及した。市民的自由に対する制限の増大である。この関連で私はナンシー・チャンの著書『政治的反論を沈黙させる：いかに9・11以降の反テロ措置は政治的自由を脅かすか』に言及した。その本の序文はハワード・ジンによって書かれている。しかし、この問題に対する私の言及はきわめて短いものであり、チャンの本への言及は脚注でなされていたにすぎない。そして第七章でありうる動機を論じたとき、私はこの問題をとりあげなかった。ここでその問題が強調に値することを述べておきたいと思う。

二つのポイントが特に強調する価値があるように思われる。ひとつは、三四二頁もの分量がある米国愛国者法が既存の連邦法に多大な変更を加えたことである。九月十一日から四十五日以内に導入された事実とあわせて、その長さと扱う範囲の広さを考慮すれば、この法律は、少なくともその大半はずっと前から準備されていたに違いない(原注52)。第二の重要なポイントは、過去の政権が、権力の増大と、市民の市民権および政治的権利の制限に対する異議申し立てからの免責を正当化するために、テロ攻撃をでっち上げたり、あるいは少なくとも破局的出来事を敵のせいにしてきたことである。一部の読者は、9・11のこうした帰結に焦点をしぼって、本書の表題を「アメリカ版の国会議事堂放火事件」

にしてもいいのではないかと示唆している。

訳注　ナチスの政権獲得（一九三三年一月三十日）から間もない国会議事堂放火事件（二月二十七日）はナチスの自作自演と見られるが、共産党に責任をなすりつけて弾圧し、ワイマール憲法で認められていた基本的人権や労働者の権利もほとんどが停止された。

私はその表題にしたほうがよかったとは思わないが、アメリカ人が、国会議事堂放火事件以降にドイツのナチスによってとられた様々な措置に似ていなくもない9・11以降の展開にとくに関心をもつべきだということには同意する。私は特に、アメリカのジャーナリストと出版社が、もし報道の自由へのさらなる抑圧を防ごうという配慮だけからだとしても、この類似の可能性をもっと真剣に受け止めて、9・11攻撃の主犯格について、ブッシュ政権が主張する陰謀説が十分な精査に持ちこたえるかどうか調査に乗り出すことを希望したい。

翻訳官シベル・エドモンズの場合

第六章で私は、トルコ系アメリカ市民シベル・エドモンズの場合について論じた。9・11の少し後に彼女と同様に翻訳のために雇われた同僚のひとりが、FBIの9・11についての捜査を妨害しているスパイだとFBIに報告した。私がこれまで知らなかったことは、エドモンズによると、FBIは彼女に、内部告発を続けると海外にいる彼女の親戚が危うくなるだろうと語り、その少し後、トルコにいる彼女の姉妹に逮捕令状が出されたことである。(原注53)いずれにせよ、二〇〇二年三月に彼女が司法省に苦情を申し立てたとき、エドモンズは解雇された。彼女が内部告発者保護法にもとづいて提訴したあとで、アシュクロフト司法長官は、ＦＢＩのミュラー長官の要望を受けて、判事に彼女の提訴を「国家安全保障」の利害にかかわるとして却下することを求めた。

本書の初版が完成して以来、さらなる展開があった。二〇〇四年二月に、エドモンズは９・11委員会の専任委員のために、三時間以上にわたって非公開で証言した。二〇〇四年三月に、彼女はこれらの専任委員に、二〇〇一年の六月か七月に、ＦＢＩは数カ月以内に米国内で飛行機を用いたテロ攻撃についての情報をたくさん持っているので、オレンジか赤の警報が出されるべきだったと語ったと報告した。政府は飛行機を用いた国内テロ計画についての特別な情報は持っていなかったという（『ワシントンポスト』の三月二十二日の記事での）コンドリーザ・ライスの言明については、エドモンズはこう言った。「あれは恥知らずな嘘です。文書によって嘘だと証明できます[原注54]」。四月に、『インディペンデント』紙は、エドモンズが次のように言明したと報じた。

> 私は［委員会に］特別捜査ファイルの詳細、特定の日付、特定の標的についての情報、捜査を担当した部長について伝えました。私は彼らが裏付け捜査をできるように、あらゆることを伝えました。これは伝聞証拠ではありません。これらは文書化されています。これらのことはとても容易に証明できます[原注55]。

四月二十日のジム・ホーグによるインタビューで、エドモンズは、ＦＢＩがフェニックス、シカゴ、ニューヨーク、ミネアポリスでの捜査をだめにしたことについてのホーグのコメントに答えて、こう述べた。

> 彼らはあなたが言った四件の捜査を行っていました。いやもっとたくさんです。私を信じてください。もっとたくさんです。それは公表されませんでした。われわれが何ら特別な情報を持っていなかったと彼らが言うなんて、本当に恥知らずです。……何を待っていたのでしょう? ビン・ラディンが署名した宣誓供述書でしょうか?

五月に、彼女は『ビレッジ・ボイス』のジェームズ・リッジウェイに、彼女とその他のＦＢＩのペルシャ「ファルシ」語翻訳者のあいだでは、リッジウェイが書いたように、「ＦＢＩがアフガニスタンに配置している長年の信頼おける情報提供者が、二〇〇一年四月に、現地でのコンタクトから、ビン・ラディンが米国の大都市――シカゴ、ロサンゼルス、ニューヨークも含まれる――のうちひとつまたはそれ以上で、飛行機を用いた大規模な攻撃を計画しているという情報を得たとＦＢＩに報告していたことは、共通の知識だった」と語った。(原注56)

訳注　ペルシャ「ファルシ」語は、イラン、タジキスタン、アフガニスタン、ウズベキスタンの一部で使われている言葉

エドモンズはしかしながら、これらの事柄の詳細については語ることができなかった。なぜなら、司法省の二〇〇二年十月の措置のひとつの結果は、箝口令で、これは滅多に利用されない「国家秘密

特別扱い」にもとづくものであり、彼女はそうした詳細を報道陣に伝えることができなくなったのである。さらに彼女が知っていることを明らかにするのを妨げる司法省の動きはこの命令だけでは終わらなかった。

二〇〇四年にエドモンズは、二〇〇二年にサウジ政府とサウジの数人の要人を相手取って9・11の犠牲者の六〇〇家族［遺族］が一〇〇兆ドルの損害賠償を求めておこした民事訴訟で、証言するために召喚された。二〇〇四年四月下旬、彼女の証言調書作成予定日の前日に、アシュクロフトの司法省は法廷――ブッシュ大統領に任命されたレギー・B・ウォルトン判事の法廷――に圧力をかけ、この召喚をつぶして彼女の情報開示を阻止しようとした。再び、「国家安全保障」と「国家秘密特別扱い」の口実が用いられた。(原注57) この阻止の努力は成功した。

アシュクロフトは、彼女の発言――以前に公表された発言や、ジャーナリストによる彼女の発言の引用も含む――を機密指定にすることにさえ成功した。この措置は連邦議会の議員たちを怒らせた。共和党上院議員チャールズ・グラスレーは、上院の司法委員会が前の二回のブリーフィング［状況説明］で得たエドモンズについての二年前の情報を、ＦＢＩが機密指定にしようとしていることを議会が告知されたと報告し、こう述べた。

私は事後の機密指定にとてもびっくりしている。一方では、それはばかばかしいと思う。なぜなら、この情報のほとんどすべては公知のものであり、どこでも入手可能になっていると思うからだ。他方では、この機密指定は非常に深刻だと思う。なぜなら、ＦＢＩが連邦議会に対して箝口令を出そうとしていると思われるからだ。

彼はそれから付け加えた。「私はこれが本当に国家安全保障にかかわるとは思わない。もしそうなら、ＦＢＩはずっと前に機密指定していたはずだから（原注58）」。

エドモンズ自身は、この明らかに米国連邦議会を言論統制しようとする試みに対して、プレスリリースを出すことで答えた。ＦＢＩと司法省によって彼女に対してとられた様々な措置――国家安全保障ではなく、彼ら自身を守るためだと彼女は述べた――を列挙したあと、彼女は連邦議会に「これらの問題に関して自ら公聴会を開く」よう求めた。彼女は次のように述べて発言をしめくくった。「私はもはや証言するために密室に行こうとは思いません。私は公然と、公開の場で、宣誓のもとで、証言しようと思います（原注59）」。いまや問題は、米国連邦議会が――それは行政部門に対して抑制均衡の役割を果たすと想定されている――これを可能にするかどうかである。

さらにエドモンズは、彼女が９・11に関連した情報を公表しようとしている唯一のＦＢＩ元翻訳官ではないと報告した。彼女は、ベールーズ・サルシャル――彼女と同じ部門で働いていた男性――が、内部告発者保護法のもとでの保護を得るために上院司法委員会に行こうと望んでいたと述べている。エドモンズはそのための会合を設定したと述べて、こう続けた。

> 数人の９・11の遺族たちと私は、サルシャル氏を、グラスレー上院議員の事務所での上院情報委員会の会合に連れていきました。サルシャル氏は彼らに詳細な情報を提供しました。し

かし、現在まで、グラスレー上院議員はこの問題について行動していませんし、彼は9・11委員会に責任を転嫁しました。次に私たちは9・11委員会とサルシャル氏のあいだのブリーフィングを設定しました。彼は二〇〇四年二月十二日にそこに行き、9・11委員会の調査者たちにほとんど三時間にわたって、9・11のテロ攻撃に関連した調査のあらゆる詳細を伝えました。彼は彼らに、FBIが少なくとも十二年間にわたって使ってきた何人かの情報提供者の名前を教えました。彼はこの問題に気づいていた何人かの捜査官のコンタクト情報を伝えました。そして彼ら自身も来て話したがっていましたが、ある種の保護が必要でした。サルシャル氏は彼らに、これらすべての情報と、文書をどこで探すべきか、などを伝えました。そして今日まで、上院情報委員会と9・11委員会は責任を押しつけ合っています。ですから、これらすべての情報は、彼らの前に置かれたままなのです。彼らはサルシャル氏によって紹介された証言者のうち誰もまだ呼んでいません。そして9・11委員会がミュラー長官を呼んだ公聴会で、これらの疑問を何も問いただしませんでした。実際彼らはミュラー長官に何も質問しなかったのです。(原注60)

エドモンズは司法省を相手取って訴訟を起こした。彼女が知っていることを証言するのを阻止するために国家秘密の特別扱いを口実にしたことに異議申し立てするためである。しかし本書が印刷される時点で、彼女は法廷での公判を開かせることにさえ成功していない。公判がウォルトン判事によって二〇〇四年六月十四日に開かれることが予定されていたが、判事は司法省になぜ「機密情報を機密でない情報から識別できないのか」述べるように命じ、それによってエドモンズに訴訟の進行を可能にさせていた。司法省は六月九日に理由を述べた文書を提出した。しかしそのときウォルトンは、四回目のことであるが、公判の中止を宣言し、その理由を説明せず、公判の日時をいつに再設定するかも示さなかった。

しかし、エドモンズは知っていることの詳細を話すことはできないが、彼女は発言することで、密室で行った証言の概要を世界に知らせている。彼女がそうしているのは、「密室」を「ブラックホール」にたとえて、「密室で提供する情報は何であれ……そこにとどまり、表に出てこないだろう」と疑っているからである。この疑いが正確かどうかは、9・11委員会の最終報告（本書執筆の時点では、まだ公表されていない）を吟味して、その専任委員に対する彼女の証言や、ベールーズ・サルシャルの証言について何を明らかにしているかを検証することによって、試すことができる。(訳注)それがわれわれを、9・11委員会そのものの問題点に導くであろう。

訳注　九9・11委員会の最終報告は二〇〇四年七月二十二日に公表された。本書の著者グリフィンは、それに対する詳細な批判的検討を一冊にまとめている。David Ray Griffin,The 9/11 Commission Report : Omissions and Distortions,Olive Branch Press,2005.

9・11委員会

第一〇章で私は、多くの反論者が9・11独立調査委員会を「9・11隠蔽委員会」と呼んでいること、そして、犠牲者遺族の代表が、この委員会にますます不満を抱くようになっており、その最終報告が「うわべの飾り」になることへの懸念を表明していることを報告した。私は、「9・11独立調査委員会がその任期の最後の数カ月にその態度とやり方を根本的に変えない限りは、もし真実発見の希望がいささかでもあり得るとしたら、新しい調査が必要だろう」と示唆して、その章をしめくくった。

最後の公聴会は、この根本的な変化が起こった兆候を示さなかった。実際、二〇〇四年五月のニューヨークでの集会で、遺族たちは委員会に対して以前よりさらに大きな不満を表明した。AP通信のサラ・クグラーは、この公聴会の終わりに「犠牲者の遺族たちはいま9・11委員会に対して怒っている。この災害についての徹底的な調査をしなかったからである」と報告した。ジュリアーニが質問された日のあと、ある遺族はこう言った。「今日のは冗談だった。……きびしい質問がされていない」。実際、ジュリアーニへの質問は、「犠牲者の遺族が立ち上がって、連邦政府のパネル委員たちは当たり障りのない質問をぶつけるだけで、それ以上追及せずにジュリアーニの答弁を受け入れている、と叫んだときに」唐突に打ち切られた。聴衆のなかのあるひとりは、「三〇〇〇人も殺されたんだ！ちゃんとした質問をしようじゃないか！」と叫んだあと、部屋から連れ出された。(原注62)ある時点でキーン委員長が発言する遺族に「あなたがたは時間を浪費しているだけです」と言ったあと、遺族たちは「お前こそ時間を浪費しているじゃないか！」と叫び返した。(原注63)

遺族たちが特に不信をもったひとつは、それぞれのパネリストがジュリアーニに質問する時間は各自五分ずつしかなかったのに、この貴重な時間の一部を、ジュリアーニのリーダーシップを賞賛するのに使ってしまったことである。(原注64)たとえばキーン委員長自身はこう述べた。「あの恐ろしい日に、

――のいずれかであると、どうやって説明できるのか?

6　あなたは九月十一日の朝に第七ビルの緊急指令センターにいたときに、「世界貿易センターがこれから崩壊するので」ビルから人びとを退避させるべきだと言われた、とピーター・ジェニングスに語った。世界貿易センターがこれから崩壊すると、誰があなたに言ったのか? その人、彼または彼女にどうやってそのことを知ったのかと、尋ねたのか? 鋼鉄構造の高層ビルが火災で崩壊した事例がこれまでにないことを考慮すれば、その話しを信用したのか? もし信用したのなら、それはなぜか?(原注67)

7　犯罪現場から証拠を除去することが連邦法では犯罪とみなされることを考慮すれば、なぜあなたはツインタワーおよび第七ビルの瓦礫のなかの鋼鉄を検査する前に除去することを命じたのか、あるいは少なくとも許可したのか?

8　もしその質問に対する答が、救助作業員がツインタワーの瓦礫の下でまだ生きているかもしれない犠牲者を捜索できるようにするために鋼鉄を除去する必要があったというものなら、なぜ第七ビルの瓦礫のなかの鋼鉄はそんなに早く撤去されたのか? あなた自身の説明によれば、犠牲者が出ないように、崩壊より何時間も前に退避させたのだという。いずれにせよ、検査できなくなってしまうというのに、なぜ鋼鉄を「スクラップとして」売却して海外に持ち出すことを許可したのか？

9　ニューヨーク市長としてのあなたの記録を二十五年間封印することにしたというのは、本当か？　もし本当なら、なぜそうしたのか？(原注68)

もしこれらの疑問点を尋ねていたとしたら、誰もちゃんとした質問はなかったなどと不満を述べることはなかったはずだ。

もちろん9・11委員会がこれらの質問をジュリアーニに――あるいは類似の質問をブッシュ、チェイニー、ラムズフェルド、ウォルフォウィッツ、マイヤーズ、ミュラー、アシュクロフト、その他の人びとに――問いかけたかもしれないと考えることは、非現実的であろう。それはひとつには、調査を行った委員会のスタッフがフィリップ・ゼリコーに率いられており、したがってブッシュ政権そのものによってコントロールされていたからだといってもよいだろう。しかしたとえゼリコーが更迭されたとしても、委員会のメンバーは明らかに最初から――そしてホワイトハウスによる妨害や邪魔があったのに、この想定を維持し続けた――犯罪的共犯性は9・11の要因ではありえないし、あるいは少なくともこの質問は踏み込んではいけないと想定していたのである。基本的な問題点が委員会の権能に内在したが、それは、将来におけるテロ攻撃の防止のための勧告をすることが主たる任務だということであった。この権限そのものが、テロ攻撃が起こったのは、警戒解除によるものではなく、機能不全によるものだという前提にもとづいていた。

確かに、この権限の範囲内においてさえ委員会は、建前として、もっと厄介な質問を投げかけることができたはずである。そのメンバーは共同で、将来のために有意義な提案をするためには、まず9・11の攻撃の原因について、合理的な根拠のあるすべての仮説を――ブッシュ政権のさまざまなレベルでの共犯の可能性の仮説も含めて――検証しなければならないと決断することもできたはずである（もしメンバーがそのような決断をして、そうした仮説が関連のある証拠についての最良の説明をなしうると判断していたとするなら、彼らは、将来におけるテロ攻撃を防止するひとつの方法は、そのような攻撃を組織するか、あるいは少なくとも許すような人々を政府要人に選ぶのを防ぐことであると、結論できたかもしれない！）。

しかし、9・11委員会の性格、権限、構成を考慮するならば、それがこうしたアプローチをとらないであろうことは、事実上既定の結論であった。われわれの連邦議会の代表たちがいまやる必要があることは、問題を腑分けして、まず9・11の攻撃がいかにして、なぜ成功できたのかという疑問点だけに取り組むことである。ブッシュ政権の共犯の可能性の問題を探究するためには、おそらく――いったん調査のための相当な理由が議会で認められれば――特別検察官を任命する必要があろう。(訳注) 9・11委員会の経験から強く言えるひとつのことは、徹底した調査を行う機会を得るためには、政治の領域から法の領域に移行する必要があるということである。しかしその仕事を、とりわけブッシュ政権のもとにある限りは、司法省にまかせられないことも、明らかである。

訳注　ニクソン大統領のウォーターゲート盗聴事件（一九七三年）やクリントン大統領のモニカ・ルインスキー不倫事件（一九九八年）では、特別検察官が任命された。同時多発テロに関する虚偽説明と共犯の疑惑は、それらよりも深刻な問題である。

シベル・エドモンズは、彼女自身の知識から、「今日まで本当の調査はなされなかった」と述べた。9・11委員会の報告は、疑問点にほとんど答えないだろう、なぜなら「[疑問点を解明するうえで]価値のあるものは、最高機密に指定された情報であるから、編集段階で除去されてしまうからだ」と彼女は予測した。彼女はまた、どうすれば本当の調査が行われたかどうかを知ることができるかについても、示唆した。「もし彼らが本当の調査をしようとしたら、我が国の高官による犯罪についての数件の訴追が行われることになるでしょう」。しかし彼女は付け加える。「彼らはそんなことを公にすることはないでしょう。私を信じてください。彼らはそれを隠すために何でもするでしょう[原注69]」。もし本当の調査が行われるべきなら、人びとも報道界も、連邦議会がそうした調査を承認することを、最終的には要求しなければならないだろうと、彼女は示唆している。

そうした調査を承認するうえでの大きな障害は、疲労という要因かもしれない。我が国の上院議員と下院議員は、すでに九月十一日については二つの調査を行ったのだから、また繰り返すことはできないというかもしれない。しかしわれわれがしない限り、実際、われわれは、世紀の犯罪が暴かれないままになるのを許すことで満足することになってしまうかもしれない。それはこの本当の調査が、何もないところから始める必要があることを意味しない。数百人の人々によって行われてきた調査のおかげで――その成果の多くは本書で要約されている――調査にはすでに何十もの有益な出発点がある。それらの出発点がわれわれを次の最終テーマへ導くであろう。

決定的証拠四〇項目

私は、ブッシュ政権の共犯を指し示す何かの「決定的な証拠」があるのかと、よく聞かれる。これは本書の本文ではっきりとは扱わなかった問題である。そうした共犯を最も強く示唆する報告された［少数の］出来事に焦点をあてるよりもむしろ、私は累積的な議論を提示して、報告された証拠の少なくとも大部分が真実であると想定して、非常にたくさんの証拠が同じ方向を指し示しているように思われるということが、最も説得力がある判断であると示唆してきた。しかし私は、「［累積的な議論における］より糸のいくつかは、もしその根拠となる証拠が確認されるならば、そのうちのひとつかふたつによって主張を支持できるようなものである」と付け加えた（四〇頁）。言い換えると、われわれはいくつかの明白な決定的証拠を持っていると述べたのである。

この質問はよく投げかけられるので、決定的証拠（訳注）として分類されるような報告された項目のリストを結論として提示しよう。このリストを作成するために本書の原稿を再読してみて、いかにたくさんの証拠があるかを見て驚いた。実際、四〇項目のリストができたのである。

訳注　ベンジャミン・フルフォード『9・11テロ捏造　日本と世界を騙し続ける独裁国家アメリカ』（徳間書店二〇〇六年）の三七五頁以下に、「資料篇二」として、海外のサイトから「計画されていた9・11　主要メディアに見られる二〇〇以上もの『決定的証拠』」が紹介されているので、あわせて参照されたい。

1　第一一便に対する迎撃の通常対応措置（ＳＯＰ）の失敗。

2　第一七五便に対する迎撃のＳＯＰの失敗。

3　第七七便に対する迎撃のＳＯＰの失敗。

4　これらの失敗に関する公式説明が九月十一日の数日後に改変された事実。

5　公式説明の第二バージョンによれば、第一一便と第一七五便を迎撃するジェット戦闘機の緊急発進命令は、より近いマクガイア空軍基地ではなく、（より遠方の）オーティス空軍基地に対して出されたという事実。

6　この第二バージョンによると、ワシントンを防衛するためのジェット戦闘機の緊急発進命令は、より近いアンドリュース空軍基地ではなく、（より遠方の）ラングレー空軍基地に対して出されたという事実。

7　ＮＯＲＡＤ（北米航空防衛司令部）のタイムラインと、オーティスおよびラングレー基地から発進した操縦士がより長い距離を飛行しなければならなかったという事実を考慮しても、全速力で飛行していたならば、貿易センターのサウスタワーとペンタゴンへの攻撃を阻止するのに間に合っていたはずだという事実。

8 この第二バージョンによると、第一一便と第一七五便を迎撃するには遅すぎたジェット戦闘機は、第七七便がハイジャックされて公式説明によるとワシントンへ引き返しつつあったことが知られていたにもかかわらず、ワシントンに向かうことを命令されなかった事実。

9 ミネタ運輸長官の、チェイニー副大統領が警戒解除命令を示したかもしれない会話の報告。

10 九月十一日にニューヨークで、三つの鋼鉄構造の高層ビルが歴史上初めて、火災ゆえに——特にサウスタワーと第七ビルでは限局された火災であった——崩壊したとされている事実。

11 ビルが火災によって崩壊したという仮説によれば、後で激突されて火災の規模も小さかったサウスタワーのほうが先に崩壊するのはおかしいにもかかわらず、サウスタワーが先に崩壊したという事実。(原注70)

12 ツインタワーと第七ビルが制御解体の手法によって崩壊したことを示す様々な物的証拠（鋼鉄の梁や柱がちょうどトラックに積めるサイズに分解したといったような様々なタイプの証拠があるので、

この論点はさらに様々な決定的証拠にわけて考えることができる）。

13　ラリー・シルバースタインの、彼と消防署が貿易センター第七ビルを「引き倒す」決断をしたという証言。これは崩壊が切迫しているという物的証拠がないにもかかわらず、消防署が崩壊の事前知識をもっていた証拠と結びつけることができる。

14　（ニューヨークの）ジュリアーニ市長の、ツインタワーが崩壊することを事前に知っていたという証言。

15　三つのビル――特に犠牲者のいなかった第七ビル――からの鋼鉄破片が、検査できる前にすばやく撤去されたこと。

16　ペンタゴンにできた穴が、ボーイング七五七型旅客機によってできるはずのものよりもずっと小さいことを示す証拠写真の存在。

17　穴が小さいのでボーイング七五七型旅客機の機体全部が入ることはできないにもかかわらず、衝突地点の前に大きな機体の残骸はなかったことを示す証拠写真。

18 目撃者もペンタゴンの内部で大型旅客機の残骸を見ていないと証言していること。

19 (激突された)西棟は、ペンタゴンのなかでテロリストの標的に最もなりそうな部分からずっと離れていて、標的になることが一番なさそうな、攻撃することも技術的に難しい部分であること。

20 「友軍機」の信号を発信するトランスポンダーを積載していない民間航空機ならば、ペンタゴンのミサイル発射システムによって自動的に撃墜されたはずであること。

21 ハイジャックされたボーイング七五七型旅客機が米国の空を、特にペンタゴンに向かう針路で四十分ほども[レーダーなどから]見失われることは、極めてありそうにないこと。

22 ブッシュ政権が第九三便を撃墜しなかったと嘘をついた証拠。

23 ブッシュ大統領がサラソタ小学校に到着したとき、コンドリーザ・ライス補佐官と電話で会話した後だったにもかかわらず、世界貿易センターのノースタワーに激突したものの他にも二機がハイジャックされていることに気づいていないという印象を与えた事実。

24　ブッシュ大統領が、サウスタワーが攻撃されたと知らされた後で、米国が史上最大のテロ攻撃を受けているることを聞いて驚くという、最高指揮官らしい振る舞いをしなかった事実。

25　ブッシュ大統領と、シークレットサービス［大統領護衛官］を含む側近がフロリダで、攻撃される恐怖の兆候を示さなかった事実。公式説明が真実であるならば、そのとき何機の飛行機がハイジャックされたかも、テロリストの標的が何であるかも知らなかったはずなのに。

26　ブッシュ政権の高官が、米国へのテロ攻撃の武器として飛行機が使われる可能性を思いつかなかったと何回も述べていること。そうした可能性は広く知られており、その理由の一部は、テロリストが実際にそのような攻撃を計画しているという警告がブッシュ政権によせられていたことである。

27　(a)ペンタゴンへの攻撃の映像を五分以内に押収した、(b)フロリダの飛行学校から生徒の記録を十八時間以内に押収した、(c)ＦＢＩ捜査官が（デヴィッド・シッパーズと『ニューアメリカン』に対して）ニューヨーク攻撃の時間と標的を何カ月も前に知っていたと述べたと報道されていること、を考慮するならば、ＦＢＩは攻撃についての特別な事前知識をもっていたに違いないこと。

28　ブッシュ政権の高官が、九月の攻撃についての特別な事前知識を持っていたことを繰り返し否認していること。これは、ユナイテッド航空、アメリカン航空、モーガン・スタンレー・ディーン・ウィターの大量のプットオプション（指定期間内の指定価格での売り付け権利）の購入を含むそれと反対の強力な証拠と矛盾している。（原注71）

29　オサマ・ビン・ラディンが公式には「最重要なお尋ね者」の犯罪人であるにもかかわらず、九月十一日の二カ月前にドバイの病院でアメリカ人外科医の治療を受け、CIAエージェントの訪問を受けている証拠。

30　ミネソタ、ニューヨーク、シカゴのFBI捜査官がFBI本部によって、テロ計画を解明できたかもしれない捜査を妨害された証拠。

31　DIA［国防情報局］のエージェントであるジュリー・シアーズという女性が、アフガニスタンでのアーメド・マスード暗殺計画についての情報を持ち帰ったあと、いやがらせされ、左遷（降格）されたこと。

32　ブッシュ政権が二〇〇一年七月までに「遅くとも十月半ばまでに」アフガニスタンを攻撃することを決めていたという証拠。九月十一日の攻撃があの時点で起こったことにより、米国軍部は十月七日に攻撃を始めるための十分な準備ができたという事実と結びつけて考えることができる。

33　九月十一日以降の「ビン・ラディン狩り」のあいだに、彼とアルカイダ勢力がくり返し逃亡を許された証拠。

34　ブッシュ政権が九月十一日とパキスタンのＩＳＩ（統合情報部）のつながりを様々な方法で隠蔽しようとした証拠。

35　ＦＢＩ、司法省、空軍がハイジャック容疑者の多くが米国の飛行学校で訓練を受けたという報道についての質問に答えるのを拒否したこと。

36　アラブ人イスラム教徒のハイジャック犯についての公式の陰謀説を疑うべき多くの理由がある。

37　ＦＢＩで内部告発をした女性シベル・エドモンズが9・11関連の捜査がスパイによって妨害されたと報告したあと、解雇され口止めされたこと。

38　ジュリー・シアーズ、シベル・エドモンズのような人々が処罰される一方で、九月十一日に関する無能力あるいは妨害を問題視すべき人々――FAA（連邦航空庁）、FBI、CIA、DIA、NSA［国家安全保障局］、司法省、ホワイトハウス、NORAD、ペンタゴン、米軍一般のいずれであれ――が処罰されたという報道はないという事実。

39　ブッシュ政権がユナイテッド航空、アメリカン航空、モーガン・スタンレー・ディーン・ウィターのプットオプションを購入した人々が誰であるかを明らかにしていない事実。

40　九月十一日の攻撃がいかにして成功しえたのかについての九月十一日委員会の調査を――いかに不十分な調査であれ――ホワイトハウスがくり返し妨害した事実。

これらの決定的証拠は、本当の調査――そうした調査を行うことが承認された場合には――のための有益な出発点を提供しうるであろう。（原注72）

【原注に出ている引用文献の邦訳】

●序論

原注18　グレッグ・パラスト（貝塚泉,永峯涼訳）『金で買えるアメリカ民主主義』（角川文庫、2004年）

原注23　ミシェル・チョスドフスキー（三木敦雄訳）『アメリカの謀略戦争　9.11の真相とイラク戦争』（本の友社、2003年）

●第5章

原注22　ロバート・ベア（佐々田雅子訳）『CIAは何をしていた?』（新潮文庫、2006年）

原注29　マイケル・ムーア（黒原敏行訳）『おい、ブッシュ、世界を返せ!』（アーティストハウスパブリッシャーズ、発売角川書店、2003年）

●第7章

原注5　アハメド・ラシッド（坂井定雄・伊藤力司訳）『タリバン　イスラム原理主義戦士たち』（講談社2000年）

原注35　ズビグニュー・ブレジンスキー（山岡洋一訳）『地政学で世界を読む　21世紀のユーラシア覇権ゲーム』（日本経済新聞社、日経ビジネス人文庫、2003年）

●第8章

原注12　ミシェル・チョスドフスキー（三木敦雄訳）『アメリカの謀略戦争　9.11の真相とイラク戦争』（本の友社、2003年）

原注15　ジョン・クーリー（平山健太郎監訳）『非聖戦　CIAに育てられた反ソ連ゲリラはいかにしてアメリカに牙をむいたか』（筑摩書房、2001年）

●第9章

原注14　ボブ・ウッドワード（伏見威蕃訳）『ブッシュの戦争』（日本経済新聞社、2003年）

●第二版あとがき

原注44　クレイグ・アンガー（秋岡史訳）『ブッシュの野望サウジの陰謀　石油・権力・テロリズム』（柏書房、2004年）

Collapsing Towers," September 28, 2003 [www.davesweb.cnchost.com/nwsltr43.html]).

[68] Question 3, 7, 8, and 9 correspond in part with questions suggested by the Family Steering Committee in advance of Giuliani's appearance before the 9/11 Commission. See "Statement and Questions Regarding the 9/11 Commission Interview of Mayor Rudy Giuliani and Members of his Administration, May 11, 2004" (www.911independentcommission.org/giuliani31804.html). Although the press has often suggested that the leaders of this committee have been able to get their questions asked by the commissioners, these questions were not asked.

[69] "Former FBI Translator Sibel Edmonds Calls Current 9/11 Investigation Inadequate."

[70] In the first chapter, I reported that by the time the South Tower was hit, the fires in the North Tower showed signs of suffocating (pages 14-15). In "Photographic Evidence of the Twin Tower Fires" (http://911research.wtc7.net/wtc/evidence/photos/fires.html), Jim Hoffman has pointed out that although this is true, the flames subsequently expanded considerably. This fact further increases the strangeness of the fact that the South Tower, in which the flames quickly died down and then never regained energy, was the first to collapse.

[71] Allen Poteshman, a professor in the Department of Finance at the University of Illinois at Urbana-Champaign, has recently provided a technical analysis of this issue in "Unusual Option Market Activity and the Terrorist Attacks of September 11, 2001," *Journal of Business* (forthcoming in 2005 or 2006; until then available at www.business.uiuc.edu/poteshma). Pointing out that although it has been widely said, even by well-known professors of finance and option market professionals, that the activity was such as to indicate foreknowledge of the attacks, Poteshman suggests that there are reasons to question this judgment. Arguing that an informed judgment about this matter one way or the other cannot really be made "in the absence of systematic information about the characteristics of option market activity," he provides this benchmark information, then analyzes the activity related to American and United Airlines in the period between the 5th and 10th of September 2001. He concludes that although analyses using some of the possible variables would not suggest anything unusual, this is not the case when one uses an analysis based on "the most straightforward way for terrorists or their associates to have profited from foreknowledge of the attacks," which would be "simply to take long positions in puts on stocks like AMR or UAL." An analysis using this variable—abnormal long put volume—he says, "does provide evidence that is consistent with the terrorists or their associates having traded ahead of the September 11 attacks." Poteshman's strictly technical analysis, it should be added, leaves open the question of who the "terrorists" and their "associates" were.

[72] In note 37 of the Introduction, I mentioned several organizations that have been supporting the idea of a more thorough investigation. In June of 2004, some of these organizations, along with other groups and several leading researchers, created 911Truth.org, intended to be an umbrella organization (www.911Truth.org).

(http://salon.com/news/feature/2004/03/26/translator/print.html).

[55] Andrew Buncombe, "Whistleblower the White House Wants to Silence Speaks to the *Independent*," April 2, 2004 (http://news.independent.co.uk/world/americas/story.jsp?story=507514).

[56] James Ridgeway, "This Made Ashcroft Gag: Translator Keeps Blowing 9-11 Whistle on FBI; U.S. Keeps Shutting Her Up," *Village Voice*, May 25, 2004 (www.villagevoice.com/issues/0421/mondo1.php).

[57] "Former FBI Translator Sibel Edmonds Calls Current 9/11 Investigation Inadequate," Interview by Jim Hogue, *Baltimore Chronicle and Sentinel*, May 7, 2004 (http://baltimorechronicle.com/050704SibelEdmonds.shtml); Catherine Austin Fitts, "Alert from Citizens Watch for Monday Hearing," www.solariactionnetwork.com/phpBB2/viewtopic.php?t=910; Michael Ruppert, "DoJ Moves to Invoke State Secrets Privilege to Prevent FBI Whistleblower from Giving Deposition in 9/11 Suit," From the Wilderness, April 26, 2004 (www.fromthewilderness.com/free/ww3/042604_edmunds_alert.html).

[58] Ridgeway, "This Made Ashcroft Gag."

[59] "Press Release: 9/11 Whistleblower Edmonds Responds to DoJ Gagging Congress—Pledges to Testify in Public Under Oath," Citizens Watch, May 21, 2004 (www.911citizenswatch.org/modules.php?op=modload&name=News&file=article&sid=267).

[60] "Former FBI Translator Sibel Edmonds Calls Current 9/11 Investigation Inadequate."

[61] Fintan Dunne, "State Dept. Quashed 9/11 Links To Global Drug Trade—FBI Whistleblower," BreakForNews.com, 7th June, 2004; updated June 9 (www.breakfornews.com/sibel-edmonds.htm); Chris Strohm, "Whistleblowers Ask Federal Workers to Come Forward with 9/11 Evidence," June 14, 2004 (http://www.govexec.com/dailyfed/0604/061404c1.htm)

[62] Sara Kugler, "Families: 9/11 Panel Failing at Mission," Associated Press, May 19, 2004 (www.nytimes.com/aponline/national/AP-Sept-11-Families.html).

[63] Michael Weissenstein, "Families Heckle Giuliani at 9/11 Hearings," Associated Press, May 19, 2004.

[64] Kugler, "Families."

[65] Weissenstein, "Families Heckle Giuliani."

[66] See note 15.

[67] The strangeness of this story is brought out by Dave McGowan. In a television documentary about the World Trade Center ("The World Trade Center: Rise and Fall of an American Icon," History Channel, September 8, 2003), McGowan reports, one city official, speaking of the order to evacuate the command center, said: "to this day, we don't know who gave that order." McGowan then comments: "They don't know who gave that order?! The city's command center, the entity set up to advise others how to proceed in times of crisis, was itself ordered to shut down, and they don't know who gave that order?! The command center was shut down in the middle of the worst crisis the city had ever faced, and everyone staffing that center obediently left the building, based on an order of indeterminate origin? Call me a skeptic if you must, but I find that rather hard to believe" (Center for an Informed America, Newsletter 43, "Revisiting September 11: Part I: The

[36] Ibid.

[37] Christopher Grimes, "$7Bn Plan to Rebuild WTC Faces Legal Threat," *Financial Times*, May 01, 2004 (http://search.ft.com/search/article.html?id=040501001076).

[38] This statement, which was on Swiss Re's website, was deleted after the judge imposed a gag order on the opposing sides of the case. I am grateful to Leland Lehrman for sending me a copy.

[39] Norma Cohen, property correspondent of the *Financial Times*, wrote shortly after 9/11: "The owners of the demolished World Trade Center in lower Manhattan acquired the buildings just two months ago under a 99-year lease allowing them to walk away from their investment in the event of "an act of terrorism." The owners, Silverstein Properties and Westfield America . . . , purchased the buildings from the Port Authority of New York and New Jersey for Dollars 3.2bn in July and completed the financing just two weeks ago" (*Financial Times*, September 15, 2001; reprinted by David Farber at http://lists.elistx.com/archives/interesting-people/200109/msg00162.html).

[40] Graham Rayman, William Murphy, and Dan Janison, "Newsday Examines 9/11 Findings," *Newsday*, May 31, 2004 (www.nynewsday.com/news/local/brooklyn/nyc-comm0501,0,7204468.story?coll=nyc-manheadlines-brooklyn).

[41] On this issue, see note 32 of Chapter 1.

[42] CNN, September 19, 2001; ABC News, October 3, 2001; *New York Times*, November 4, 2001. (My thanks to Paul Thompson for these references.)

[43] See note 12 of Chapter 6.

[44] Craig Unger, *House of Bush, House of Saud: The Secret Relationship between the World's Two Most Powerful Dynasties* (New York & London: Scribner, 2004).

[45] Ibid., 2; Unger, "Unasked Questions: The 9/11 Commission Should Ask Who Authorized the Evacuation of Saudi Nationals in the Days Following the Attacks," *Boston Globe*, April 11, 2004.

[46] Unger, *House of Bush*, 9, referring to a story in the *Tampa Tribune* by Kathy Steele, Brenna Kelly, and Elizabeth Lee Brown, published in October 2001.

[47] Jean Heller, "TIA Now Verifies Flight of Saudis," *St. Petersburg Times*, June 9, 2004 (www.saintpetersburgtimes.com/2004/06/09/Tampabay/TIA_now_verifies_flig.shtml).

[48]Ibid.; Unger, "Unasked Questions"; *House of Bush*, 9.

[49] Unger, *House of Bush*, 258, 265.

[50] "Taliban Told US It Would Give Up Osama," Reuters, June 5, 2004.

[51] Ibid.

[52] I am grateful to attorney Gary Wenkle Smith for help on this point.

[53] "Statement of FBI Whistleblower Sibel D. Edmonds and her Attorneys," *Washington Post*, August 13, 2002 (www.washingtonpost.com/wp-srv/onpolitics/articles/whistleblowerpr.html). Luckily, Edmonds reports, her sister was out of the country. But as a result of this action, Edmonds feels that she herself cannot now safely return to her mother country.

[54] Eric Boehlert, "We Should Have Had Orange or Red-Type of Alert in June or July of 2001," Salon.com

was caused by this crushing. It just crushed several stories and then it came to a halt. . . . [C]ontrast that with the official story: that fifteen floors of the North Tower are supposed to have entirely crushed the rest of the building, after only falling one floor?" With regard to the view that fire brought down Building 7, he says: "Buildings 4, 5, and 6 were ravaged by severe fires that went on for most of the afternoon. In contrast, Building 7, the 47-story skyscraper that supposedly collapsed due to fires, only had relatively small fires. Meanwhile, these other low-rises had severe fires, flames leaping out of them, just totally gutted, by the action of first the crushing of the debris, and then by these severe, uncontrolled fires that raged for most of the afternoon [and yet they did not collapse]" (Hoffman, "Your Eyes Don't Lie").

[29] Note 82 of Chapter 1.

[30] Margie Burns, "Secrecy Surrounds a Bush Brother's Role in 9/11 Security," *American Reporter* 9/2021 (January 20, 2003). Although I mentioned that this company also provided security for United Airlines, that fact may be irrelevant, since the contract was, Burns was told, a single-site contract, limited to Indianapolis. More possibly relevant, she points out, is the fact that this company also handled security for Dulles International Airport, from which Flight 77 originated.

[31] That is not the only possibly relevant fact about Marvin Bush that escaped being publicized. On September 29, 2001, Bertha Champagne, a 62-year-old woman who had long worked and lived in the home of Marvin Bush and his family in Fairfax County, Virginia, was killed mysteriously. According to the police report, she went outside in the evening to get something from her car, which for some reason rolled forward and pinned her against a building. Although the police website reported her death, it did not mention her connection with Marvin Bush. The *Washington Post* reported the story, but did so only six days later and on the third page of the Metro section ("Bush Family Babysitter Killed in Fairfax," *Washington Post*, Sunday, October 5, 2003, www.washingtonpost.com/wp-dyn/articles/A46190-2003Oct5.html). This story was evidently not picked up by other papers. Wayne Madsen, who reports this story, wonders if she might have known something relevant to 9/11 ("Marvin Bush Employee's Mysterious Death—Connections to 9/11?" From the Wilderness Publications, 2003 [www.betterworld.com/getreallist/article.php?story=20040127223419798]). Reporting a further development in this story in response to a query, Madsen wrote (e-mail letter of May 23, 2004) that "Bertha's family now says—in contradiction of the official police report—that Bertha died in an accident at the Belle Haven Country Club, about 1/3 mile from the compound."

[32] Madsen, "Marvin Bush Employee's Mysterious Death." Walker is also, Madsen reports, the managing director of KuwAm, a Kuwaiti-American investment firm that has provided financial backing for Securacom-Stratesec.

[33] Scott Forbes' statement is posted at www.apfn.org/apfn/patriotic.htm. For more information, see Victor Thorn, "Connecting the Dots: Pre-9/11 World Trade Center Power Down," April 23, 2004 (http://69.28.73.17/thornarticles/powerdown.html).

[34] Quoted in "Hell on Earth," *People Magazine*, Sept 24, 2001. Fountain's comment was mentioned on the Alex Jones Show, "WTC-7 Imploded by Silverstein, FDNY and Others."

[35] Quoted on the Alex Jones Show, "WTC-7 Imploded by Silverstein, FDNY and Others."

[19] Ibid. Several firemen have, to be sure, been quoted as saying that they had determined, by studying the building, that it was likely to collapse (*Fire Engineering*, September 2002). But in light of the Alex Jones query, we have to ask if these statements are credible. One part of a real investigation would involve the attempt to determine whether these men were telling the truth or merely saying what they had been told to say.

[20] *Firehouse Magazine*, August 2002.

[21] CBS News, September 11, 2001. Those who wish to judge for themselves whether the collapse of Building 7 was a case of controlled demolition can see videos on various websites, including http://thewebfairy.com/killtown/wtc7.html; www.geocities.com/killtown/wtc7.html; and www.whatreallyhappened.com/wtc7.html.

[22] On page 16, I cite, without necessarily endorsing, Eric Hufschmid's view that the North Tower fell in 8 seconds, which would have been at exactly free-fall speed. Jim Hoffman believes that the time was closer to 16 seconds (http://911research.wtc7.net/wtc/analysis/collapses/freefall.html#seismic). But this, as Hoffman points out, is still very fast.

[23] Hoffman, "Your Eyes Don't Lie: Common Sense, Physics, and the World Trade Center Collapses," originally an interview on KPFA, Jan. 21, 2004 (available at http://911research.wtc7.net/talks/radio/youreyesdontlie/index.html).

[24] Quoted in Eric Hufschmid's video, "Painful Deceptions" (available at www.EricHufschmid.Net).

[25] This point, discussed on page 18, is emphasized in Jim Hoffman, "Your Eyes Don't Lie."

[26] On page 19, I referred the reader to Eric Hufschmid's book as the best source of photographs showing this ejection of dust from the towers. One can also see photographs and videos of the twin towers at many web sites, such as Jeff King, "The World Trade Center Collapse: How Strong is the Evidence for a Controlled Demolition?" Plaguepuppy (http://st12.startlogic.com/~xenonpup/collapse%20update). Some of these videos, in fact, reveal one more feature, beyond those that I have discussed, of the collapses suggesting controlled demolition: the apparent existence of "demolition waves," which, as this article puts it, "are exactly the sort of confluent rows of small explosions that are so characteristic of a controlled demolition."

[27] Jim Hoffman, "The North Tower's Dust Cloud: Analysis of Energy Requirements for the Expansion of the Dust Cloud following the Collapse of 1 World Trade Center," Version 3.1, January 5, 2004 (http://911research.wtc7.net/papers/dustvolume/volume.html).

[28] In the first chapter, I gave several reasons for considering the official "pancake" theory, supported by FEMA, Thomas Eagar, and others, to be inadequate to explain the collapse of the Twin Towers. Hoffman provides another. Pointing out that the Twin Towers were surrounded by WTC Buildings 6, 5, 4, and 3 (the Marriott Hotel), he adds: "[W]hen the Twin Towers collapsed, . . . thousands of tons of heavy steel, some from more than a thousand feet above these low-rise buildings, rained down on these buildings and just hammered them. And even then they didn't cause total collapse of any of these other buildings. Imagine, Building 3, the Marriott Hotel, received thousands of tons of steel, falling from first the South Tower, and then the North Tower, and it crushed large parts of the building. And in both cases, the building was able to stop the collapse that

Eric Findley, NORAD's director of operations, approved the fighter's launch. Scott's article cannot, therefore, reasonably be interpreted as providing evidence that interceptions required prior approval from the secretary of defense.

[10] The idea that no standard procedures should prevent "immediate responses" in emergency situations is also stated in other places in this document. Section 4.4, after saying that the secretary of defense retains approval authority for various types of support, concludes by saying: "Nothing in this Directive prevents a commander from exercising his or her immediate emergency response authority as outlined in DoD Directive 3025.1." And Section 4.5 begins with these words: "With the exception of immediate responses under imminently serious conditions, as provided in paragraph 4.7.1., below. . . . "

[11] This passage has been thus read by Jerry Russell, who concludes that "it requires that Secretary of Defense Rumsfeld is personally responsible for issuing intercept orders. Commanders in the field are stripped of all authority to act." See Jerry Russell, "Found: The 911 'Stand Down Order'?" Prison Planet.com, March 31, 2004 (www.prisonplanet.com/articles/033004standdown.html).

[12] This conclusion does not, I should add, necessarily imply that the failure to execute standard operating procedures on 9/11 resulted solely from a stand down order. Some students of the subject have discussed a special military training exercise, involving a simulated hijacking, being carried out that day. Such an exercise could, they suggest, have slowed down the normal response time for one or more reasons. This view is, I understand, to be discussed in a forthcoming book, *The Truth and Lies of 9/11*, by Michael C. Ruppert.

[13] The existence of far more errors has been alleged in a review of *The New Pearl Harbor* by Chip Berlet, which is posted on the website of an organization to which he belongs, Political Research Associates (http://www.publiceye.org/conspire/Post911/dubious_claims.html). My response, completed on May 1, 2004, is published on this same website.

[14] I am grateful to Tom Spellman for pointing out these two errors.

[15] "America Rebuilds," PBS documentary, 2002, now available as PBS Home Video, ISBN 0-7806-4006-3 (www.pbs.org/americarebuilds). Silverstein's statement can be viewed at http://www.thewebfairy.com/911/pullit/pullIt.wmv or heard on audio file (http://VestigialConscience.com/PullIt.mp3 or http://sirdave.com/mp3/PullIt.mp3). For a discussion, see Jeremy Baker, "PBS Documentary: Silverstein, FDNY Razed WTC 7," Infowars.com (www.infowars.com/print/Sept11/FDNY.htm); also available at Rense.com (http://www.rense.com/general47/pulled.htm). Silverstein's comments have been discussed at some length on the Alex Jones Show, "WTC-7 Imploded by Silverstein, FDNY and Others," Jan. 19, 2004 (see www.prisonplanet.com/011904wtc7.html). Alex Jones has, incidentally, long been one of the major sources of important information about 9/11. In addition to his TV show, his two websites (www.infowars.com and www.prisonplanet.com) contain dozens of 9/11-related stories.

[16] Silverstein Properties had reportedly won $861 million from the insurer of Building 7 earlier that year after having invested only about $386 million in it ("WTC-7 Imploded by Silverstein, FDNY and Others").

[17] Ibid.

[18] Ibid.

●第二版のあとがき

[1] In the meantime, more information of this type about Mohamed Atta in particular has been provided by investigative reporter Daniel Hopsicker (see page 118 and note 65 of Chapter 8). In his recent book, *Welcome to Terrorland: Mohamed Atta and the 9/11 Cover-up in Florida* (Trine Books, 2004), Hopsicker reports that he located and interviewed a young woman named Amanda Keller, with whom Atta lived for two and a half months while he was in Venice, Florida, attending flight school. Keller, who worked for an escort service, reportedly told Hopsicker that Atta had a son by a young woman he had dated in France; that he loved pork chops (which devout Muslims do not eat); and that he was a heavy drinker, used cocaine, and wore expensive gold jewelry. Keller also told Hopsicker that she had been intimidated, on a regular basis, by the FBI into keeping quiet about what she knew about Atta—an allegation that, according to Hopsicker, was confirmed by others. These details from Hopsicker's book are summarized in his "Top Ten Things You Never Knew about Mohamed Atta," Mad Cow Morning News, June 7, 2004 (www.madcowprod.com/index60.html), and in an interview he gave to the Guerrilla News Forum, June 17, 2004 (www.guerrillanews.com/intelligence/doc4660.html).

[2] Associated Press, September 22, 2001.

[3] David Harrison, "Revealed: The Men with Stolen Identities," *Telegraph*, September 23, 2001 (www.portal.telegraph.co.uk/news/main.jhtml?xml=/news/2001/09/23/widen23.xml).

[4] Harrison, "Revealed."

[5] "Tracking the 19 Hijackers: What Are They Up to Now?" (http://www.welfarestate.com/911).

[6] Daniel Hopsicker, besides reporting various things about Mohamed Atta that contradict the official picture of him as a devout Muslim (see note 1, above), casts further doubt on the official theory by reporting that employees of Huffman Aviation told him that before Rudi Dekkers appeared on television the day after 9/11, telling the nation the identity of the hijackers, Dekkers was told by FBI agents what to say. (With regard to Dekkers and Huffman Aviation, see note 69 of Chapter 8.)

[7] See notes 4 and 9 of Ch. 1.

[8] See http://www.dtic.mil/doctrine/jel/cjcsd/cjcsi/3610_01a.pdf. This document is quoted in note 13 of Chapter 1 (which was contained in the first edition).

[9] An essay often cited in this regard is William B. Scott, "Exercise Jump-Starts Response to Attacks," *Aviation Week & Space Technology*, June 3, 2002 (www.aviationnow.com/content/publication/awst/20020603/avi_stor.htm). Scott states that "the normal scramble-approval procedure" by the time of September 11, 2001, required that "[s]omeone in the NMCC would call Norad's command center and ask about availability of aircraft, then seek approval from the Defense Secretary—Donald H. Rumsfeld—to launch fighters." But Scott then quotes Major General Larry Arnold, one of the NORAD commanders, as saying, with regard to a subordinate, "I told him to scramble; we'll get clearances later." Arnold's statement, if true, clearly showed that it was not thought necessary to get *prior* approval from the secretary of defense. Scott also quotes Captain Michael Jellinek, who was serving as NORAD command director that day, as saying that he was called for approval, after which Scott adds that Major General

an 'interpretation' as a quotation."

[50] Cynthia McKinney at Project Censored! October 4, 2003, available at www.oilempire.us/cynthiamckinney.html.

[51] John Sugg, "Truth in Exile." Sugg, whose Creative Loafing is one of the five largest weekly newspapers in the nation, has added, in personal correspondence, "With no big GOP race [that year], I'd guess the cross-over tally approached McKinney's estimate" (e-mail message of December 22, 2003).

[52] "Poll Shocker: Nearly Half Support McKinney's 9/11 Conspiracy Theory," Newsmax, Wednesday, April 17, 2002 (www.newsmax.com/showinside.shtml?a=2002/4/17/144136).

[53] One big difference is the fact that in discussing motive, Mariani's Complaint speaks of political (as well as financial) reasons.

[54] Berg's press release was reported at Scoop Media (http://www.scoop.co.nz/mason/stories/WO0311/S00261.htm). I have learned from sources in Philadelphia that Berg, formerly Deputy Attorney General of Pennsylvania, is a highly respected lawyer. He has established a website for this case at www.911forthetruth.com.

[55] This Complaint is available at http://nancho.net/911/mariani.html (as well as www.911forthetruth.com).

[56] This is actually an "Amended Complaint." The initial one, which was noted in a brief story in the *Philadelphia Inquirer* on September 23, 2003, had been filed on September 12. The Amended Complaint of November provides, it says, "newly discovered substantial additional facts." While being interviewed on Pacifica Radio on December 14, Mariani and Berg announced that due to still more facts and potential witnesses that had been brought to their attention, they would be filing yet another version of the Complaint.

[57] Mariani's letter is available at Scoop Media (www.scoop.co.nz/mason/stories/WO0311/S00262.htm) as well as www.911forthetruth.com.

[58] See note 30.

[59] See note 27.

[60] Eric Lichtblau and James Risen, "Two on 9/11 Panel Are Questioned on Earlier Security Roles," *New York Times*, January 15.

[61] Dan Eggen, "9/11 Panel Unlikely to Get Later Deadline," *Washington Post*, January 19, 2004.

[62] Joe Conason, "What's Bush Hiding From 9/11 Commission?" *The New York Observer*, January 21, 2004.

[63] Timothy J. Burger, "Condi and the 9/11 Commission," *New York Times*, December 20, 2003; Dan Eggen, "9/11 Panel Unlikely to Get Later Deadline"; Philip Shenon, "9/11 Commission Says It Needs More Time," *New York Times*, January 28, 2004.

[64] Dan Eggen, "9/11 Panel Unlikely to Get Later Deadline."

[65] John Buchanan, "Speech to Manchester Support Group, 1/7/04" (johnbuchanan.org/news/newsitem.php?section=INF&id=1154&showcat=4). Information about this campaign is available at http://johnbuchanan.org and buchanan@nancho.net.

make huge profits off America's new war." These statements contain three distinct elements: (1) the question of what the Bush administration knew—which referred back to her statement that "[w]e know there were numerous warnings of the events to come on September 11. Vladimir Putin, President of Russia, delivered one such warning"; (2) the suggestion that *some people* had foreknowledge of the attacks of 9/11 and failed to issue a warning—which referred to her earlier statement that "[t]hose engaged in unusual stock trades immediately before September 11 knew enough to make millions of dollars from United and American airlines, certain insurance and brokerage firms' stocks"; and (3) her assertion that some persons close to the Bush administration would profit financially from the US war on terrorism. However, as her statements were repeated in the mainline press (after they were publicized by an April 12 story in the *Washington Post* under the headline "Democrat Implies September 11 Administration Plot"), these three elements became conflated. The conflation made by Kathleen Parker of the *Orlando Sentinal* on April 17 was quoted in the text. On June 16, a show on NPR (National Public Radio) claimed that McKinney "suggested the Bush Administration may have known in advance about the September 11 attacks and allowed them to happen in order for people close to the President to profit." To back up this claim, NPR played these words from the Pacifica broadcast: "What did this administration know, and when did it know it, about the events of September 11th? Who else knew, and why did they not warn the innocent people of New York who were needlessly murdered?...What do they have to hide?" The problem here is that the final question, "What do they have to hide?", came later in the program, during the interview, while McKinney was discussing the requests by both the president and the vice president to Tom Daschle that he not have a Senate investigation. By quoting that statement out of context, NPR made it appear that the "they" in the prior sentence—the "they" who had specific knowledge about the events in advance—referred to members of the Bush administration. NPR then played another statement made during the interview—"And so we get this presidency...requesting a nearly unprecedented amount of money to go into a defense budget for defense spending that will directly benefit his father." By conflating this statement with the earlier one, NPR made it sound as if McKinney was charging that this was the president's motive for allowing the attacks to proceed. For Palast's analysis of this conflation, see his "Re-Lynching Cynthia McKinney," July 21, 2003 (www.gregpalast.com/detail.cfm?artid=232&row=0). Palast's analysis is supported by John Sugg. Having said that the most infamous assault against McKinney "was the claim that she had questioned whether Dubya had knowledge of 9-11 before it happened, and that he didn't act because his dad and cronies were going to make bundles off the war machine," Sugg adds: "The truth was that McKinney quite accurately predicted—months before it broke in the press—that Bush had extensive intelligence on likely terrorist attacks and failed to act. And McKinney was equally accurate in saying that Bush insiders would reap windfalls from slaughter. However, nowhere did McKinney ever link the two statements" (John Sugg, "Truth in Exile: US Reporter Breaks Bush Blockbusters—on English TV," Creative Loafing, April 9, 2003 [http://atlanta.creativeloafing.com/suggreport.html]).

[49] Palast, "Re-Lynching Cynthia McKinney." Palast agrees, incidentally, that McKinney's statement is sufficiently ambiguous to be read in more than one way, but he argues that this fact provides no excuse for the way it was used: "Can you read an evil accusation into McKinney's statement—Bush planned September 11 attacks to enrich his daddy? Oh, yes, if that's what you want to read. But reporters are not supposed to play 'Gotcha!' with such serious matters. If a statement can be read two ways—one devastating—then journalists have an obligation to ask and probe, and certainly not spread

many people cleave to these theories when there are such discrepancies and perfectly reasonable explanations?" He answers this question by citing a psychologist who explains that adherents of conspiracy theories "are driven by a thirst for certainty in an uncertain world." We can ignore 9/11 conspiracy theories, in other words, because they are simply products of pathetic minds—not of minds that have noticed conflicts between the official account and the facts.

[33] Michael Meacher, "This War on Terrorism is Bogus," *Guardian*, September 5, 2003.

[34] Ewen MacAskill, "Fury Over Meacher Claims," *Guardian*, September 6, 2003.

[35] This statement is in the article by Jon Ungoed-Thomas quoted in note 32, above.

[36] The letters all appeared in the *Guardian* on September 8, 2003; they were accompanied by many letters denouncing Meacher.

[37] Michael Meacher, "Cock-Up Not Conspiracy," *Guardian*, September 13, 2003.

[38] That this was a natural interpretation of his article is suggested by the fact that Ian Johnson, whose *Wall Street Journal* article is discussed next, said that Meacher had written "a blistering attack...implying that Washington was involved in the attacks to justify a more interventionist foreign policy."

[39] Ian Johnson, "Conspiracy Theories About September 11 Get Hearing in Germany," *Wall Street Journal*, September 29, 2003.

[40] The English translation of the title of Andreas von Bülow's book would be "The CIA and the 11th of September: International Terror and the Role of the Secret Services" (Munich: Piper Verlag, 2003). In Chapter 1, I quoted a 2002 statement by von Bülow.

[41] Paul Donovan, "Why Isn't the Truth Out There?" *Observer*, October 5, 2003 (http://observer.guardian.co.uk/comment/story/0,6903,1054495,00.html).

[42] Michael Moore, *Dude, Where's My Country?* (New York: Warner Books, 2003), 15.

[43] William Bunch, "Why Don't We Have Answers to These 9/11 Questions?" *Philadelphia Daily News* online posting, September 11, 2003.

[44] "Diane Rehm Show," National Public Radio, December 1, 2003, quoted in Charles Krauthammer, "The Delusional Dean," *Washington Post*, December 5, 2003.

[45] Krauthammer, "The Delusional Dean."

[46] This story, written by Kathleen Parker, appeared in the *Orlando Sentinel* on April 17, 2002; it is available at www.osamaskidneys.com/mckinney.html.

[47] This story, written by Lynette Clemetson, appeared in the *New York Times* on August 21, 2002. For Greg Palast's criticism, see his "The Screwing of Cynthia McKinney," AlterNet, June 13, 2003 (www.alternet.org/story. html?StoryID=16172). Palast quotes Clemetson as saying, in response to his question as to where McKinney said this: "I've heard that statement—it was all over the place."

[48] On Pacifica radio on March 25, 2002, McKinney read a prepared statement, after which she was interviewed (the transcript is available at www.freerepublic.com/focus/news/665750/posts). In her prepared statement, after saying that the US government had received numerous warnings prior to 9/11, she asked: "What did this Administration know, and when did it know it, about the events of September 11? Who else knew and why did they not warn the innocent people of New York who were needlessly murdered?" She also said, in a different paragraph, that "persons close to this Administration are poised to

Export-Import Bank than on the commission investigating 9/11. In any case, a few days later it was announced that Tom Daschle, the leader of the Senate's Democrats, had selected Bob Kerrey, the former Democratic senator from Nebraska (who had been vice chairman of the Senate Intelligence Committee), to replace Cleland (Philip Shenon, "Ex-Senator Kerrey Is Named to Federal 9/11 Commission," *New York Times*, December 9, 2003).

[28] Shenon, "Deal on 9/11 Briefings Lets White House Edit Papers."

[29] In saying that "everyone" should favor this, I mean, of course, everyone innocent of complicity in the attacks of 9/11.

[30] The suspicious attitude toward the 9/11 Independent Commission held by many of those who have studied the evidence for official complicity is illustrated by an article that refers to it as "the 9-11 Coverup Commission." With regard to Kean himself, this article predicted: "To ensure that the 9-11 Coverup Commission projects an image of at least 'trying,' the commission's chairman Thomas H. Kean...publicly stated that the presence of so-called agency 'minders' (or coaches) was the same as 'intimidation' of witnesses called before the Commission.... Rest assured, however, Thomas Kean will do the Bush Cabal's bidding and keep it all covered up" (Conspiracy Planet, "9-11 Commission Covers Up Bush Family Ties," www.conspiracyplanet.com/channel.cfm?ChannelID=75). Kean's agreement, after threatening to subpoena the White House, to allow it to edit the presidential briefs could be seen as a fulfillment of this prediction, so this agreement probably increased the suspicion.

[31] Michael Meacher, "This War on Terrorism is Bogus," *Guardian*, September 5, 2003.

[32] In response, one debunker, Jon Ungoed-Thomas, wrote: "However, logs compiled by the North American Aerospace Defense Command record that it learnt of a possible hijacking at 8.40 AM. F-15 fighters were alerted immediately, were scrambled at 8.46 AM and were airborne by 8.52 AM" (Conspiracy Theories about 9/11 are Growing and Getting More Bizarre," *Sunday Times*, September 14, 2003). This conflict of opinion reflects the fact, of which most people still seem unaware, that there have been two versions of the official account on this matter. Meacher cited the first account (whether because it was the account he accepted or the only one he knew), then Ungoed-Thomas "refuted" him by citing the second (perhaps because it was the only one *he* knew). That issue aside, there are several other problems with Ungoed-Thomas' attempt to defend the official account. First, in citing NORAD'S logs, he is relying on an account provided by one of the agencies that, according to most conspiracy theories, would have been party to the conspiracy. Second, he repeats NORAD's claim that it was not notified until 8:40 without mentioning the fact that this would mean that the FAA would have flagrantly violated regulations by not notifying NORAD until 26 minutes after Flight 11's radio and transponder went off. Third, he evidently sees no tension between claiming that NORAD responded "immediately" and pointing out that it was 12 minutes until any planes were airborne. Fourth, he does not even mention the fact that NORAD, according to this second version of the official account, gave the scramble order to Otis rather than to the much nearer McGuire Air Force Base. Fifth, he seems not to realize that even planes coming the 170 miles from Otis should have reached New York City in plenty of time—he simply repeats the standard line that it "was already too late to stop the hijackers flying into the World Trade Center." This article illustrates a widespread tendency of debunkers to regard 9/11 "conspiracy theorists" with such disdain (Ungoed-Thomas speaks of their "bizarre" theories and "grotesque distortions") that they can be easily refuted even by someone largely ignorant of the facts. Then, having provided this refutation, at least to his own satisfaction, Ungoed-Thomas asks: "Why do so

February 14, 2003, and March 27, 2003, cited in "Timeline," December 13, 2002.

[18] Associated Press, December 27, 2003; The 9/11 Independent Commission (www.9-11commision.gov), March, 2003; Corn, "Probing 9/11," 16.

[19] Corn, "Probing 9/11," 16.

[20] This call, made earlier, was implicitly repeated in the Family Steering Committee's press release of December 1, 2003, involving conflicts of interest (see the website at www.911independentcommission.org). This committee's concern about Zelikow was discussed in Philip Shenon, "Terrorism Panel Issues Subpeona to City for Tapes," *New York Times*, November 21, 2003.

[21] Timothy J. Roemer, a former congressman from Indiana, quoted in Shenon, "9/11 Commission Could Subpoena Oval Office Files."

[22] "White House Accused of Stalling 9-11 Panel," Associated Press, October 26, 2003.

[23] Shenon, "9/11 Commission Could Subpoena Oval Office Files."

[24] Ibid.

[25] Philip Shenon, "Deal on 9/11 Briefings Lets White House Edit Papers," *New York Times*, November 14, 2003; Tim Harper, "Did Bush Know Before 9/11? Briefing Notes May Hold Key to Crucial Question," *Toronto Star*, November 14, 2003. According to later stories (Philip Shenon, "Terrorism Panel Issues Subpeona to City for Tapes"; Eric Lichtblau and James Risen, "Two on 9/11 Panel are Questioned on Earlier Security roles," *New York Times*, January 15, 2004), the only commission officials to have access to highly classified White House documents would be Zelikow and Jamie Gorelick, who was a top member of the Justice Department during the Clinton administration.

[26] Eric Boehlert, "The President Ought to be Ashamed: Interview with Max Cleland," Salon.com, November 13, 2003.

[27] In the same interview, Cleland also, after saying that "the Warren Commission blew it," added: "I'm not going to be part of that. I'm not going to be part of looking at information only partially. I'm not going to be part of just coming to quick conclusions. I'm not going to be part of political pressure to do this or not do that. I'm not going to be part of that." Less than a month later, it was announced that Cleland was going to resign from the commission to accept a position on the board of the Export-Import Bank. Philip Shenon of the *New York Times* wrote:

> Mr. Cleland's intention to resign from the 10-member commission has been known since last summer, when Senate Democrats announced that they had recommended him for a Democratic slot on the board of the Export-Import Bank. But the timing of his departure became clear only last week, when the White House formally sent the nomination to the Senate.
>
> His imminent departure from the panel has created concern among victims' family groups, because Mr. Cleland has been one of the commission's most outspoken members and has joined with advocates for the families in their criticism of the Bush administration. (Philip Shenon, "Ex-Senator Will Soon Leave 9/11 Panel," *New York Times*, December 5, 2003.)

Suspicious minds might, of course, speculate that the White House speeded up the nomination process because it would rather have the outspoken Cleland on the board of the

Globalisation, November 7, 2001 (globalresearch.ca), quoted in Ahmed, 280.

[21] William Pfaff, "Will the New World Order Rest Solely on American Might?" *International Herald Tribune*, December 29, 2001, quoted in Ahmed, 274.

[22] Ahmed, 279, quoting John McMurtry's statement in *Economic Reform*, October, 2001.

[23] Ibid., 290–93.

[24] Ibid., 291.

[25] Gore Vidal, *Dreaming War: Blood for Oil and the Cheney-Bush Junta* (New York: Thunder's Mouth/Nation Books, 2002), 72.

[26] *9/11: The Big Lie*, 10, 25.

[27] See Emperor's Clothes (http://emperors-clothes.com/indict/911page.htm) or The Emperor's New Clothes (http://www.tenc.net).

[28] *9/11: The Big Lie*, 10.

[29] Ahmed, 291–92.

●第10章　徹底調査の必要性

[1] *Washington Post*, August 2, 2002, cited in Thompson, "Timeline," August 2, 2002.

[2] *Washington Post*, August 3 and 24, and Associated Press, August 29, 2002, cited in "Timeline," August 2, 2002.

[3] "Bush asks Daschle to Limit September 11 Probes," CNN, January 29, 2002, quoted in Ahmed, 133.

[4] *Newsweek*, September 22, 2002.

[5] Associated Press, January 27, 2003, cited in "Timeline," January 27, 2003.

[6] *Time*, March 26, 2003, quoted in "Timeline," March 26, 2003.

[7] *Seattle Times*, March 12, 2003, quoted in "Timeline," March 12, 2003.

[8] Philip Shenon, "9/11 Commission Could Subpoena Oval Office Files," *New York Times*, October 26, 2003.

[9] UPI, February 6, 2003.

[10] David Corn, "Probing 9/11," *Nation*, 277/1 (July 7: 2003): 14–18, at 15.

[11] CNN, November 30, *Pittsburgh Post-Gazette*, December 3, *Washington Post*, December 1, and *Chicago Sun-Times*, December 13, 2002, cited in "Timeline," November 27, 2002.

[12] *New York Times*, November 29, 2002, cited in "Timeline," November 27, 2002.

[13] *Newsweek*, December 15, 2002, cited in "Timeline," December 13, 2002.

[14] *Washington Post*, October 5, 1998, and Salon.com, December 3, 2002, cited in "Timeline," December 13, 2002.

[15] *New York Times*, December 12, MSNBC, December 13, and *Seattle Times*, December 14, 2002, cited in "Timeline," December 13, 2002.

[16] *Multinational Monitor*, November 1997, and Associated Press, January 20, 2003. On Hess-Delta, see *Boston Herald*, December 11, 2001, cited in "Timeline," December 16, 2002.

[17] CBS, March 5, 2003, and Associated Press, December 12, 2002, January 1, 2003,

[79] "Timeline," December 4, 2002, quoting *Star Tribune*, December 22, 2002.

[80] "Timeline," December 4, 2002, quoting *Time*, December 30, 2002.

●第９章　米国政府高官共犯説は９・１１事件を最もうまく説明できるのか？

[1] Ahmed, 290.

[2] Ibid., 290, citing Patrick Martin, "Was the US Government Alerted to September 11 Attack? Part 4: The Refusal to Investigate," World Socialist Web Site (www.wsws.org), January 24, 2002.

[3] Bob Woodward and Dan Balz, "Saturday, September 15, at Camp David, Advise and Dissent," *Washington Post*, January 31, 2002.

[4] Meyssan, *9/11: The Big Lie*, 153.

[5] Phyllis Bennis, *Before and After: US Foreign Policy and the September 11th Crisis* (Northampton, Mass.: Olive Branch Press, 2003), 83.

[6] This fact is included in a document called "Missile Defense Milestones," which is on the website of the Missile Defense Agency (acq.osd.mil/bmdo).

[7] Ahmed, 236–38.

[8] Ibid., 240, 262.

[9] Henry Kissinger, "Destroy the Network," *Washington Post*, September 11, 2001 (http://washingtonpost.com), quoted in *9/11: The Big Lie*, 65.

[10] Richard Perle, "State Sponsors of Terrorism Should Be Wiped Out Too," *Daily Telegraph*, September 18, 2001, quoted in *9/11: The Big Lie*, 169.

[11] Bennis, *Before and After*, 82.

[12] *9/11: The Big Lie*, 129.

[13] John Pilger, *New Statesman*, December 12, 2002.

[14] Bob Woodward, *Bush at War* (New York: Simon & Schuster, 2002), 32.

[15] "Secretary Rumsfeld Interview," *New York Times*, October 12, 2001; quoted in Andrew Bacevich, *American Empire: The Realities and Consequences of US Diplomacy* (Cambridge: Harvard University Press, 2002), 227.

[16] Rice's statement was reported by Nicholas Lemann in the April 2002 issue of the *New Yorker*.

[17] *The National Security Strategy of the United States of America*, September 2002 (www.whitehouse.gov./nssc), 28. At about the same time, Tony Blair, the prime minister of America's junior partner, said to the liaison committee of the British House of Commons: "To be truthful about it, there was no way we could have got the public consent to have suddenly launched a campaign on Afghanistan but for what happened on September 11" (*London Times*, July 17, 2002).

[18] Thomas Omestand, "New World Order," *US News and World Report*, December 31, 2001, quoted in Ahmed, 262.

[19] Walden Bello, "The American Way of War," *Focus on Trade*, No. 72: December 2001, quoted in Ahmed, 279–80.

[20] Karen Talbot, "Afghanistan is Key to Oil Profits," Centre for Research on

[60] WPBF Channel 25, August 5, 2002, Cox News, August 2, 2002, and *Palm Beach Post,* October 17, 2002, cited in "Timeline," July 14, 1999.

[61] *Palm Beach Post,* March 20, 2003 (see also *South Florida Sun-Sentinel,* March 20, 2003), quoted in "Timeline," June 2002.

[62] *Newsweek,* September 15, *New York Times,* September 15, and *Washington Post,* September 16, 2001, cited in "Timeline," September 15–17, 2001.

[63] Gannett News Service and *Pensacola News Journal,* both September 17, 2001, cited in "Timeline," September 15-17, 2001.

[64] *Washington Post,* September 16, 2001, quoted in Ahmed, 97.

[65] Daniel Hopsicker, "Did Terrorists Train at U.S. Military Schools?" *Online Journal,* October 30, 2002, quoted in Ahmed, 98–99. (Hopsicker, who has produced television business shows, including "Inside Wall Street," is also the author of *Barry and the Boys: The CIA, the Mob, and America's Secret History* [Madcow Press, 2001].)

[66] Hopsicker, "Did Terrorists?" quoted in Ahmed, 98, 99.

[67] Steve Fainaru and James V. Grimaldi, "FBI Knew Terrorists Were Using Flight Schools," *Washington Post,* September 23, 2001, quoted in Ahmed, 99.

[68] Hopsicker, "Did Terrorists?", quoted in Ahmed, 99.

[69] Hopsicker, "What Are They Hiding Down in Venice, Florida?" *Online Journal,* November 7, 2001, quoted in Ahmed, 100. An interesting footnote to this story is provided by the fact that Arne Kruithof and Rudi Dekkers, each of whom owned one of these flight schools, each narrowly escaped dying in a small plane crash. On Kruithof's crash, which occurred on July 26, 2002, see Hopsicker, "Magic Dutch Boy Escapes Fiery Crash," *Mad Cow Morning News,* July 4, 2002 (www.madcowprod.com/index27.html); on Dekkers' crash, which occurred on January 24, 2003, see Hopsicker, "Dekkers' Helicopter Crashed on Way to Showdown over Huffman Aviation," *Mad Cow Morning News,* January 28, 2003 (www.madcowprod.com/index43.html).

[70] "Timeline," November 1999, citing *Sunday Mercury,* October 21, 2001, *Washington Post,* December 29, 2001, and *Newsweek,* September 24, 2002.

[71] James Risen, "Informant for F.B.I. Had Contacts with Two 9/11 Hijackers," *New York Times,* July 25, 2003.

[72] "Timeline," September 21 or 22, 2001, citing *Los Angeles Times* and *Newsweek,* both November 24, 2002.

[73] *Boston Globe,* October 27, 2001, cited in "Timeline," October 24, 2001.

[74] *Washington Post,* September 19, and the BBC, June 21, 2002, cited in "Timeline," August 2002 (B). Bamford, as we saw earlier, wrote *Body of Secrets: Anatomy of the Ultra-Secret National Security Agency* (2001; New York: Anchor Books, 2002).

[75] Michael Ruppert, "A Timeline Surrounding September 11th," From the Wilderness Publications (www.fromthewilderness.com), item 96, citing *Washington Post,* July 3, 2002.

[76] Seymour Hersh, *New Yorker,* September 30, 2002, quoted in "Timeline," September 30, 2002.

[77] Larry Margasak, "Feds Reject Moussaoui Witness," Associated Press, July 14, 2003.

[78] Thompson, "Timeline," October 17, 2002, citing *Washington Post,* September 18, 2002.

[36] Ahmed, 218, 226, citing Jared Israel, "Did 'Our' Allies, Pakistani Intelligence, Fund the WTC Attackers?" The Emperor's New Clothes (www.emperors-clothes.com), October 15, 2001.

[37] *Pittsburgh Tribune-Review,* March 3, 2002, quoted in Thompson, "Timeline," 1999 (J).

[38] Ahmed, 218–19, citing Manoj Joshi, "India Helped FBI Trace ISI-Terrorist Links," *Times of India,* October 9, 2001.

[39] Ibid., 224, 225.

[40] Chossudovsky, *War and Globalisation,* 62.

[41] *New York Times,* November 4, and Associated Press, August 24, 2002, cited in "Timeline," 1999 (K).

[42] UPI (United Press International), September 30, 2002, cited in "Timeline," June 4, 2002; see also early 1994–January 1995, and December 24, 2001–January 23, 2002.

[43] *Telegraph,* November 11, 2001, cited in "Timeline," November 10, 2001.

[44] "Timeline," January 6 and January 23, 2002, quoting *Washington Post,* February 23, 2002, and citing *Boston Globe,* January 6, *Pittsburgh Tribune-Review,* March 3, and *Vanity Fair,* August, 2002.

[45] "Timeline," January 28, 2002, citing *London Times,* April 21, and *Guardian,* July 16, 2002.

[46] "Timeline," January 28, 2002, citing UPI, January 29, 2002.

[47] "Timeline," February 12, 2002, citing *Boston Globe,* February 7, *Observer,* February 24, 2002, *Newsweek,* March 11, and *Vanity Fair,* August, 2002.

[48] "Timeline," February 6, 2002.

[49] UPI, September 30, 2002; *Vanity Fair,* February, 2002, and Baer, *See No Evil: The True Story of a Ground Soldier in the CIA's War on Terrorism* (New York: Crown Pub, 2002), 270–71, cited in "Timeline," December 1997.

[50] CNN, January 30, 2003, cited in "Timeline," December 22, 2001 (B).

[51] *Time,* January 26, and CNN, January 30, 2003, cited in "Timeline," January 23, 2002.

[52] UPI, September 30, 2002, cited in "Timeline," June 4, 2002.

[53] John J. Lumpkin, "New Theory on Pearl Slaying: 9/11 Mastermind Believed to Have Killed Wall Street Journal Reporter," APAP, October 21, 2003.

[54] "Timeline," February 18, 2002 (B), citing *News,* February 18, *London Times,* April 21, and *Guardian,* July 16, 2002.

[55] "Timeline," March 1, 2002, citing "There's Much More To Daniel Pearl's Murder Than Meets the Eye," *Washington Post,* March 10, 2002.

[56] "Timeline," March 3, 2002.

[57] "Timeline," July 19, 2002 (B), citing *Time,* February 25, 2002, and "Timeline," December 26, 2002, citing *India Express,* July 19, 2002.

[58] "Timeline," March 3, 2002, citing *Dawn,* March 3, 2002, and *Guardian,* April 5, 2002.

[59] "Timeline," March 14, 2002, citing CNN, March 14, and *Los Angeles Times,* March 15, 2002.

[41] This figure is reported in the *Global Network Space Newsletter #14* (Fall, 2003), which is posted on the website of the Global Network Against Weapons and Nuclear Power in Space (www.space4peace.org).

[42] Falk, *The Great Terror War*, xxvii. Falk continues: "If this project aiming at global domination is consummated, or nearly so, it threatens the entire world with a kind of subjugation, and risks encouraging frightening new cycles of megaterrorism as the only available and credible strategy of resistance."

[43] The developments achieved already by 1998 are described in George Friedman and Meredith Friedman, *The Future of War: Power, Technology and American World Dominance in the 21st Century* (New York: St. Martin's, 1998).

[44] Jack Hitt, "The Next Battlefield May Be in Outer Space."

[45] Ibid. For a brief overview of this project, see Karl Grossman's *Weapons in Space.*

[46] The Project for the New American Century, *Rebuilding America's Defenses*, 54; quoted in Mahajan, *Full Spectrum Dominance: US Power in Iraq and Beyond* (New York: Seven Stories Press, 2003), 53–54.

[47] *The National Security Strategy of the United States of America* (Washington: September 2002), 6. As John Pilger concluded (see note 38, above), most of the suggestions made in the Project for the New American Century's document were enacted by the Bush administration. This is not surprising, of course, given the overlap in personnel.

[48] *Report of the Commission to Assess US National Security Space Management and Organization* (www.defenselink.mil/cgi-bin/dlprint.cgi).

[49] Ibid., quoted in *9/11: The Big Lie*, 151–52.

[50] Department of Defense News Briefing on Pentagon Attack (www.defenselink.mil/cgi-bin/dlprint.cgi), quoted in *9/11: The Big Lie*, 152.

[51] *9/11: The Big Lie*, 154.

[52] "A Program of Covert Operations Against the Castro Regime," April 16, 1961 (declassified CIA document), quoted in *9/11: The Big Lie*, 140.

[53] This plan has come to be somewhat widely known through James Bamford's discussion of it in his *Body of Secrets.*

[54] This memorandum is printed in *9/11: The Big Lie*, 198.

[55] This memorandum is printed in *9/11: The Big Lie*, 199–205. The passages quoted here are on page 199.

[56] Ibid., 202–203.

[57] Ibid., 204.

[58] Ibid., 202.

[59] Idem. The extent to which another precedent was provided by the original Pearl Harbor is a question for another occassion.

[60] See Richard Van Alstyne, *The Rising American Empire* (1960; New York: Norton, 1974), 177–79.

[61] John Pilger points to evidence that President George W. Bush has adopted a plan somewhat reminiscent of Operation Northwoods. Describing a secret army set up by

offered by the terrorist attacks to go after Saddam immediately." Woodward also points out that Rumsfeld was thereby echoing the position of his deputy, Paul Wolfowitz.

[28] Porritt's statement is quoted in James Kirkup, "US, UK Waged War on Iraq Because of Oil, Blair Adviser Says," May 1, 2003 (http://quote.bloomberg.com), which is reprinted on Michael Ruppert's website, From the Wilderness Publications (www.fromthewilderness.com or www.copvcia.com). Paul O'Neill's charge is contained in a book by former *Wall Street Journal* reporter Ron Susskind, *The Price of Loyalty: George W. Bush, the White House, and the Education of Paul O'Neill* (New York: Simon & Schuster, 2004), and in an interview on CBS's "60 Minutes" on January 11, 2004. According to O'Neill, who was a member of the National Security Council, the main topic within days of the inauguration was going after Saddam, with the issue being not "Why Saddam?" or "Why Now?" but merely "finding a way to do it." Susskind, whose book is primarily based on interviews with O'Neill and other officials, says that already in January and February of 2001 the Bush administration was discussing an occupation of Iraq and the question of how to divide up Iraq's oil (see story at www.cbsnews.com/stories/2004/01/09/60minutes/main592330.shtml).

[29] Stephen Gowans, "Regime Change in Iraq: A New Government by and for US Capital," *ZNet*, April 20, 2003, quoting Robert Fisk, *Independent*, April 14, 2003.

[30] Thompson, "Timeline," 59, August 11, 2002, citing *Newsweek*, August 11, 2002.

[31] John Pilger, *New Statesman*, December 12, 2002. Although Perle talks in public about using war to bring democracy to the world, he knows that it has other uses. Shortly before the recent war in Iraq, he gave a talk to clients of Goldman Sachs about moneymaking opportunities that would arise from the imminent invasion. His "total war" vision was suggested by the title of the talk, which was: "Implications of an Imminent War: Iraq Now. North Korea Next?" See Maureen Dowd, "Perle's Plunder Blunder," *New York Times*, March 23, 2003, and Stephen Gowans, "Regime Change in Iraq: A New Government by and for US Capital," *ZNet*, April 20, 2003.

[32] Meyssan, *9/11: The Big Lie*, 130.

[33] Richard Falk, *The Great Terror War* (Northampton, Mass.: Olive Branch Press, 2002), 108, 5.

[34] Bennis, *Before and After*, 163.

[35] Zbigniew Brzezinski, *The Grand Chessboard: American Primacy and Its Geostrategic Imperatives* (New York: Basic Books, 1997), 35–36.

[36] Ibid., 212, quoted in Ahmed, 73–77, and Thompson, "Timeline," 1997.

[37] Ibid., 24–25, quoted in Ahmed, 77.

[38] John Pilger, *New Statesman*, December 12, 2002, quoting the Project for the New American Century, *Rebuilding America's Defenses*, 51. The heading of Pilger's article reads: "Two years ago a project set up by the men who now surround George W. Bush said what America needed was 'a new Pearl Harbor.' Its published aims have, alarmingly, come true."

[39] Ibid.

[40] This document is available at www.spacecom.af.mil/usspace. It is discussed in Jack Hitt, "The Next Battlefield May Be in Outer Space," *New York Times Magazine*, August 5, 2001, and Karl Grossman, *Weapons in Space* (New York: Seven Stories, 2001).

[9] "Timeline," quoting *Telegraph*, August 13, 1998.

[10] Ahmed, 50–51.

[11] Julio Godoy, "US Taliban Policy Influenced by Oil," Inter Press Service, November 16, 2001, quoted in Ahmed, 58–59.

[12] Jonathan Steele, et al., "Threat of US Strikes Passed to Taliban Weeks Before NY Attack," *Guardian*, September 22, 2001, quoted in Brisard and Dasquié, *Forbidden Truth*, 43, and Ahmed, 60.

[13] George Arney, "US 'Planned Attack on Taleban'," BBC News, September 18, 2001, quoted in Ahmed, 60–61. ("Taleban" is a spelling used by some British writers.)

[14] "Timeline," October 7, 2001 (B).

[15] Michael C. Ruppert, "A Timeline Surrounding September 11th," From the Wilderness Publications (www.fromthewilderness.com), item 94, citing the account as published on the Common Dreams website (www.commondreams.org/ views02/0614-02.htm).

[16] George Arney, "US 'Planned Attack on Taleban'," BBC News, September 18, 2001, quoted in Ahmed, 60–61.

[17] This statement from the Israeli newspaper *Ma'ariv* was quoted in the *Chicago Tribune*, February 18, 2002, which is in turn quoted in "Timeline," February 14, 2002.

[18] "Timeline," December 22, 2001, and January 1, 2002, and Ahmed, 260.

[19] Ahmed, 227, citing *Frontier Post*, October 10, 2001.

[20] Ahmed, 60–61.

[21] White House, March 13, quoted in "Timeline," March 13, 2002.

[22] In 1992, Wolfowitz and Libby were reportedly the principal authors of a draft of the Defense Planning Guidance document that, having been leaked to the *New York Times*, caused a furor because of its overtly imperialistic language. Although this draft was withdrawn, its main ideas reappeared in the Project for the New American Century's 2000 publication, *Rebuilding America's Defenses: Strategy, Forces and Resources for a New Century* (available at www.newamericancentury.org). On this episode, see Andrew Bacevich, *American Empire: The Realities and Consequences of US Diplomacy* (Cambridge: Harvard University Press, 2002), 43–46 (although Bacevich, referring to this document as the "Wolfowitz Indiscretion," does not mention Libby's participation).

[23] "Timeline," September 2000, citing *Scotland Sunday Herald*, September 7, 2002, which was quoting *Rebuilding America's Defenses* (see previous note).

[24] Edward Herman, "The Manufactured and Real Iraq Crisis," *ZNet Commentary*, February 3, 2003.

[25] This letter, dated January 26, 1998, is available at the website for the Project for the New American Century (www.newamericancentury.org).

[26] Thompson, "September 11" (2:40 PM), quoting CBS News, September 4, 2002.

[27] John Pilger, *New Statesman*, December 12, 2002, citing Bob Woodward, *Bush at War* (New York: Simon & Schuster, 2002), 49. Woodward adds: "Before the attacks, the Pentagon had been working for months on developing a military option for Iraq" and "Rumsfeld was raising the possibility that they could take advantage of the opportunity

[49] Meyssan, *9/11: The Big Lie*, 54.

[50] *London Times*, September 20, 2001.

[51] Associated Press, November 3, 2002.

[52] "Timeline," September 16–23, 2001. One more intriguing bit of information that Thompson gives involves the reported telephone call from Amy Sweeney, a flight attendant on Flight 11, to American Airlines ground manager Michael Woodward, which began shortly after the plane was hijacked and continued until the plane hit the WTC. According to reports, she identified four hijackers, but they were *not* the four said to be on the plane (Thompson [8:21 AM], citing *Boston Globe*, November 23, 2001, and ABC News, July 18, 2002). Thompson adds that the *Boston Globe* says that it has a transcript of the call.

[53] "Timeline," May 2001 [C]), citing *San Francisco Chronicle*, October 4, and *Newsweek*, October 15, 2001.

[54] "Timeline," September 11, 2001 (J), citing Associated Press, October 5, 2001, *Boston Globe*, September 18, and *Independent*, September 29, 2001, along with *New Yorker*, October 1, 2001.

[55] ABC News, September 12 and 16, and Associated Press, September 16, 2001, cited in "Timeline," September 12, 2001.

[56] *Guardian*, March 19, 2002.

[57] *9/11: The Big Lie*, 56.

[58] Ahmed, 132, 110–11, quoting Dennis Shipman, "The Spook Who Sat Behind the Door: A Modern Day Tale," *IndyMedia*, May 20, 2002 (http://portland.indymedia.org), and William Norman Grigg, "Did We Know What Was Coming?" *New American* 18/5: March 11, 2002 (www.thenewamerican.com).

●第７章　米国政府高官には９月11日を黙認する理由があったのか？

[1] These sources include Jean-Charles Brisard and Guillaume Dasquié, *Forbidden Truth: US–Taliban Secret Oil Diplomacy and the Failed Hunt for Bin Laden* (New York: Thunder's Mouth Press/Nation Books, 2002), and Ahmed Rashid, *Taliban: Militant Islam, Oil and Fundamentalism in Central Asia* (New Haven: Yale University Press, 2000).

[2] Ahmed, 55.

[3] Quoted in Phyllis Bennis, *Before and After: US Foreign Policy and the September 11th Crisis* (Northampton, Mass.: Olive Branch Press, 2003), 129. This quotation occurs in a section of her book headed "Oil, Oil Everywhere."

[4] Ahmed, 46–48, and Thompson, "Timeline," 1994 (B), citing *Times of India*, March 7, 2001, *Asia Times*, November 15, 2001, and CNN, October 5, 1996, and February 27, 2002.

[5] Rashid, *Taliban*, as quoted in Ted Rall, "It's All about Oil," *San Francisco Chronicle*, November 2, 2001.

[6] *Telegraph*, October 11, 1996, quoted in "Timeline," September 27, 1996.

[7] P. Stobdan, "The Afghan Conflict and Regional Security," *Strategic Analysis* 23/5 (August 1999): 719–47, cited in Ahmed, 50.

[8] "Timeline," August 9, 1998, quoting *New York Times*, December 8, 2001.

Zacarias Moussaoui," but that they were then confronted with "incontrovertible validation of this information" when Coleen Rowley's memo became public (xv).

[27] *Time*, August 4, 2002, quoted in "Timeline," August 15 and August 22, 2001.

[28] *Newsweek*, May 20, 2002, quoted in "Timeline," August 23–27, 2001.

[29] *Time*, May 21 and May 27, and *New York Times*, August 27, 2002, quoted in "Timeline," August 23–27, 2001.

[30] Senate Intelligence Committee, October 17, 2002, and *Time*, May 21, 2002, cited in "Timeline," August 24–29, 2001.

[31] Senate Intelligence Committee, October 17, 2002, cited in "Timeline," August 28, 2001 (B).

[32] *Time*, July 21 and 27, 2002, and *Sydney Morning Herald*, July 28, 2002, cited in "Timeline," August 23–27 and August 28, 2001.

[33] *Time*, May 21 and 27, and *Sydney Morning Herald*, May 28, 2002, cited in "Timeline," August 23–27 and August 28, 2001.

[34] *Washington Post*, June 6, 2002, quoted in "Timeline," June 3, 2002.

[35] *New York Times*, December 22, 2001, quoted in Ahmed, 95.

[36] Senate Intelligence Committee, September 18, *Time*, May 21, and *New York Times*, May 30, 2002, cited in "Timeline," May 8, 2002.

[37] Ian Bruce, "FBI 'Super Flying Squad' to Combat Terror," *Herald*, May 16, 2002, quoted in Ahmed, 112, who also refers to Brian Blomquist, "FBI Man's Chilling 9/11 Prediction," *New York Post*, May 9, 2002 (www.nypost.com).

[38] *Time*, May 27, 2002, quoted in "Timeline," May 21, 2001 (A).

[39] *New York Times*, May 30, 2002, quoted in "Timeline," May 21, 2001 (A).

[40] United Press International, May 30, 2002, quoted in "Timeline," June 9, 2001.

[41] *LA Weekly*, August 2, 2002, quoted in "Timeline," May 30, 2002.

[42] ABC News, November 26 and December 19, 2002, quoted in "Timeline," October, 1998.

[43] Congressional Intelligence Committee, September 20, 2002, and *New York Times*, September 21, 2002, quoted in "Timeline," August 28, 2001 (A).

[44] *Washington Post*, May 19, Cox News, August 14, and Associated Press, October 18, 2002, cited in "Timeline," March 22, 2002.

[45] Alex Jones Show, October 10; *World Net Daily*, October 21; "David Schippers Goes Public: The FBI Was Warned," *Indianapolis Star*, October 13; and "Active FBI Special Agent Files Complaint Concerning Obstructed FBI Anti-Terrorist Investigations," *Judicial Watch*, November 14, 2001; cited in Ahmed, 107–09, and "Timeline," late July 2001 (B).

[46] William Norman Grigg, "Did We Know What Was Coming?", *New American* 18/5: March 11, 2002 (www.thenewamerican.com), cited in Ahmed, 110–11.

[47] "Catastrophic Intelligence Failure," Accuracy In Media (www.aim.org), September 24, 2001, quoted in Ahmed, 95–97.

[48] *New York Times*, September 21, *Telegraph*, September 23, 2001, and BBC, August 1, 2002, cited in "Timeline," September 16–23, 2001.

Ahmed, 179–87.

[10] See the section entitled "Osama: Not a Black Sheep," in Ahmed, 178–79.

[11] See the sections entitled "Osama and the Saudis: A Covert Alliance," "The US–Saudi Alliance," and "Osamagate?" in Ahmed, 187–202.

[12] Patrick E. Tyler, "Fearing Harm, Bin Laden Kin Fled from US," *New York Times*, September 30, 2001, and Jane Mayer, "The House of Bin Laden: A Family's, and a Nation's, Divided Loyalties," *New Yorker*, November 12, 2001. (Michael Moore reports that it was reading these stories that first made him suspicious about the official account of 9/11; see *Dude, Where's My Country* [New York: Warner Books, 2003], 3–5.)

[13] *New Yorker*, January 14, 2002, cited in "Timeline," August 22, 2001 (B).

[14] CNN, January 8, 2002, and Lara Marlowe, "US Efforts to Make Peace Summed Up by Oil," *Irish Times*, November 19, 2001, cited in "Timeline," Mid-July 2001, and Ahmed, 206.

[15] Ahmed, 191–92, quoting Tariq Ali, "The Real Muslim Extremists," *New Statesman*, October 1, 2001. A "Wahhabi" is a follower of Wahhabism, the extreme form of Muslim "fundamentalism" dominant in, and promoted by, Saudi Arabia.

[16] On Posner's general perspective about 9/11, see note 31 of the Introduction, above.

[17] Gerald Posner, *Why America Slept: The Failure to Prevent 9/11* (New York: Random House, 2003), 181–88. Posner's case for the credibility of this account is that, besides the fact that it was provided independently by two informants within the US government, he also had independent confirmation of the described interrogation techniques from a member of the Defense Intelligence Agency (180n.).

[18] Ibid., 188–93.

[19] Ibid., 193.

[20] Gregory Palast and David Pallister, "FBI Claims Bin Laden Inquiry Was Frustrated," *Guardian*, November 7, 2001, quoted in Ahmed, 111.

[21] "Above the Law: Bush's Radical Coup d'Etat and Intelligence Shutdown," *Green Press*, February 14, 2000 (www.greenpress.org), quoted in Ahmed, 186.

[22] Palast and Pallister, "FBI Claims Bin Laden Inquiry Was Frustrated," quoted in Ahmed, 111.

[23] "Excerpts from Report on Intelligence Actions and the September 11 Attacks," *New York Times*, July 25, 2003.

[24] *New York Times*, May 19 and 20, *Fortune*, May 22, and *Los Angeles Times*, May 26, 2002, cited in "Timeline," July 10 and December, 2001.

[25] *New York Times*, February 8, 2002, quoted in "Timeline," August 13–15, 2001.

[26] This warning was reported in Jean-Charles Brisard and Guillaume Dasquié, *Forbidden Truth: US–Taliban Secret Oil Diplomacy and the Failed Hunt for Bin Laden* (New York: Thunder's Mouth Press/Nation Books, 2002), 53–55. Brisard is a former agent of the French secret service. Wayne Madsen, in his introduction to the book, says that when the book was first published in France in November of 2001, "skeptics inside and outside the US government scoffed at the authors' contention that French intelligence had warned the FBI about the terrorist connections and ongoing flight training in the United States of

that day has raised serious questions. Critics have also found the reported behavior of General Richard Myers, then Acting Chairman of the Joint Chiefs of Staffs, suspicious. See Israel and Bykov, "Guilty for 9–11: Bush, Rumsfeld, Myers" (www.emperors-clothes.com), who say that Myers "offered three mutually contradictory cover stories." See also Ahmed, 164–66.

●第５章　米国政府高官は９月１１日についての事前情報を持っていたのか？

[1] This statement was made in Rice's press briefing of May 16, 2002, which was reported in the *Washington Post*, May 17, 2002. It was quoted by Mary Fetchet, Co-Chair of Voices of 9/11 and a member of the Family Steering Commission for the 9/11 Independent Commission, in testimony to that commission, March 31, 2003 (available at 911citizenswatch.org).

[2] *Sydney Morning Herald*, June 8, 2002, quoted in Thompson, "Timeline," June 4, 2002.

[3] The summary of this final report of the Joint Inquiry can be read at http://intelligence.senate.gov/press.htm under December 11, 2002.

[4] *Newsday*, September 23, 2001, quoted in "Timeline," September 11, 2001 (C).

[5] MSNBC, September 18, 2002, quoted in "Timeline," May 15, 2002.

[6] *Washington Post*, October 2, 2001, quoted in "Timeline," 1993 (C).

[7] *New York Times*, November 3, 2001, and *Time*, April 4, 1995, cited in "Timeline," April 3, 1995.

[8] *New York Times*, June 5, 2002.

[9] *New York Times*, October 3, 2001; Robert Novak, *Chicago Sun-Times*, September 27, 2001; "Western Intelligence Knew of Laden Plan Since 1995," Agence France-Press, December 8, 2001; *Washington Post*, September 23, 2001; and "Terrorist Plan to Use Planes as Weapons Dates to 1995: WTC Bomber Yousef Confessed to US Agents in 1995," Public Education Center Report (www. publicedcenter.org); cited in Ahmed, 83–84, and "Timeline," January 6, 1995.

[10] Ahmed, 84.

[11] Thompson, "Timeline," January 6, 1995, quoting *Washington Post*, September 23, 2001.

[12] Associated Press, April 18, 2002, quoted in "Timeline," September, 1999.

[13] MDW News Service, November 3, 2000, and *Mirror*, May 24, 2002, cited in "Timeline," October 24–26, 2000.

[14] "Timeline," May 21, 2002 (see also September 14, 2001).

[15] "Timeline," September 10, 2001, and June 18, 2002.

[16] "Timeline," May, 2001, citing *Los Angeles Times*, May 18, 2002, and the Senate Intelligence Committee, September 18, 2001.

[17] *Washington Post*, May 17, 2002, quoted in "Timeline," June 28, 2001.

[18] *Independent* and Reuters, both September 7, 2002, cited in "Timeline," late July 2001 (A).

[19] CBS News, July 26, 2001, cited in "Timeline," July 26, 2001.

[20] Associated Press, May 16, 2002, and *San Francisco Chronicle*, June 3, 2002, cited in

under "Rewriting History."

[22] MSNBC, September 9, 2002.

[23] Wood and Thompson, under "Rewriting History."

[24] Thompson, 9:29 AM.

[25] Wood and Thompson, under "Why Stay?", citing MSNBC, October 29, 2002, and ABC, September 11, 2002.

[26] Thompson (9:34 AM) and (9:56 AM). Air Force One took off at 9:35 AM. It would be at least 90 minutes before it had an escort (Wood and Thompson, under "When Does the Fighter Escort Finally Arrive?").

[27] Thompson (9:30 AM) and (10:42 AM), citing *Time*, September 14, *Los Angeles Times*, September 17, 2001, and *USA Today*, August 13, 2002.

[28] *New Yorker*, October 1, 2001, cited in Wood and Thompson, under "Air Force One Departs Sarasota." As Wood and Thompson also point out (under "Were There Threats to Air Force One?"), a little later in the day, Dick Cheney originated, and then Karl Rove and Ari Fleischer spread, a story that a threat against the White House and Air Force One was received from terrorists who used the secret code for Air Force One, which suggested either that there was a mole in the White House or that terrorists had hacked their way into White House computers. This story, first published by William Safire of the *New York Times* (September 13, 2001), spread throughout the media, although there was considerable skepticism, based on suspicion that the story was created to dampen down criticism of Bush for remaining away from Washington for so long (*St. Petersburg Times*, September 13, and *Telegraph*, December 16, 2001). When Ari Fleischer was pressed for credible evidence on September 15, he replied that that topic had already been exhausted. Finally, on September 26, CBS News laid the story to rest with this explanation: "Sources say White House staffers apparently misunderstood comments made by their security detail." *Slate* magazine gave its "Whopper of the Week" award to Cheney, Fleischer, and Rove (*Slate*, September 28, 2001). Unfortunately, Thierry Meyssan, having evidently missed the retraction, based his most speculative theory on this bogus report (*9/11: The Big Lie*, Ch. 3: "Moles in the White House"). But he can perhaps be forgiven, since CBS, evidently forgetting about its own debunking, revived the story a year later (CBS, September 11, 2002, cited in Wood and Thompson, under "Rewriting History").

[29] Wood and Thompson, under "Air Force One Takes Off Without Fighter Escort."

[30] Kristen Breitweiser's comments, made on Phil Donahue's television show on August 13, 2002, are quoted in Thompson, "Timeline," August 13, 2002.

[31] *Washington Post*, September 29, 2001, cited in Wood and Thompson, introductory discussion.

[32] CNN December 4, 2001, quoted in Thompson (9:01 AM).

[33] *Washington Times*, October 7, 2002, quoted in Thompson (9:01 AM).

[34] *Boston Herald*, October 22, 2002, quoted in Thompson (9:01 AM).

[35] Meyssan, *9/11: The Big Lie*, 38–39. Other revisionists have suggested that images of this crash might have been transmitted to the president's limousine, so that he would have seen them before arriving at the school.

[36] President Bush is not the only high official, furthermore, whose reported behavior

under "When Did Bush First Learn of the Attacks," citing *New York Times*, September 15, and CNN, September 11, 2001. (This article will henceforth be cited simply as "Wood and Thompson," followed by the heading under which the material is found.)

[2] Barrie Zwicker, "The Great Deception," Vision TV Insight, *MediaFile* (www.visiontv.ca), February 18, 2002, cited in Ahmed, 166.

[3] Thompson, "September 11" (After 8:46 AM), quoting "Meet the Press," NBC News, September 16, 2001.

[4] CNN, December 4, 2001, *Daily Mail*, September 8, 2002, and ABC News, September 11, 2002, cited in Thompson (Between 8:55–9:00 AM).

[5] Thompson (Between 8:55–9:00 AM).

[6] *Time*, September 12, and *Christian Science Monitor*, September 17, 2001, cited in Thompson (Between 8:55–9:00 AM). A few minutes after 8:46, CIA Director Tenet reportedly learned from a cell phone call that the WTC had been "attacked" by an airplane, after which he said to Senator Boren, with whom he was having breakfast: "You know, this has bin Laden's fingerprints all over it" (ABC News, September 14, 2002, cited in Thompson [After 8:46 AM]).

[7] Associated Press, August 19, 2002, quoted in Thompson (Between 8:55–9:00 AM).

[8] Wood and Thompson, introductory discussion.

[9] *Sarasota Herald-Tribune*, September 10, 2002, quoted in Thompson (9:30 AM).

[10] *New York Times*, September 16, 2001, *Telegraph*, December 16, 2001, ABC News, September 14, 2002, and *Washington Post*, January 27, 2002, quoted in Thompson (After 9:30 AM).

[11] Thompson (After 9:30 AM) and (9:06 AM), quoting *Globe and Mail*, September 12, 2001.

[12] Wood and Thompson, under "Why Stay?"

[13] James Bamford, *Body of Secrets: Anatomy of the Ultra-Secret National Security Agency* (New York: Anchor Books, 2002), 633, cited in Thompson (9:06 AM).

[14] Bamford, 633.

[15] Bamford, 633, and *Time*, September 9, 2001, cited in Thompson (9:06–9:16 AM).

[16] Gail Sheehy, "Four 9/11 Moms Battle Bush," *New York Observer*, August 21, 2002.

[17] Sammon's sympathies are further shown by another book published at about the same time, *At Any Cost: How Al Gore Tried to Steal the Election* (Washington: Regnery, 2002).

[18] Bill Sammon, *Fighting Back: The War on Terrorism: From Inside the Bush White House* (Washington: Regnery, 2002), 89–90, quoted in Wood and Thompson, under "When Did Bush Leave the Classroom?"

[19] *Tampa Tribune*, September 1; *St. Petersburg Times*, September 8; and *New York Post*, September 12, 2002, cited in Wood and Thompson, under "when Did Bush Leave the Classroom?"

[20] Sammon, *Fighting Back*, 90, quoted in Wood and Thompson, under "When Did Bush Leave the Classroom?" and "Rewriting History."

[21] *San Francisco Chronicle*, September 11, 2002, quoted in Wood and Thompson,

Post, January 27, 2002, and ABC News, September 11, 2002.

[16] (After 9:56–10:06 AM), citing *Pittsburgh Post-Gazette*, October 28, 2001, and *Washington Post*, January 27, 2002.

[17] (After 9:56–10:06 AM), citing *Washington Post*, January 27, 2002.

[18] (After 9:56–10:06 AM), quoting ABC News, September 15, 2002.

[19] (10:08 AM), quoting *Washington Post*, January 27, 2002.

[20] (Before 10:06 AM), quoting Associated Press and *Nashua Telegraph*, both September 13, 2001.

[21] (Before and After 10:06 AM), quoting *Independent*, August 13, 2002.

[22] (Before and After 10:06 AM), citing *Indepedent*, August 13, 2002.

[23] (Before and After 10:06 AM), quoting *Mirror*, September 13, 2002.

[24] (Before 10:06 AM), citing *Philadelphia Daily News*, November 15; *Pittsburgh Post-Gazette*, September 12; *St. Petersburg Times*, September 12; and Cleveland Newschannel 5, September 11, 2001.

[25] (Before 10:06 AM), citing *Independent*, August 13, 2002, and quoting *Philadelphia Daily News*, November 15, 2001.

[26] (Before 10:06 AM), citing Reuters, September 13, and *Pittsburgh Tribune-Review*, and quoting *Pittsburgh Post-Gazette*, September 13, 2001.

[27] (Before 10:06 AM), quoting Reuters, September 13, 2001, and CBS News, May 23, 2002.

[28] (2:00 PM), citing *Aviation Week and Space Technology*, June 3, and *Cape Cod Times*, August 21, 2002.

[29] This interchange is quoted in *9/11: The Big Lie*, 162.

[30] Ahmed, 160, quoting *Boston Herald*, September 15, 2001.

[31] Thompson (After 9:56 AM).

[32] We do not know about the passengers on Flight 77. Revisionists can speculate that they too tried to gain control of their plane, which could explain its momentary deviation from course as well as its crash in Ohio or Kentucky—if that indeed is what happened to it.

[33] Thompson, 9:48 AM, citing Associated Press, August 19, 2002. That might have been the case, of course, only if both the Senate and the House were in session so that most senators and representatives would have been in the Capitol Building.

[34] *New York Times*, September 16, 2001, and ABC News, September 11 and 14, 2002, cited in Thompson (After 9:03 AM).

[35] CNN and *New York Times*, September 12, 2001, and *Washington Post*, January 27, 2002, cited in Thompson (9:45 AM).

[36] *Scotland Sunday Herald*, September 16, and Cox News, October 21, 2001, cited in Thompson (9:30 AM).

●第４章　大統領の行動　なぜ彼はあのように振る舞ったのか？

[1] Allan Wood and Paul Thompson, "An Interesting Day: President Bush's Movements and Actions on 9/11," Center for Cooperative Research (www.cooperativeresearch.org),

[86] *Newsday*, September 23, 2001, cited in Thompson, 9:24 AM.

[87] *Washington Post*, September 12, 2001, *Guardian*, October 17, 2001, and Associated Press, August 19, 2002, cited in Thompson, 9:24 AM.

[88] Thompson, citing *New York Times*, September 15, 2001.

[89] The FBI statement was issued April 2, 2002. Victoria Clarke's statement was made at a Department of Defense News Briefing on April 24, 2002. Both statements are printed on Meyssan's website (www.effroyable-imposture.net).

[90] Barrie Zwicker, "The Great Deception: What Really Happened on September 11th Part 2," *MediaFile*, Vision TV Insight, January 28, 2002 (www.visiontv.ca), quoted in Ahmed, 169.

[91] Zwicker, "The Great Deception: What Really Happened on September 11th Part 1," January 21, 2002, quoted in Ahmed, 169–70.

[92] Gore Vidal, *Dreaming War: Blood for Oil and the Cheney-Bush Junta* (New York: Thunder's Mouth/Nation Books, 2002), 32.

[93] Parenti, *The Terrorism Trap: September 11 and Beyond* (San Francisco: City Lights, 2002), 93–94; Ahmed, 168 (emphasis original).

[94] Kristen Breitweiser appeared on Phil Donahue's show on August 13, 2002.

[95] The interview, conducted by *Parade* magazine, is available at www.defenselink.mil/news/nov2001/t11182001_t1012pm.html

●第３章　第93便　この旅客機は実は撃墜されたのか？

[1] Thompson, "September 11" (8:42 AM), (9:27 AM), (9:36 AM), and (9:37 AM).

[2] Thompson, 9:45 AM.

[3] Thompson, 9:47 AM. Thompson says that of the numerous calls, only the first call (9:27 AM) from Tom Burnett mentioned guns—and this only in one of the versions, a fact that suggests that it may have been doctored.

[4] 9:54 AM, quoting *Toronto Sun*, September 16, and *Boston Globe*, November 23, 2001.

[5] 9:54 AM, quoting Jere Longman, *Among the Heroes: United Flight 93 and the Passengers and Crew Who Fought Back* (New York: HarperCollins, 2002), 118.

[6] (Between 10:00–10:06 AM).

[7] 9:58 AM.

[8] 9:58 AM, citing *Pittsburgh Post-Gazette*, September 28, 2002, and Longman, *Among the Heroes*, 180.

[9] 9:58 AM, quoting ABC News, September 11, and Associated Press, September 12, 2001.

[10] 9:58 AM, citing Longman, *Among the Heroes*, 264, and *Mirror*, September 13, 2002.

[11] (Between 10:00–10:06 AM), quoting *San Francisco Chronicle*, September 17, 2001.

[12] (Between 10:00–10:06 AM), quoting *Mirror*, September 13, 2002.

[13] 10:03 AM, citing *Philadelphia Daily News*, September 16, 2002.

[14] Thompson, "Timeline," October 16, 2001 (B), citing *New York Times*, October 16, 2001.

[15] Thompson (After 9:56 AM), citing *USA Today*, September 16, 2001, *Washington*

[67] "Air Attack on Pentagon Indicates Weaknesses," *Newsday*, September 23, 2001, quoted in *Pentagate*, 112.

[68] Thompson, 9:33 AM.

[69] *Pentagate*, 91.

[70] Ahmed, 153.

[71] *Pentagate*, 115 (see also 174), quoting "PAVE PAWS, Watching North America's Skies, 24 Hours a Day" (www.pavepaws.org). "PAWS" stands for Phased Array Warning System.

[72] Ahmed, 153.

[73] *Washington Post*, September 12, NORAD, September 18, and Associated Press, September 19, 2001, cited in Thompson, 9:24 AM.

[74] Ahmed, 153–54.

[75] Thompson, 9:24 AM.

[76] *USA Today*, September 17, 2001, cited by Ahmed, 154, and Bykov and Israel, "Guilty for 9-11" (see note 9 of Ch. 1). General Larry Arnold said: "We [didn't] have any aircraft on alert at Andrews," MSNBC, September 23, 2001, quoted in Thompson (After 9:38 AM).

[77] Bykov and Israel, "Guilty for 9-11," and Ahmed, 154–55, citing DC Military (www.dcmilitary.com). Bykov and Israel report that, having found this website on September 24, 2001, they discovered a month later that the address had been changed, that the information about Andrews had been put in the smallest possible type, and that the official Andrews AFB website was "down" (although, they add, it could still be accessed through www.archive.org by entering www.andrews.af.mil). Bykov and Israel report that they maintain backups of the DC Military web pages for September and November at www.emperors-clothes.com/9-11backups/dcmilsep.htm and www.emperors-clothes.com/9-11backups/dcmil.htm.

[78] Thompson (After 9:03 AM).

[79] Ahmed, 155–56.

[80] Thompson (After 9:03 AM). This change is also reported by Bykov and Israel, "Update to Guilty for 9-11: Bush, Rumsfeld, Myers: Section 1," The Emperor's New Clothes (www.emperors-clothes.com).

[81] Thompson, 9:30 AM. Thompson's statement about the earliest "claim" as to when the crash occurred reflects the fact that the time has been placed variously between 9:37 and 9:45, with NORAD listing the earliest possible time, which would have given the fighter jets less time to get there. Thompson's own time, 9:38, differs little from NORAD's time, so his calculations would not be seriously changed by adopting NORAD's time.

[82] George Szamuely, "Nothing Urgent," *New York Press*, 15/2 (www.nypress.com/15/2/taki/bunker.cfm), quoted in Ahmed, 152.

[83] *Aviation Week and Space Technology*, June 3, CNN, September 4, and ABC News, September 11, 2002, cited in Thompson (After 8:46 AM).

[84] Thompson (9:03–9:08 AM), citing *USA Today*, September 12 and 13, 2002.

[85] *Telegraph*, September, 16, 2001, cited in Thompson, "Timeline," October 24–26, 2000.

[16] Meyssan, *Pentagate*, 92.

[17] Gerry J. Gilmore, "Alleged Terrorist Airliner Attack Targets Pentagon," *American Forces Information Service*, Defense Link, DoD, September 11, 2001 (www.defenselink.mil/news/Sep2001/n09112001_200109111.html), quoted in *Pentagate*, 96.

[18] "Hijacked Jets Fly into Trade Center, Pentagon," *Los Angeles Times*, September 11, 2001, quoted in *Pentagate*, 96.

[19] *Washington Post*, September 12, and *Newsday*, September 23, 2001, cited in Thompson (Between 8:55–9:00 AM).

[20] *Pentagate*, 89.

[21] *Pentagate*, 98–99, citing *Sydney Morning Herald*, March 20, 2002. Olson's statement, made before the Supreme Court, was also quoted in Jim Hoagland, "The Limits of Lying," *Washington Post*, March 21, 2002.

[22] Thompson (9:25 AM) and (After 9:30 AM).

[23] Thompson (9:30 AM), citing stories from *Scotland Sunday Herald*, September 16, and *Cox News*, October 21, 2001. Anyone who questions the reality of the reported call from Barbara Olson, of course, would probably also question the reported statement by the hijackers, but that does not undermine the validity of Thompson's question. His question merely points out that although these two elements are crucial to the official account, because they reputedly provide evidence that Flight 77 was still aloft, there is a tension between these two elements.

[24] See "Hunt the Boeing. Test Your Perceptions" (www.asile.org/citoyens/numero13/pentagone/erreurs_en.htm).

[25] This photograph, taken by Jason Ingersoll of the US Marine Corps, is available in Meyssan's *Pentagate* and on the "Hunt the Boeing" website. The quotation is from Marc Fisher and Don Phillips, "On Flight 77: 'Our Plane is Being Hijacked,'" *Washington Post*, September 12, 2001. In an e-mail letter, I asked Mr. Fisher is he knew where he got that information and also if he had "seen any reason in the intervening time to question whether the hole was this big." On January 16, 2004, he replied, saying: "I don't know where that detail came from and I don't know the size of the hole in the building, but that information could be obtained from the Pentagon easily enough."

[26] A photograph by Mark Faram and distributed by the Associated Press shows a little piece of twisted sheet metal colored red and white. Although this photo has been widely published as evidence of debris from Flight 77, the piece of metal it shows does not, points out Meyssan, correspond with any part of a Boeing 757 and was not included by the Department of Defense in the material said to have come from Flight 77 (*Pentagate*, page XVI of the photo section).

[27] This point is important in light of the claim of some defenders of the official account that the reason the plane did not cause much damage to the Pentagon is that it hit the ground first, thereby being greatly slowed down before it hit the Pentagon's facade. That claim co-exists rather uncomfortably, incidentally, with another claim meant to support the official account, which is that the reason the jet engines were not spotted by anyone is that they were pulverized when they hit the facade (see *Pentagate*, 14–17).

[28] This picture is provided in *9/11: The Big Lie*, 22, but it, unlike photographs in *Pentagate*, does not make clear that the aircraft entered at a 45 degree angle.

[89] Hufschmid, 64.

[90] Hufschmid, 64, 65.

[91] Hufschmid, 70, 78.

[92] Bollyn, "New Seismic Data Refutes Official WTC Explanation."

[93] FEMA, *World Trade Center Building Performance Study*, Ch. 5, Sect. 6.2, "Probable Collapse Sequence."

[94] NOVA, "Why the Towers Fell."

●第2章　第77便　ペンタゴンに激突したのは本当に旅客機だったのか？

[1] Meyssan, *Pentagate*, 88. That there was concern in the Bush administration to squelch this rumor is suggested by the fact that Vice President Cheney, in his appearance on "Meet the Press" on September 16, took time to refute it even though he had not been asked about it. In response to a simple comment about Flight 77, Cheney said that the terrorists, after capturing this plane, "turned off the transponder, which led to a later report that a plane had gone down over Ohio, but it really hadn't. Of course, then they turned back and headed back towards Washington" (quoted in Meyssan, *9/11: The Big Lie*, 165).

[2] *USA Today*, August 13, 2002, quoted in Ahmed, 44.

[3] Meyssan, *Pentagate*, 96.

[4] ABC News, September 11, 2002; see also *Pentagate*, 94.

[5] *Boston Globe*, November 23, cited in Thompson, "September 11" (9:33–9:38 AM).

[6] CBS News, September 21, 2001, quoted in Thompson (9:33–9:38 AM).

[7] *Telegraph*, December 16, 2001, quoted in Thompson (9:38 AM).

[8] ABC News, October 24, 2001, quoted in *Pentagate*, 96–97.

[9] "Extensive Casualties in Wake of Pentagon Attack," *Washington Post*, September 11, 2001, quoted in *Pentagate*, 38–39.

[10] Quoted under "What about All the Witnesses?" in Killtown's "Did Flight 77 Really Crash into the Pentagon?" (thewebfairy.com/killtown/flight77).

[11] CNN, September 12, 2001, quoted in *Pentagate*, 48. The person to whom this statement about "a cruise missile with wings" was attributed was Mike Walter of *USA Today*. But he has also been quoted as saying that it was "an American Airlines plane." Walter's testimony is discussed further in note 55.

[12] "Minute by Minute with the Broadcast News," PoynterOnline, September 11, 2001, cited in *Pentagate*, 88.

[13] *Guardian*, April 1, 2002, quoted in Thompson, "Timeline," early March 2002. Thompson reports—citing the European version of *Time*, May 20, 2002—that Meyssan's first book on this subject, *l'Effroyable imposture* (Paris: Les Editions Carnot, 2002), while being widely denounced by the French media, set a French publishing record for first-month sales. (This is, as mentioned earlier, the book translated as *9/11: The Big Lie*.)

[14] Victoria Clarke, Department of Defense News Briefing, June 25, 2002, quoted on Thierry Meyssan's website (www.effroyable-imposture.net or www. reseauvoltaire.net).

[15] This would be one possible translation of the title of Meyssan's first book on the issue, mentioned in note 13, *l'Effroyable imposture*.

www.ldeo.columbia.edu/LCSN/Eq/20010911_wtc.html; it is partially reproduced in Hufschmid, 73 and 78.

[76] Hufschmid, 73, 77.

[77] Likewise Peter Tully, president of Tully Construction of Flushing, reportedly said that he saw pools of "literally molten steel." Both statements are quoted in Bollyn, "New Seismic Data Refutes Official WTC Explanation."

[78] See Hufschmid, 70, 78, 80.

[79] *The New York Times*, Dec. 25, 2001, and *Fire Engineering*, January 2002, quoted in Thompson, December 25, 2001, and January 4, 2002, respectively.

[80] The official investigators found that they had less authority than the clean-up crews, a fact that led the Science Committee of the House of Representatives to report that "the lack of authority of investigators to impound pieces of steel for examination before they were recycled led to the loss of important pieces of evidence" (see the report at www.house.gov/science/hot/wtc/wtc-report/WTC_ch5.pdf).

[81] Meyer, "The World Trade Center Demolition and the So-Called War on Terrorism," section entitled "Evidence for Explosives in the Twin Towers." However, as James Glanz has reported ("Reliving 9/11, With Fire as Teacher," *New York Times*, Science Section, January 6, 2004), it turns out that 236 major pieces of steel were recovered by NIST (see note 40, above). Whether any of these pieces show signs of explosives is presumably something that we will learn near the end of 2004, when NIST's report is due.

[82] Those who accept this theory of controlled demolition are made additionally suspicious by the report that Marvin P. Bush, the president's younger brother, was a principal in a company called Securacom, which provided security for the World Trade Center (as well as United Airlines), especially when this news is combined with testimony from WTC personnel that after the security detail had worked 12-hour shifts for the previous two weeks because of threats, five days before 9/11 the security alert, which had mandated the use of bomb-sniffing dogs, was lifted ("The World Trade Center Demolition: An Analysis" [www.whatreallyhappened.com/shake2.html]).

[83] FEMA's report on WTC-7 is found in Chapter 5 of FEMA's *World Trade Center Building Performance Study*. For a copy of this report with critical commentary interspersed, see "The FEMA Report on the Collapse of WCT Seven is a Cruel Joke" (http://ontario.indymedia.org/display.php3?article_id=14727&group=webcast). The same article is published elsewhere as "Chapter 5-WTC Seven-the WTC Report" (http://guardian.911review.org/WTC/WTC_ch5.htm).

[84] See the report at www.house.gov/science/hot/wtc/wtc-report/WTC_ch5.pdf.

[85] Hufschmid, 62, 63.

[86] See Hufschmid, 68-69.

[87] Some people, to be sure, have spread the idea that tremors created by the collapse of the Twin Towers caused Building 7 to collapse. But even the most powerful earthquakes have not caused the complete collapse of steel-framed buildings. And how would one explain the fact that the Verizon, Federal, and Fiterman Hall Buildings, all right next to WTC-7, did not collapse?

[88] Scott Loughrey, "WTC-7: The Improbable Collapse" (http://globalresearch.ca/articles/LOU308A.html).

South Tower, accordingly, the additional weight would have led to its faster collapse. The problem with this theory, Hufschmid says, is that "the steel columns in the crash zone of the South Tower were thicker in order to handle the heavier load above them" (41).

[64] Meyer, "The World Trade Center Demolition and the So-Called War on Terrorism," section entitled "Evidence for Explosives in the Twin Towers."

[65] Ibid., section entitled "Did the Twin Towers Collapse on Demand?"

[66] Hufschmid, 45.

[67] Jeff King, "The WTC Collapse: What the Videos Show," Indymedia Webcast News, Nov. 12, 2003 (http://ontario.indymedia.org/display.php3?article_id=7342&group=webcast).

[68] Hufschmid, 50, 80. On the amount of the dust, see www.public-action.com/911/jmcm/usyd/index.htm#why. Mike Pecoraro, quoted in note 74, below, wrote about his experience of walking down the street: "When I tell you the stuff (dust) on the street was a foot deep, that's conservative. I'd say over a foot deep. It was like walking through a blizzard of snow" (quoted in "We will Not Forget: A Day of Terror," *The Chief Engineer* (www.chiefengineer.org/article.cfm?seqnum1=1029).

[69] King, "The WTC Collapse."

[70] Hufschmid, 78.

[71] See especially the photographs on 52-55, 57, 60, and 74.

[72] See especially the photographs on 60 and 61.

[73] Hufschmid, 50.

[74] One of the firefighters in the South Tower, Louie Cacchioli, told *People Weekly* on Sept. 24: "I was taking firefighters up in the elevator to the 24th floor to get in position to evacuate workers. On the last trip up a bomb went off. We think there were bombs set in the building." Kim White, an employee on the 80th floor, said: "All of a sudden the building shook, then it started to sway. We didn't know what was going on.... We got down as far as the 74th floor.... [T]hen there was another explosion" (http://people.aol.com/people/special/0,11859,174592-3,00.html; quoted in Meyer's section "Evidence for Explosives in the Twin Towers"). Construction worker Phillip Morelli reported that while he was in the fourth subbasement of the North Tower, he was thrown to the floor twice. Whereas the first of these experiences apparently occurred at the time of the plane crash, the second one involved a more powerful blast, which blew out walls (http://ny1.com/pages/RRR/911special_survivors.html). Stationary engineer Mike Pecoraro, who was working in the sixth subbasement of the North Tower, reported that after feeling and hearing an explosion, he and his co-worker found the parking garage and the machine shop, including a 50-ton hydraulic press, reduced to rubble. They also found a 300-pound steel and concrete fire door wrinkled up "like a piece of aluminum foil." These effects were, he said, like the effects of the terrorist bombing of 1993 ("We will Not Forget: A Day of Terror," *The Chief Engineer* (www.chiefengineer.org/article.cfm?seqnum1=1029). These latter two stories are contained in "First-hand Accounts of Underground Explosions in the North Tower" (www.plaguepuppy.net/public_html/underground/underground_explosions.htm).

[75] Hufschmid, 73; Christopher Bollyn, "New Seismic Data Refutes Official WTC Explanation," American Free Press, September 3, 2002 (www.rense.com/general28/ioff.htm). Columbia University's data can be seen at

created by the airplane, reveals two people standing in a room, far removed from any of the flames (27).

[48] Technically, as Hufschmid points out (30), the South Tower had two or even three fireballs.

[49] For a picture of the North Tower fireball, see Hufschmid, 30.

[50] In Hufschmid's words, "that jet fuel burned so rapidly that it was just a momentary blast of hot air. The blast would have set fire to flammable objects, killed people, and broken windows, but it could not have raised the temperature of a massive steel structure by a significant amount. A fire will not affect steel unless the steel is exposed to it for a long...period of time" (33).

[51] Hufschmid, 38.

[52] With regard to the fire in the South Tower in particular, Hufschmid asks, rhetorically: "How could a fire produce such incredible quantities of heat that it could destroy a steel building, while at the same time it is incapable of spreading beyond its initial starting location? The photos show that *not even one floor* in the South Tower was above the ignition temperature of plastic and paper!...The photos show the fire was not even powerful enough to crack glass [windows]!...Why is there no evidence of an intense fire in *any* photograph? How can anybody claim the fires were the reason the South Tower collapsed when the fires appear so small?" (38)

[53] Quoted in Hufschmid, 38. Evidence against the fire theory is even presented in Appendix A of FEMA's report on the WTC, which says: "In the mid-1990s British Steel and the Building Research Establishment performed a series of six experiments at Cardington to investigate the behavior of steel frame buildings.... Despite the temperature of the steel beams reaching 800–900° C (1,500–1,700° F) in three of the tests..., no collapse was observed in any of the six experiments."

[54] Eagar and Musso; Eagar, "The Collapse."

[55] "The Collapse."

[56] Eagar and Musso.

[57] Quoted in Hufschmid, 42–43.

[58] Hufschmid, 42.

[59] This objection is raised, in slightly different form, in Peter Meyer, "The World Trade Center Demolition and the So-Called War on Terrorism" (www.serendipity.li/wtc.html), section entitled "Evidence for Explosives in the Twin Towers."

[60] Hufschmid, 73.

[61] Eagar and Musso.

[62] Meyer, "The World Trade Center Demolition," section entitled "Evidence for Explosives in the Twin Towers."

[63] This point is emphasized in Fintan Dunne, "The Split-Second Error: Exposing the WTC Bomb Plot" (www.psyopnews.com or www.serendipity.li), section entitled "The Wrong Tower Fell First." Some defenders of the official account have suggested that the fact that the South Tower collapsed more quickly could be explained by the fact that it was struck at the 81st floor and hence about 15 floors lower than the North Tower, which was struck at the 96th floor. Because there were more floors above the weakened portion of the

[35] Bill Manning, "$elling Out the Investigation," *Fire Engineering*, January, 2002, quoted in *The New York Daily News*, Jan. 4, 2002, and in Thompson, "Timeline," January 4, 2002.

[36] The NOVA show "Why the Towers Fell" appeared on PBS April 30, 2002 (www.pbs.org/wgbh/nova/transcripts/2907_wtc.html). Matthys Levy, author of *Why Buildings Fall Down* (New York: Norton, 1994), said on this show: "As the steel began to soften and melt, the interior core columns began to give." The idea that steel melted has also been stated elsewhere, such as "The Physics of the 2001 World Trade Center Terrorism" (www.jupiterscientific.org/sciinfo/sot.html).

[37] "The Collapse: An Engineer's Perspective," NOVA interview with Thomas Eagar (www.pbs.org/wgbh/nova/wtc/collapse.html).

[38] Perhaps as an overreaction, some critics of the official account, in rejecting what they call the "truss theory," seem to affirm that the core and perimeter columns were connected by full-fledged beams instead of thinner trusses. The history of the construction of the Twin Towers, however, reveals that they were unique (at the time) in this respect. For this history, see James Glanz and Eric Lipton, *The Rise and Fall of the World Trade Center* (New York: Times Books/Henry Holt & Company, 2003). Glanz is a science writer for the *New York Times*.

[39] *Scientific American*, October, 2001. The statements by both McNamara and FEMA are quoted in Eric Hufschmid, *Painful Questions: An Analysis of the September 11th Attack* (Goleta, Calif.: Endpoint Software, 2002), 17. This beautifully self-published book can be purchased at PainfulQuestions@aol.com.

[40] In an article headed "Preliminary Tests Show Steel Quality Did Not Contribute to Towers' Collapse" (Associated Press, August 27, 2003), Devlin Barrett quoted Frank Gayle, who is leading the review of the WTC collapses by the National Institute of Standards and Technology (NIST), as saying that all the steel tested at least met the requirement to bear 36,000 pounds per square inch and that it was often capable of bearing as much as 42,000 pounds.

Incidentally, as Glanz and Lipton explain (*The Rise and Fall of the World Trade Center*, 333), Sherwood Boehlert, the (Republican) Chair of the House Science Committee, got the US Congress in October of 2002 to pass the National Construction Safety Team Act, which authorized an investigation of the collapse of the WTC by NIST, which is a nonpolicy-making part of the US Commerce Department's Technology Administration (its Fact Sheet on the WTC investigation can be seen at www.nist.gov/public_affairs/factsheet/nist_investigation_911.htm).

[41] Thomas Eagar and Christopher Musso, "Why Did the World Trade Center Collapse? Science, Engineering, and Speculation," *JOM* 53/12 (2001), 8-11. Musso was at the time a Ph.D. student. *JOM* is the journal of the Minerals, Metals, and Materials Society.

[42] Hufschmid (see note 39), 27-30.

[43] "The Collapse: An Engineer's Perspective."

[44] Ibid. This point is likewise emphasized in Hufschmid, 32-33, who also makes the next point, about the length of time.

[45] See note 39, above.

[46] Hufschmid, 35.

[47] See Hufschmid, 39. Indeed, a third photograph, looking directly into the hole

●第1章　第11便と第175便　どうやってハイジャック犯たちは使命を達成できたのか？

[1] Paul Thompson explains: "The transponder is the electronic device that identifies the jet on the controller's screen, gives its exact location and altitude, and also allows a four-digit emergency hijack code to be sent." See Thompson, "September 11: Minute-by-Minute" (After 8:13 AM).

[2] That Rumsfeld made this statement was reported by Republican Representative Christopher Cox on September 12, according to an Associated Press story of September 16, 2001, quoted in Thompson, 8:44 AM. Incidentally, as one becomes familiar with the vast amount of material about 9/11 available on the Internet, one learns that there is little about the official account that is uncontested. Even the idea that what hit the North Tower of the WTC was AA Flight 11 has been challenged. In note 32, below, I mention this and some other theories not discussed in the text.

[3] The FAA's *Aeronautical Information Manual: Official Guide to Basic Flight Information and Air Traffic Control (ATC) Procedures* (www.faa.gov), quoted in Thompson, "September 11," introductory material.

[4] Congressional testimony by NORAD'S commander, General Ralph E. Eberhart, made in October 2002, and *Slate* magazine, January 16, 2002, both quoted in Thompson, "September 11," introductory material. It must be pointed out, however, that both statements were preceded by "now," suggesting a speed-up in procedure since 9/11. For a discussion of this question, see the section entitled "A Change in Standard Operating Procedures?" in the Afterword to the 2nd Edition.

[5] Nafeez Mosaddeq Ahmed, *The War on Freedom: How and Why America Was Attacked September 11, 2001* (Joshua Tree, Calif.: Tree of Life Publications, 2002), 151. (A nautical mile is a little longer than a statute mile.) Since this book by Ahmed is the only writing by him that I use, it will henceforth be cited simply as "Ahmed."

[6] MSNBC, September 12, 2001, quoted in Thompson, "September 11," introductory material.

[7] Ahmed 146, citing the FAA's *Aeronautical Information Manual*, "Interception Signals" (www.faa.gov).

[8] Glen Johnson, "Facing Terror Attacks Aftermath," *Boston Globe*, September 15, 2001, quoted in Ahmed, 148.

[9] Ahmed, 157–58, and Illarion Bykov and Jared Israel, "Guilty for 9-11: Bush, Rumsfeld, Myers, Section 1: Why Were None of the Hijacked Planes Intercepted?", both referring to the interview with Vice President Cheney on NBC's "Meet the Press," September 16, 2001 (but see note 4, above). The article by Bykov and Israel, along with several other articles on 9/11 by Israel, can be found at www.emperors-clothes.com/indict/911page.htm. This particular article is listed in the Table of Contents under "Evidence of high-level government conspiracy in the events of 9-11."

[10] General Henry Shelton was still the chairman, but on 9/11 he was reportedly out of the country. Myers, who was vice chairman, had just been named as Shelton's replacement and was functioning as the acting chairman.

[11] Myers Confirmation Testimony, Senate Armed Services Committee, Washington, DC, September 13, 2001, cited in Thompson (After 8:48 AM).

[12] Ahmed, 167.

order to assign proper credit, however, would detract from the task of getting the challenge to the official account into the public discussion. Most researchers, as far as I can tell, seem more interested in this than in receiving credit. The question of proper credit, in any case, is one that would appropriately be answered by some historian of this movement if it is successful.

[37] My statement that there are many disturbing questions that have not been answered reflects the attitude of many organizations formed to study 9/11, one of which is, in fact, called "Unanswered Questions" (www.UnansweredQuestions.org). Some others are 9-11 Citizens Watch (www.911Citizenswatch.org), the 9/11 Visibility Project (www.septembereleventh.org), and some organizations formed by relatives of victims: Family Steering Committee for the 9/11 Independent Commission (www.911independentcommission.org), Voices of September 11th (www.voicesofsept11.org), and September 11th Families for Peaceful Tomorrows (www.peacefultomorrows.org).

[38] This book, cited in previous notes, is a translation of Meyssan's *L'Effroyable imposture* (Paris: Les Editions Carnot, 2002).

[39] This view of the White House could be combined with any of the previous five views insofar as those views deal only with the involvement of other US agencies. This sixth view, therefore, has five possible versions. The same is true of the seventh and eighth views.

[40] Elshtain, 2–3.

[41] Michael Parenti, *The Terrorism Trap: September 11 and Beyond* (San Francisco: City Lights, 2002), 69, 70.

[42] Parenti, 70–71, citing Patrick Martin, "US Planned War in Afghanistan Long Before September 11," World Socialist Conference, November 20, 2001 (www.wsws.org/articles/2001/nov2001/afghn20.html); the quoted words, which summarize Martin's position, are Parenti's.

[43] I emphasize this point because some polemicists, when confronted by a book whose conclusion they do not like, seek to undermine this conclusion by focusing on the few points that they believe can be most easily discredited. That tactic, assuming that good evidence is really presented against those points, is valid with regard to a deductive argument. In relation to a cumulative argument, however, it is tactic useful only to those concerned with something other than truth.

[44] Michael Moore, *Dude, Where's My Country?* (New York: Warner Books, 2003), 2.

[45] To refine the point a little more: There are some conspiracy theories that, although we may not be convinced of their truth, we find at least *plausible*, so we are willing to entertain the possibility that they might be true. We are open, accordingly, to reading and hearing evidence intended to support them. There are other conspiracy theories, by contrast, that we find completely *implausible*, so we tend to suspect the intelligence or sanity of people who believe them or who even entertain the possibility of their truth. Whatever facts they offer as evidence we reject out of hand, holding that, even if we cannot explain these facts, the true explanation cannot be the one they are offering. But the question of what we find completely implausible—"beyond the pale"—is seldom determined simply by a dispassionate consideration of empirical evidence. Plausibility is largely a matter of one's general worldview. We are also influenced to some degree by wishful-and-fearful thinking, in which we accept some ideas partly because we hope they are true and reject other ideas because we would find the thought that they are true too frightening. At least sometimes, however, we are able, in spite of our prejudgments, to revise our prior ideas in light of new evidence. Most revisionists about 9/11, in presenting their evidence, seem to be counting on this possibility.

and especially the failure of agencies to share information with each other (35, 44–47, 59, 178). "The failure to have prevented 9/11," asserts Posner, "was a systemic one" (xii). The task before us, therefore, is simply to fix the system. As Walter Russell Mead says (without criticism) in a book review, "the message of *Why America Slept* is on balance a hopeful one. Incompetence in our security establishment is something we can address" ("The Tragedy of National Complacency," *New York Times*, October 29, 2003).

[32] A Joint Inquiry into the attacks was carried out in 2002 by the intelligence committees of the US Senate and House of Representatives. Although this Joint Inquiry had completed its final report by December of 2002, the Bush administration long refused to allow it to be released. Only a very brief summary of this final report was made public (it can be read at http://intelligence.senate.gov/ press.htm under December 11, 2002). Finally, late in July 2003, the final report itself was released. Although discussions in the press described the report as surprisingly critical, the criticism was limited to charges of incompetence. Significant portions of the final report were, to be sure, deleted in the name of national security, but I see no reason to believe that these deletions—which reportedly involved foreign countries, especially Saudi Arabia—contained any accusations of complicity in 9/11 by US officials. Possible reasons for the inadequacy of the Joint Inquiry's report are discussed in Chapter 10.

[33] Although its official name is the National Commission on Terrorist Attacks upon the United States, it is informally known as the 9/11 Independent Commission. President Bush had long opposed the creation of any such commission, claiming that it would take resources away from the war on terrorism. But embarrassing revelations from the Joint Inquiry (see previous note) reportedly left him little choice (*Newsweek*, September 22, 2002). In November of 2002, Bush signed a bill establishing the commission (the website of which is www.9-11commision.gov). Problems in relation to this commission are discussed in Chapter 10.

[34] In the meantime, Thompson has been developing articles in which the material is organized in terms of a large number of topics. He also has a growing number of articles that discuss various dimensions of the controversies about 9/11 (see www.cooperative.research.org). His material is therefore becoming increasingly easy to use.

[35] Implicit in this statement is the fact that I do not endorse all arguments in the main sources I employ. Meyssan, for example, has some theories that I find implausible and others that seem at least insufficiently supported by evidence.

[36] One failing of this book is that I have usually made no effort to discern, with regard to various stories and facts reported, which investigator or researcher was first responsible for reporting them. This means that I have surely in many cases failed to give proper credit. One example involves the fact that I cite Paul Thompson's timelines abundantly while citing Michael Ruppert's website, From the Wilderness (www.fromthewilderness.com or www.copvcia.com), relatively rarely. And yet Ruppert was one of the earliest major critics of the official account of 9/11. In fact, in Thompson's statement of "credits and sources," he says: "This timeline started when I saw the excellent timeline at the From the Wilderness website and began adding to it. I found that timeline to be a great resource, but it wasn't as comprehensive as I wanted. My version has since grown into something of a monster, but the inspiration still lies with From the Wilderness" (www.cooperativeresearch.org/timeline/index.html). Ruppert, furthermore, is simply one example of several researchers, such as Jared Israel, who were publishing information challenging the official account almost immediately after 9/11. To try to sort all of this out in

[25] To some extent, this fact reflects a matter of principle—a concern that devoting attention to possible conspiracies is diversionary. Some of the reasons for this wariness are valid. One concern is that a focus on exposing conspiratorial crimes of present office-holders may reflect the naive assumption that if only we can replace those individuals with better ones, things will be fine. Underlying that worry is the concern that a focus on conspirators can divert attention from the more important issue of the structural problems in the national and global order that need to be overcome. But although those dangers must be guarded against, we should also avoid a too strong dichotomy between structural and conspiratorial analysis. For one thing, although structural analysis is essential for any deep understanding of social processes, structures as such, being abstractions, do not enact themselves. They are influential only insofar as they are embodied in agents—both individual and institutional—who act in terms of them. These agents, furthermore, are not fully determined by the dominant values of their societies. They have degrees of freedom, which they can use to act in ways that are more or less wise, more or less just, and more or less legal. When political leaders enact policies that are egregiously unjust, dangerous, and even illegal, it is important to replace them with leaders who are at least somewhat better. Finally, and most important, the exposure of a conspiracy may, rather than diverting attention from a society's problematic structures, turn attention to them. For example, if it became evident that our national political leaders caused or at least allowed the attacks of 9/11 and that they did so partly because they had deeply embodied certain values pervasive of our society, we might finally decide that a society-wide reorientation is in order.

[26] This practice is, of course, not unique to America. It is generally agreed, for example, that the "Mukden incident," in which an explosion destroyed part of the Japanese railway in Manchuria, was engineered by Japanese army officers "as an excuse to conquer Manchuria" (Walter LaFeber, *The Clash: US–Japanese Relations Throughout History* [New York: Norton, 1997], 166).

[27] Rahul Mahajan, *Full Spectrum Dominance: US Power in Iraq and Beyond* (New York: Seven Stories, 2003), 59, 50, 48.

[28] Unbeknownst to me when I wrote the first edition, this title ("Was 9/11 Allowed to Happen?") was added, with Thompson's permission, on the www.wanttoknow.info website, which is where I first encountered this timeline. This website also provides briefer versions of this timeline.

[29] This is one respect in which Thompson sees himself as differing from some other researchers, such as Michael Ruppert, mentioned in note 36, below.

[30] Gore Vidal, *Dreaming War: Blood for Oil and the Cheney-Bush Junta* (New York: Thunder's Mouth/Nation Books, 2002); Nafeez Mosaddeq Ahmed, *The War on Freedom: How and Why America Was Attacked September 11, 2001* (Joshua Tree, Calif.: Tree of Life Publications, 2002). Vidal, one prominent member of the American left who has rejected the official account of 9/11, endorses Ahmed's book—calling it "the best, most balanced report, thus far" (14)—and summarizes some of its argument.

[31] See *Breakdown: How America's Intelligence Failures Led to September 11* (Washington: Regnery, 2002), by Bill Gertz, a journalist for the *Washington Times*. A more recent version of this thesis is provided in Gerald Posner, *Why America Slept: The Failure to Prevent 9/11* (New York: Random House, 2003). Posner attributes the failure to breakdowns (xi), blunders (xii, 169), missed opportunities (xii, 146), investigative mix-ups (34), mistakes (150, 155, 169), incompetence and bad judgment (142, 167), stifling bureaucracy (173),

Market: America's Quest for Informal Empire, 1893–1901 (Chicago: Quadrangle Books, 1967); Lloyd C. Gardner, Walter F. LaFeber, and Thomas J. McCormick, *Creation of the American Empire* (Chicago: Rand McNally, 1973); Laurence Shoup and William Minter, *Imperial Brain Trust: The Council on Foreign Relations and United States Foreign Policy* (New York: Monthly Review Press, 1977); Anders Stephanson, *Manifest Destiny: American Expansion and the Empire of Right* (New York: Hill and Wang, 1995).

[11] "More than any single policy," says Bennis, "the biggest cause of international anger against the United States is the arrogance with which US power is exercised" (*Before and After*, xv).

[12] "Resisting the Global Domination Project: An Interview with Prof. Richard Falk," *Frontline*, 20/8 (April 12–25, 2003).

[13] For example, Rahul Mahajan, *The New Crusade: American's War on Terrorism* (New York: Monthly Review, 2002), 7.

[14] *New York Times*, September 11, 2002.

[15] William Bunch, "Why Don't We Have Answers to These 9/11 Questions?" *Philadelphia Daily News* online posting, September 11, 2003.

[16] The media in several other countries have, by contrast, presented investigative reports. In Canada, for example, journalist Barrie Zwicker presented a two-part examination, entitled "The Great Deception: What Really Happened on September 11th," on January 21 and 28, 2002 (*MediaFile*, Vision TV Insight [www.visiontv.ca]). In Germany, the public discussion has been such that a poll in July of 2003 revealed that 20 percent of the German population believed that "the US government ordered the attacks itself" (Ian Johnson, "Conspiracy Theories about September 11 Get Hearing in Germany," *Wall Street Journal*, September 29, 2003, A1).

[17] *Press Gazette*, August 15, 2002.

[18] Rather's remarks, made in a interview on Greg Palast's BBC television show *Newsnight*, were quoted in a story in the *Guardian*, May 17, 2002. This statement is quoted in Greg Palast, "See No Evil: What Bush Didn't (Want to) Know about 9/11," which is contained in Palast's *The Best Democracy Money Can Buy: The Truth about Corporate Cons, Globalization, and High-Finance Fraudsters* (Plume, 2003), which is the Revised American Edition of his 2002 book (with a different subtitle). This essay was also posted March 1, 2003, on TomPaine.com.

[19] "Remarks by the President in Photo Opportunity with the National Security Team" (www.whitehouse.gov/news/releases/2001/09/20010912-4.html).

[20] "President's Remarks at National Day of Prayer and Remembrance" (www.whitehouse.gov/news/releases/2001/09/20010914-2.html).

[21] The material in notes 19–21 is quoted in *9/11: The Big Lie*, 77, 76–77, 79.

[22] Jean Bethke Elshtain, *Just War Against Terror: The Burden of American Power in a Violent World* (New York: Basic Books, 2003), 2–3.

[23] See Michel Chossudovsky, *War and Globalisation: The Truth Behind September 11* (Canada: Global Outlook, 2002), and John McMurtry, *Value Wars: The Global Market Versus the Life Economy* (London: Pluto Press, 2002), Preface.

[24] Elshtain, 9.

【原　注】

●主要な引用文献

Ahmed, Nafeez Mosaddeq. *The War on Freedom: How and Why America Was Attacked September 11, 2001.* Joshua Tree, Calif.: Tree of Life Publications, 2002.

Chossudovsky, Michel. *War and Globalisation: The Truth Behind September 11.* Canada: Global Outlook, 2002.

Meyssan, Thierry. *9/11: The Big Lie.* London: Carnot, 2002 (translation of *L'Effroyable imposture* [Paris: Les Editions Carnot, 2002]).

—. *Pentagate.* London: Carnot Publishing, 2002 (translation of *Le Pentagate* [Paris: Les Editions Carnot, 2002]).

Thompson, Paul. "September 11: Minute-by-Minute." After the first citation in a chapter, this timeline will be cited simply as "Thompson," followed by the time. For example: Thompson (8:55 am) or Thompson, 8:55 am, (the parenthesis is used by Thompson to indicate that the time is merely approximate).

—. "Was 9/11 Allowed to Happen? The Complete Timeline." After the first citation in a chapter, this timeline will be cited simply as "Timeline," followed by the date under which the information is found. Available at www.wanttoknow.info (where it has this title) and at www.cooperativeresearch.org.

●序章

[1] James Bamford, *Body of Secrets: Anatomy of the Ultra-Secret National Security Agency* (New York: Anchor Books, 2002), 633.

[2] *Washington Post,* January 27, 2002.

[3] Henry Kissinger, "Destroy the Network," *Washington Post,* September 11, 2001 (washingtonpost.com), quoted in Thierry Meyssan, *9/11: The Big Lie* (London: Carnot, 2002), 65.

[4] Lance Morrow, "The Case for Rage and Retribution," *Time,* September 11, 2001.

[5] The Project for the New American Century, *Rebuilding America's Defenses: Strategy, Forces and Resources for a New Century* (www.newamericancentury.org), 51. This document will be discussed further.

[6] John Pilger, *New Statesman,* December 12, 2002.

[7] Leonard Wong, Institute of Strategic Studies, *Defeating Terrorism: Strategic Issues Analysis,* "Maintaining Public Support for Military Operations" (http://carlisle-www.army.mil/usassi/public.pdf), quoted in *9/11: The Big Lie,* 127.

[8] On these restrictions and their consequences, see Nancy Chang, *Silencing Political Dissent: How Post-September 11 Anti-Terrorism Measures Threaten Our Civil Liberties,* Foreword by Howard Zinn (New York: Seven Stories, 2002).

[9] Phyllis Bennis, *Before and After: US Foreign Policy and the September 11th Crisis,* Foreword by Noam Chomsky (Northampton, Mass.: Olive Branch Press, 2003).

[10] See Richard W. Van Alstyne, *The Rising America Empire* (1960; New York: Norton, 1974); Walter LaFeber, *The New Empire: An Interpretation of American Expansion 1860–1898* (1963; Ithaca: Cornell University Press, 1998); Thomas J. McCormick, *China*

新聞社）などがある。
ロバート・ベア（228頁）元CIAエージェント。邦訳に『CIAは何をしていた?』（新潮文庫）がある。
フィリス・ベニス（20頁）米国の政治学者。邦訳に『国連を支配するアメリカ』（文理閣）がある。
ウォルデン・ベロー（251頁）フィリピンの社会学者。邦訳に『脱グローバル化』（明石書店）など。
ダニエル・ホプシッカー（233頁）米国のジャーナリスト。
ジョナサン・ポリット（192頁）英国の環境活動家。邦訳に『地球を救え』（岩波書店）などがある。
ジェラード・ホルムグレン（103頁）「911の謎」研究者のひとり。
ジョン・マクマートリー（26頁）カナダのゲルフ大学教授。哲学者。邦訳に『病める資本主義』（シュプリンガー・フェアラーク東京）がある。
ラフール・マハジャン（27頁）インド系米国人のジャーナリスト。物理学の博士号を持つ。邦訳に『ファルージャ 2004年4月』（共著、現代企画室）がある。
マイケル・ムーア（41頁）米国の映画監督、ジャーナリスト。邦訳に『おい、ブッシュ、世界を返せ!』（アーティストハウスパブリッシャーズ）などがある。
ピーター・メイヤー（70頁）「911の謎」研究者のひとり。
ティエリ・メサン（3頁）「911の謎」研究者のひとり。フランス人。英訳に、9/11 The Big Lieなどがある。
ビル（ウィリアム）・メーハー（8頁）米国のコメディアン、俳優、ライター、プロデューサー。公式サイトは http://www.billmaher.com/home.html
ジョージ・モンビオット（214頁）英国のジャーナリスト、環境活動家。著書にAmazon Watershedなど。
アハメド・ラシッド（185頁）パキスタンのジャーナリスト。イスラム教徒。ケンブリッジ大学卒。邦訳に『よみがえるシルクロード国家』、『タリバン』（いずれも講談社）がある。
マイケル・ルパート（159頁）「911の謎」研究者のひとり。元米空軍パイロット、元ロサンゼルス市警察麻薬捜査官。現在はジャーナリスト。著書にCrossing the Rubiconがある。
ジム（ジェームズ）・レーラー（8頁）米国のジャーナリスト。PBS（全米ネットの公共放送網）のニュース・アンカー。
カール・ローブ（142頁）米国の政治家。ネオコン。

史学者。邦訳に『民衆のアメリカ史』（明石書店）などがある。

バリー・ズウィッカー（22頁）「911の謎」研究者のひとり。カナダのテレビ・ジャーナリスト。

マーサ・スチュアート（159頁）2002～04年に世間を騒がせたインサイダー取引事件の被告。

トム・ダシュル（278頁）米国の政治家。民主党の元上院議員。

ミシェル・チョスドフスキー（3頁）「911の謎」研究者のひとり。カナダのオタワ大学教授（経済学）。邦訳に『アメリカの謀略戦争』（本の友社）、『貧困の世界化：IMFと世界銀行による構造調整の衝撃』（柘植書房新社）がある。

ポール・トンプソン（3頁）「911の謎」研究者のひとり。タイムライン（時系列の記録）を調査してネットに掲載。著書はない。

イラリオン・バイコフ（59頁）「911の謎」研究者のひとり。

ルイ・パストゥール（28頁）フランスの著名な化学者、微生物学者。

エリック・ハフシュミット（65頁）「911の謎」研究者のひとり。著書にPainful Question

セイモア・ハーシュ（237頁）ジャーナリスト。ベトナム戦争のソンミ村事件（1968年）やイラク戦争のアブグレイブ刑務所事件（2003年）の報道で知られる。邦訳に『アメリカの秘密戦争』（日本経済新聞社）など。

エドワード・ハーマン（191頁）米国のメディア研究者。邦訳に『マニュファクチャリング・コンセント』（ノーム・チョムスキーとの共著、トランスビュー）などがある。

グレッグ・パラスト（21頁）米国のジャーナリスト。主に英国のメディアで活躍。邦訳に『金で買えるアメリカ民主主義』（角川文庫）がある。

デヴィッド・パリスター（170頁）米国のジャーナリスト。

マイケル・パレンティ（38頁）米国の左派の政治学者。著書にAgainst Empireなど。邦訳はない。

ジョン・ピルジャー（19頁）オーストラリア出身の英国のジャーナリスト。邦訳に『世界の新しい支配者たち』（岩波書店）がある。

リチャード・フォーク（4頁）米国の国際法学者、国際政治学者。プリンストン大学教授。邦訳に『「ニューヨークタイムズ」神話』（共著、三交社）がある。

クリスティン・ブレイトワイザー（121頁）911事件の犠牲者遺族のひとり。

ズビグニュー・ブレジンスキー（195頁）米国の政治家、政治学者、右派の論客。邦訳に『地政学で世界を読む　21世紀のユーラシア覇権ゲーム』（日本経済

【人物紹介】

(姓のアルファベット順)

ナフェズ・アーメド(3頁)「911の謎」研究者のひとり。バングラデシュ系イギリス人のジャーナリスト。イスラム教徒。著書にThe War on Freedomなど。邦訳はない。

タリク・アリ(168頁) パキスタン系英国人の評論家。左派の論客。邦訳に『サイード自身が語るサイード』(共著、紀伊國屋書店)など。

クレイグ・アンガー(340頁) 米国のジャーナリスト。邦訳に『ブッシュの野望サウジの陰謀 石油・権力・テロリズム』(柏書房) がある。

ジャレッド・イスラエル(55頁)「911の謎」研究者のひとり。

ゴア・ヴィダル(30頁) 米国の著名な作家。邦訳に『マイラ』(早川書房) など。

アラン・ウッド(56頁)「911の謎」研究者のひとり。ポール・トンプソンの共同研究者。

ボブ・ウッドワード(192頁) 米国のジャーナリスト。ウォーターゲート事件の取材などで有名。邦訳に『ブッシュの戦争』(日本経済新聞社) などがある。

ジーン・ベスク・エルシュタイン(26頁) シカゴ大学神学部教授。政治哲学者。フェミニスト。著書多数。邦訳なし。

テッド(セオドア)・オルソン(86頁) 米国の司法省の訟務局長(連邦最高裁判所において連邦政府の代理人として訴訟遂行に当たる)。バーバラ・オルソンの夫

バーバラ・オルソン(32頁) 911事件のときに死亡。右派のテレビコメンテーター。元検察官。

ジョン・カブ(4頁) 米国の神学者。プロセス神学の代表的研究者のひとりで、グリフィンの恩師にあたる。グリフィンとの共著の邦訳に『プロセス神学の展望』(新教出版社) がある。

ヘンリー・キッシンジャー(18頁) 米国の政治家、政治学者、右派の論客。邦訳に『外交』(日本経済新聞社) などがある。

ジェフ・キング(71頁)「911の謎」研究者のひとり。

チャールズ・クラウサマー(299頁) 米国の評論家・ネオコン。

ビリー・グラハム(24頁) 米国のキリスト教右派のテレビ伝道者。

ジョン・クーリー(216頁) 米国のジャーナリスト。邦訳に『非聖戦』(筑摩書房) がある。

ハワード・ジン(343頁) 米国の歴

【事項索引】

（50音順）

木村朗教授（鹿児島大学、国際政治学）も9・11事件の公式説明に疑問点があることを指摘し、本書に言及している（木村朗『危機の時代の平和学』法律文化社、二〇〇六年）。
また、二〇〇四年九月十一日にテレビ朝日系で放映されたビートたけし司会の「9・11テロ7つの謎」にもグリフィン教授が出演し、本書も紹介されていた。

本書の序文をリチャード・フォーク博士（プリンストン大学名誉教授、国際法学）が書いていることが注目される。フォーク教授が序文で本書を激賞した事実を、日本の国際法学者や国際政治学者は、どう受け止めるであろうか。フォーク教授は最近、ブッシュ政権の「アメリカ帝国」による「地球支配プロジェクト（global domination project）」が「グローバル・ファシズム」を招くおそれがあると警告している。

著者は、謀略説・共犯説（九月十一日の事件はイスラム過激派の行動だけでは説明できず、米国政府によるテロ支援があったという説）の内容を詳細に紹介して政府の説明責任を求めている。世界貿易センターの崩壊の主因はむしろ事前に内部に仕掛けた爆薬（建築物の制御解体の方式と同じ）ではないのか？　ペンタゴンに激突したのは小さな飛行物体ではないのか？　四機目は勇敢な乗客がテロリストに飛びかかり飛行機が落ちたとされているが、米軍が撃墜したのではないのか？　当日の大統領の不思議な行動は事前知識を示唆していないか？　良心的なＦＢＩ捜査官などの事前調査や事後調査を米国政府は妨害したのではないか？

日本軍の暗号を解読したのに真珠湾攻撃を容認してハワイの米軍を犠牲にしたローズヴェルト大統領と同様に、ブッシュ政権はテロを容認（さらには支援）したのではないのか、というのが書名の含意である。「新しい真珠湾」という言葉はブレジンスキーの著書やPNAC（ネオコン団体）の文書に出てくるが、政策の大胆な刷新（新帝国外交と警察国家化）のためには「新しい真珠湾」のような衝撃的事態が必要だという意味である。ブッシュ政権の共犯関係がもし本当にあったとするならば、社会学の用語でいうと、空前絶後の「ホワイトカラー犯罪」があったということになるであろう。

「序論」でいう「政府の共犯のありうる含意」は次の八つである。①虚偽説明の構築、②情報機関が何かを予期、③情報機関が特定の事態を予期、④情報機関が計画に関与、⑤ペンタゴンが計画に関与、⑥ホワイトハウスが何かを予期、⑦ホワイトハウスの特定の事前知識、⑧ホワイトハウスが計画に関与。

九三便が撃墜であったのに墜落と説明すれば①にあたる。「特別の事態」とはたとえば飛行機のハイジャックによるテロ。「計画」とはたとえば世界貿易センタービルの制御解体（自由落下より早い解体は、内部の爆薬を示唆する）。ローズヴェルトが日本軍暗号の解読で真珠湾の事前知識をもって放置したのは⑦にあたる。ルパートは計画的解体などのテロ支援の主犯をチェイニーと見ており、⑧にあたるが、グリフィンも⑧の可能性を示唆している。また「序論」では、公式見解も批判的見解（共犯説）も、ともに「陰謀理論」には違いないと指摘する。公式見解はアルカイダ単独陰謀説、批判的見解はイスラム過激派を利用した米国政府の共同陰謀説であるからだ。

関連書籍と映像資料を紹介しておこう。

9・11事件をめぐる謀略についての先駆的な本として、田中宇『仕組まれた9・11　アメリカは戦争を欲していた』（PHP研究所、二〇〇二年）がある。ハイジャック犯リストの間違いが訂正されない問題などを指摘している。

ジョン・コールマン（太田龍監訳）『9・11　陰謀は魔法のように世界を変えた』（成甲書房、二〇〇三年）。著者は元英国情報部員。9・11事件についての記述部分は有益であるが、独断的な「三百人委員会・陰謀説」がこの本の前提になっている。

グローバルピース・キャンペーン『911ボーイングを捜せ　航空機は証言する』（ハーモニクス出版、二〇〇四年）。同時に映像『ボーイングを捜せ』（VHSビデオおよびDVD、日本語字幕きくちゆみ）も発売されている。ハーモニクスライフ・センターのウェブサイトも参照されたい。http://harmonicslife.net/

グローバルピース・キャンペーン『ルース・チェンジ　セカンド・エディション　日本語版　911の嘘をくずせ』（ハーモニクスプロダクション、二〇〇六年）VHSビデオおよびDVDビデオ。

ベンジャミン・フルフォード『9・11テロ捏造　日本と世界を騙し続ける独裁国家アメリカ』（徳間書店、二〇〇六年）。冒頭のカラー写真はわかりやすい。巻末に911テロの疑問点二百項目以上がネットから引用されている。本書の疑問点箇条書きと読み比べてみると面白いだろう。すぐに同じ著者の二冊目が出た。『暴かれた9・11　疑惑の真相』（扶桑社、二〇〇六年）。これも巻頭にカラー写真がある。DVD付である。フルフォードは元『フォーブス』記者で、在日カナダ人のジャーナリスト。

成澤宗男『9・11の謎　世界はだまされた!?』（金曜日、二〇〇六年）は、『週刊金曜日』の連載に加筆したもので、簡潔だが力作。成澤は『週刊金曜日』編集部員でジャーナリスト。

きくちゆみ他『9・11　マスターキーから何が見える?』（憲法9条・メッセージ・プロジェクト、二〇〇七年）9・11事件真相究明国際会議in東京（二〇〇六年十月七日）の内容を紹介したブックレット。

『「911」の真実とは　ダイジェスト版DVD』（人民新聞社、二〇〇六年）。

入門書としてわかりやすいのはたとえば『9・11　マスターキーから何が見える?』であり、アカデミックで重厚、体系的で緻密（学術的な割りに読みやすい本でもある）なのが本書であると言ってもよい。


そのほか、参考文献と映像については、本書とほぼ同時に戸田・きくちを含む執筆者により刊行される木村朗編『9・11事件の省察　偽りの反テロ戦争とつくられる戦争構造』（凱風社）の巻末を参照されたい。

英文ではたとえば次のようなものがある。
Michael Ruppert, Crossing the Rubicon : The Decline of the American Empire at the End of the Age of Oil, New Society Publishers, 2003. 約六百頁と分厚い。麻薬問題の視点も重要。著者は元・ロス市警察の麻薬捜査官。CIAの麻薬取引を見てアメリカ政府に幻滅し、ジャーナリストになった。
Jim Marrs, Inside Job : Unmasking the 9/11 Conspiracies, Origin Press, 2004 約二百頁。著者はテ

キサスのジャーナリスト。

David Ray Griffin, The 9/11 Commission Report : Omissions and Distortions, Olive Branch Press, 2005. 本書の続編。

本書は、９・11事件に関するブッシュ政権の嘘を追及する米国市民の「９１１真実運動（the 911 Truth Movement）」の基本文献のひとつである。グリフィンの、二〇〇五年の本は本書の続編で、ブッシュ政権の調査委員会報告書（二〇〇四年七月）を徹底的に批判したものである。

ウェブサイトとしては、本書の訳者であるきくちゆみらの「グローバルピース・キャンペーン」（日本語）と、「９・11の真相を究明する学者たち」（英語）のサイトをとりあえず紹介しておこう。二〇〇六年十月七日には、きくちらの呼びかけで、国立オリンピック記念青少年総合センターで「９１１真相究明国際会議in TOKYO」が開催された。その国際会議での講演者は、ベンジャミン・フルフォード、ジミー・ウォルター、成澤宗男、デヴィッド・レイ・グリフィン（ビデオ参加）、スティーブン・ジョーンズ（ビデオ参加）であった。後者のサイトにももちろんグリフィンの名前が見える。

http://globalpeace.jp/

http://www.scholarsfor911truth.org/

最後にグリフィン教授の業績の概要を紹介しておく。単著、共著、編著、共編を一括して年代順に配列した。本書は二冊目の邦訳である。この他にもちろん学術論文が多数あるが省略した。下記の27、28、29の三冊（いずれも昨年刊行）と31も９・11事件とその背景（アメリカ帝国論など）に関する本であり、必読であろう。

1 A Process Christology, The Westminster Press, 1973. 単著

2 God, Power and Evil : A Process Theodicy, The Westminster Press, 1976. 単著

3 Process Theology: An Introductory Exposition, with John B.Cobb, The Westminster Press, 1976（ジョン・B・カブ、D・R・グリフィン（延原時行訳）『プロセス神学の展望 概論的解説』新教出版社、一九七八年、訳者あとがき加筆第二刷、一九九三年）共著

4 Mind in Nature : Essays on the Interface of Science and Philosophy, edited with John B.Cobb Jr., University Press of America, 1977. 共編

5 John Cobb's Theology in Process, edited with Thomas J.J.Altizer, The Westminster Press, 1977. 共編

6 Physics and the Ultimate Significance of Time : Bohm, Prigogine and Process Philosophy, ed, State University of New York Press, 1986. 編著

7 The Reenchantment of Science : Postmodern Proposals, ed, State University of New York Press, 1988. 編著

8 Spirituality and Society : Postmodern Visions, ed, State University of New York Press, 1988. 編著

9 God and Religion in the Postmodern World : Essays in Postmodern Theology, State University of New York Press, 1989. 単著

ment, with John B. Cobb, Richard A. Falk and Catherine Keller, Westminster John Knox Press, 2006. 共著

29 Christian Faith and the Truth Behind 9/11: A Call to Reflection and Action, Westminster John Knox Press, 2006. 単著

30 Whitehead's Radically Different Postmodern Philosophy : An Argument for Its Contemporary Relevance, State University of New York Press, 2007. 単著

31 Debunking 9/11 Debunking: An Answer to Popular Mechanics and Other Defenders of the Official Conspiracy Theory. Olive Branch Press,2007. 単著

訳者あとがき

きくち　ゆみ

二〇〇一年春、私は四人目の子を無事水中出産し、その前年に産まれた子と二人の乳飲み子を抱えててんやわんやの、しかし満ち足りた日々を送っていた。そのささやかな幸せを9・11事件が破った。米国を襲った未曾有の「同時多発テロ」、それに対して報復の戦争を叫ぶ米大統領。

そのとき脳裏に浮かんだのは、離婚で別れて以来ロンドンに住んでいた上の二人の子どもたちのこと。テロに対して報復をしたら、またテロが起きる。もしそれがロンドンだったら……。そう思った瞬間、私はパソコンに向い、海の向こうの友人たちに発信を始めていた。

「テロに対して戦争以外の方法はないの?」との問いに多くの友人たちが「私も戦争には反対」と返事をくれた。彼らとインターネット上の平和運動「グローバルピースキャンペーン」を立ち上げ、『ニューヨーク・タイムズ』などの主要紙に平和の意見広告を出し、『戦争中毒』という本を日米で出版し、『テロリストは誰?』という映画を翻訳し、配給した。マスコミが真実を伝えないなら、自分たちがメディアになろう、というキャンペーンだ。

◎緑風出版の本

■全国どの書店でもご購入いただけます。
■店頭にない場合は、なるべく書店を通じてご注文ください。
■表示価格には消費税が加算されます。

石油の隠された貌
エリック・ローラン著／神尾賢二訳

四六判上製
四五二頁
3000円

石油はこれまで絶えず世界の主要な紛争と戦争の原因であり、今後も多くの秘密と謎に包まれ続けるに違いない。本書は、世界の要人と石油の黒幕たちへの直接取材から、石油が動かす現代世界の戦慄すべき姿を明らかにする。

イラク占領
戦争と抵抗
パトリック・コバーン著／大沼安史訳

四六判上製
三七六頁
2800円

イラクに米軍が侵攻して四年が経つ。しかし、イラクの現状は真に内戦状態にあり、人々は常に命の危険にさらされている。本書は、開戦前からイラクを見続けてきた国際的に著名なジャーナリストの現地レポートの集大成。

グローバルな正義を求めて
ユルゲン・トリッティン著／今本秀爾監訳、エコロ・ジャパン翻訳チーム訳

四六判上製
二六八頁
2300円

工業国は自ら資源節約型の経済をスタートさせるべきだ。前ドイツ環境大臣（独緑の党）が書き下ろしたエコロジーで公正な地球環境のためのヴィジョンと政策提言。グローバリゼーションを超える、もうひとつの世界は可能だ！

ポストグローバル社会の可能性
ジョン・カバナ、ジェリー・マンダー編著／翻訳グループ「虹」訳

四六判上製
五六〇頁
3400円

経済のグローバル化がもたらす影響を、文化、社会、政治、環境というあらゆる面から分析し批判することを目的に創設された国際グローバル化フォーラム（IFG）による、反グローバル化論の集大成である。考えるための必読書！